西南政法大学知识产权法博士文库

SHANGBIAO CHUSHI XINGQU
HUNXIAO XINGWEI GUIZHI YANJIU

商标初始兴趣混淆行为规制研究

马玄 著

法律出版社 LAW PRESS · CHINA | 北京

图书在版编目(CIP)数据

商标初始兴趣混淆行为规制研究 / 马玄著. -- 北京:法律出版社, 2023
(西南政法大学知识产权法博士文库)
ISBN 978-7-5197-8406-5

Ⅰ. ①商… Ⅱ. ①马… Ⅲ. ①商标法-研究-中国 Ⅳ. ①D923.434

中国国家版本馆 CIP 数据核字(2023)第 191247 号

商标初始兴趣混淆行为规制研究
SHANGBIAO CHUSHI XINGQU HUNXIAO XINGWEI GUIZHI YANJIU

马 玄 著

责任编辑 黄倩倩 杨悦芊
装帧设计 汪奇峰 臧晓飞

出版发行 法律出版社
编辑统筹 学术·对外出版分社
责任校对 王 丰 郭艳萍
责任印制 陶 松
经 销 新华书店

开本 A5
印张 7.75 **字数** 188 千
版本 2023 年 12 月第 1 版
印次 2023 年 12 月第 1 次印刷
印刷 北京新生代彩印制版有限公司

地址:北京市丰台区莲花池西里 7 号(100073)
网址:www.lawpress.com.cn
投稿邮箱:info@lawpress.com.cn
举报盗版邮箱:jbwq@lawpress.com.cn
销售电话:010-83938349
客服电话:010-83938350
咨询电话:010-63939796

书号:ISBN 978-7-5197-8406-5
定价:49.00 元
凡购买本社图书,如有印装错误,我社负责退换。电话:010-83938349

总　序

当今世界，主要的经济体正迈向现代化经济体系，由依赖要素、投资驱动转向依赖创新驱动。特别是进入互联网时代以来，人们的生活样态、思维方式均发生了翻天覆地的变化。三十年前，人类设想的足不出户就完成商务、政务的愿景逐渐成真。依赖于客户端，特别是移动客户端，人类的工作、阅读、生活、学习都与之前发生断裂。也正因如此，人们被互联网切割了，每个人都成了互联网的碎片，再也不能像之前那样，拥有大量集中的时间去阅读、去娱乐，工作、生活的时间纠缠在了一起。现代性的一切正变得碎片化，"一切坚固的东西都烟消云散了"。

在人类的发展过程中，模仿与创新是两种最基本的推动力量。经由模仿，我们可以达致他人的水平；通过创新，我们可以超越他人的成就。人类世界就是在这种模仿与创新的交替中实现了进步。尽管亚当·斯密曾指出创新是人类的天性，但那种判断毕竟是个案。促进社会形成创新文化、创新话语的，是知识产权制度。知识产权制度赋予创新者以产权，经由向他人收费的市场手段让创新者获得了回报;但知识产权制度又在边际上限制创新者的权益,经由传播者让社会大众获得了创新的“恩惠”。如此,知识产权制度就在鼓励创新和维护公益之间达成了精妙的动态平衡。

有学者曾将现代知识产权制度的起源归结为十七八世纪的欧洲产生了人类智力成果应受保护并获独立的私有观念,社会也会因鼓励这种人类智力活动获得益处。依赖这种占有性个人主义的观念,知识产权制度的思想开始在全球蔓延。当然,这并不否认在此之前,无论是原始社会还是现代文明均发生过对某些智力成果保护的个案。1840 年之后,随着中外贸易的发展,人们逐渐意识到知识产权的潜在价值。1949 年之后,我国即着手现代知识产权制度的构建。改革开放之后,我国的知识产权制度逐渐走上现代化的道路。党的十八大以来,我国的知识产权制度呈现主动性的面向,更加注重将知识产权与营商环境、创新文化联系起来,更加注重加大知识产权保护力度,更加注重国内知识产权法治以及知识产权的全球治理,形成了知识产权法治道路。

知识产权作为现代财产权重要形式的观念已变得日益深入,这从维权和侵权的维度均可窥见。随着知识产权话语的加强,政府部门、学术团体、社会力量也在逐渐发展知识产权,之前人们关注的更多是知识产权的保护和转化,现在将视野扩大到知识产权的安全与治理。一方面,在学科建设上,出现了将知识产权提升为一级学科建设的声音,并有高校开始进行尝试;另一方面,有关知识产权是典型民事权利还是工具的立场仍在讨论中。可以这么认为,知识产权的表达与实践存在一定的断裂。在这个意义上,集中一批有创造力的学术力量,对知识产权问题进行细致深入的研究仍是新时代的课题。西南政法大学拥有厚重的法学学术传统,作为法学分支的知识产权法学一直受惠其间。自 2005 年始,西政开始招收知识产权法学专业博士,并逐渐形成自己的传统。就研究方向和方法而言,我们兼顾了基础研究与前沿展望、学理分析与实证调研、理性探讨与实务建模等方面。多年来,我们培养了一批批优秀的知识产权法学专业博士,他们在各自的岗位上贡献了自己的青春。尽管因为各种原因,可能有人离开了知识产权领域,但并不意味着他们知识产权经历的终结。用他们的话说,“爱知产依然,一如曾经的绽放”。值得一提的是,现在的博士生日渐低龄化,“90 后”逐渐成为中流砥柱。他们的选题往往可以从最前沿的问题延至背后的法理,体现了互联网时代的学术创新能力。博士生最具创造力,尽管可能有阅读碎片化的不足,但不受已有框架限制的特质注定他们的研究带有创新性。在这个意义上,年轻博士生对知识产权的研究与知识产权本身的特点更为贴合。知识的获得是个试错的过程,无论他们提出的理论观点能否被证伪,但知识增量本身就证明对知识产权的研究具有实践的价值。科斯曾经指出,思想的宝库也是市场,经由竞争,那些最有意义的认识终究会被读者所接受。为此,我们觉得有必要将部分同意出版的博士论文付梓印刷,供同行了解指正甚至批评。或许,这些出版物并无特定的理论定向。但每位作者都包含着一种冲突的潜在动机,用黑格尔式的表述是,主体之间为相互承认而进行的斗争产生了一种包括学术在内的社会内在压力,这有助于建立一种保障学术自由的实践制度。在此意义上,德国当代社会理论家霍耐特指出,这种获得承认的道德紧张关系扎根于社会生活之中,经由不断冲突和否定,最终,个体渐渐通往一种自由交往的境界。

李雨峰

2022 年 10 月

目　录

引 言

一、选题背景

创新是现代化国家发展的不竭动力,通过确认市场主体对其创新成果享有界限明晰的产权,各国政府以知识产权制度为创新提供法制化、市场化的激励机制,推动经济、技术、文化乃至整个社会有序向前发展。作为知识产权制度的重要组成部分,商标法以确认企业对其所使用的识别性标志的控制权方式,实现对企业合法利益的保护。商标是市场经济的产物,商标的重要性与市场化水平呈正相关关系。市场上同类商品和服务的提供者众多,为降低产品和服务的推销成本,企业借助包括商标在内的各种商业性符号达成商业目的。与之相似,消费者在面对海量产品和服务时,同样需要借助包括商标在内的各种商业性符号,降低其搜索成本。因此,从经济学上看,商标的合法性就在于其具有降低消费者搜索成本的功能。[1]自宋朝起,我国就有了保护商标的个案实践,但对商

〔1〕 参见[美]威廉·M.兰德斯、理查德·A.波斯纳:《知识产权法的经济结构》,金海军译,北京大学出版社2016年版,第205页。

标提供完善的制度性保护,则肇始于1982年颁布的《商标法》。《商标法》及其配套规则的实施,极大地推动了商标事业在我国的发展,我国企业的商标意识越来越强,商标申请数量逐年递增。世界知识产权组织年度报告显示,2001年,我国首次以25.9万件的商标年申请量超过当年美国的年申请量,成为年度受理申请量最多的国家;[1]2022年全球约1180万件商标申请,涵盖了1550万个类别,申请中指定的类别较前一年减少了14.5%。[2] 尽管这是近年来商标申请类别首次出现减少的情况,但我国仍以约751万件商标注册申请量居全球申请数量榜首,其后是美国、印度等。[3] 据国家知识产权局统计数据显示,截至2023年9月,我国有效注册商标已超4500万件。[4] 毫无疑问,历经40多年发展,我国已成长为一个商标大国。

表1　全球商标申请种类数

商标申请种类数	2021年/件	2022年/件	增长率/%	在世界中的占比/%
全球	**18,182,300**	**15,543,300**	**-14.5**	**100**
中国	9,454,735	7,513,504	-20.5	48.3
美国	899,499	767,375	-14.7	4.9
印度	488,459	500,305	2.4	3.2

资料来源:See *World Intellectual Property Indicators* 2023, World Intellectual Property Organization, https://www.wipo.int/publications/en/details.jsp? id = 4678&plang = E, 最后访问日期:2023年11月25日。

---

〔1〕 See *World Intellectual Property Indicators* 2021, World Intellectual Property Organization, https://www.wipo.int/publications/en/details.jsp? id =4571,最后访问日期:2022年1月3日。

〔2〕 See *World Intellectual Property Indicators* 2023, World Intellectual Property Organization, https://www.wipo.int/publications/en/details.jsp? id =4678&plang = E,最后访问日期:2023年11月25日。

〔3〕 See *World Intellectual Property Indicators* 2023, World Intellectual Property Organization, https://www.wipo.int/publications/en/details.jsp? id =4678&plang = E,最后访问日期:2023年11月25日。

〔4〕 参见国家知识产权局官网,https://www.cnipa.gov.cn/col/col61/index.html,最后访问日期:2023年11月25日。

商标的价值源于通过该商标所传达或者体现的该企业提供的商品或者服务的品质信息,消费者基于对商标所指示信息的信任而发生反复购买行为。通常情形下,一个企业在市场存活的时间越久,其产品和服务就越值得信赖。因此,市场竞争中就出现了部分企业或个人采取假冒他人商标的方式诱导、分流消费者,销售自己所经营的商品或服务的不道德行为。这种违背商业道德、损害同业竞争者的行为,在英国早期的司法实践中,是作为假冒之诉(passing off)处理的。随着人们对商标价值认识水平的进一步提升,商标越来越被视为一种独立的财产,而商标侵权也从假冒之诉中逐步分离,成为一种独立的诉讼形式。[1] 在商标侵权救济中,依据某种标准进行构成侵权的判定,是商标权获得保护的前提条件。

从历时性的角度看,商标侵权判定标准在我国立法与司法中存在逐步演进的过程。1982年《商标法》第38条规定,未经注册商标所有人的许可,在同一种或者类似商品上使用与其注册商标相同或者近似的商标的,构成商标侵权。按此,商标侵权判定标准为"相同或近似标准",侵权判定的关注点是商标标识在物理层面的差异,并不考虑消费者的实际感知。1993年第一次修订《商标法》时立法者未对该条作根本性调整,此后修法同样延续了此种认识。何为"相同或者近似的商标",最高人民法院在相关司法解释中作出了明确界定:"相同商标"是被控侵权的商标和原告的注册商标在视觉上基本无差别;"近似商标"是被控侵权的商标与原告的注册商标相比较,其文字的字形、读音、含义或者图形的构图及颜色,或者其各要素组合后的整体结构相似,或者其立体形状、颜色组合近似,易使相关公众对商品的来源产生误认或者认为

〔1〕 参见张惠彬:《商标财产化研究》,知识产权出版社2017年版,第68~112页。

其来源与原告注册商标的商品有特定的联系。[1] 该司法解释第10条则规定了认定商标相同或者近似的判断原则。按照当时的解释,商标侵权采用的是“相同或近似标准”:如果被告的商标与原告的注册商标相同,直接认定构成侵权;如果被告的商标与原告的注册商标近似,这种近似有可能导致误认的,认定构成侵权。在2013年修法之前,我国《商标法》上没有涉及对商标侵权是否混淆的表述。2013年《商标法》的修订成为商标侵权判定标准变换的分水岭。2013年《商标法》第57条中区分了“相同商标”侵权和“近似商标”侵权,立法者对前者未做限定,对于后者则增加了“容易导致混淆”的要求。据此,多数学者认为,我国《商标法》在商标侵权判定标准问题上采纳了“混淆标准”。[2]

从共时性的角度看,主要国际公约和多数国家的国内立法均采用了混淆标准。《保护工业产权巴黎公约》并没有明确将商标侵权判定限定在混淆标准上,但第6条之四规定商标的转让不能产生让公众发生误解的后果,[3] 我们可以从该条中推知混淆标准有着广泛的适用范围。《与贸易有关的知识产权协定》第16条规定,商标权人有权排除他人对其注册商标的混淆性使用,如果使用的标志与商标权人的注册商标相同,推定存在混淆的可能。[4] 美国、英国等发达国家在司法实践中均采用了混淆标准。大致说来,从立法史和比较法的角度看,多数国家在商标侵权判定标准问题上选择了混淆标准,对于“相同商标”侵权的判定采用了推定存在混淆的做法。以混淆标准作为商标侵权判定标准是一种世界性、历史性的潮流,我国《商标法》在2013年的修订是历史的必然。

---

〔1〕 参见2002年最高人民法院《关于审理商标民事纠纷案件适用法律若干问题的解释》第9条。

〔2〕 参见王太平:《商标侵权的判断标准:相似性与混淆可能性之关系》,载《法学研究》2014年第6期;张今:《商标法第三次修改的几个重大问题解读》,载《中华商标》2013年第11期;姚鹤徽:《论混淆可能性在商标混淆侵权判定中的地位——兼评我国新〈商标法〉第五十七条》,载《河南财经政法大学学报》2015年第6期。

〔3〕 See Paris Convention for the Protection of Industrial Property, Stockholm Act (1967), Article 6 quater.

〔4〕 参见郑成思:《关贸总协定与世界贸易组织中的知识产权:关贸总协定乌拉圭回合最后文件〈与贸易有关的知识产权协议〉详解》,北京出版社1994年版,第184页。

混淆标准强调被告的行为有可能给相关公众造成混淆,其实质是一种可能性的预判,并不要求必然构成实际混淆。因此,对于“混淆可能性”在解释上应扩大到多大范围,无论是理论界还是实务界,均存在较大争议。而互联网的发展,更是放大了各界的分歧。初始兴趣混淆问题,即属于因互联网发展而凸显出来的关于混淆理论本身的范例。10 多年前,上海市第二中级人民法院、广东省广州市白云区人民法院、广东省广州市中级人民法院分别就“大众搬场诉百度案”和“台山港益电器诉广州第三电器厂案”作出了开创性的裁判,其核心问题均为初始兴趣混淆是否构成商标侵权行为。[1] 初始兴趣混淆不同于传统的商标法意义上的混淆,消费者并没有在购买商品时发生混淆,相反,消费者反倒因此种行为的发生,得以接触更多经营者,获得更多产品或者服务的信息,作出消费选择时的自由空间明显增大。造成初始兴趣混淆的行为包括但不限于:互联网平台企业的竞价排名、网页运营者设置与商标专用权人商标文字部分相同的元标签、网页运营者在第三方电商购物平台上设置与他人商标文字部分相同的检索关键词、弹出式广告等。上述行为的确使用了商标权人的注册商标,并且是在商业意义上使用了他人的注册商标,分流了商标权人的潜在消费者。因此,如何规制初始兴趣混淆行为就成为各方关注的焦点问题之一。对于这一问题,司法实践中存在两种截然不同的思路:一种观点认为,应当扩大混淆标准的边界,将混淆可能性扩大到售前混淆和售后混淆,可以将初始兴趣混淆理解为售前混淆,仍受《商标法》的规制;[2] 另一种观点则认为,初始兴趣混淆没有造成混淆的可能性,应当将该种行为定性为不正当竞争

---

〔1〕 参见大众搬场诉百度案,上海市第二中级人民法院(2007)沪二中民五(知)初字第 147 号民事判决书;大众搬场诉百度案,上海市高级人民法院(2008)沪高民三(知)终字第 116 号民事裁定书;台山港益电器诉广州第三电器厂案,广东省广州市白云区人民法院(2008)云法民三初字第 3 号民事判决书;台山港益电器诉广州第三电器厂案,广东省广州市中级人民法院(2008)穗中法民三终字第 119 号民事判决书。

〔2〕 参见邓宏光:《商标混淆理论之新发展:初始兴趣混淆》,载《知识产权》2007 年第 3 期。

行为进行处理。[1] 而在理论界，初始兴趣混淆行为的规制问题同样是观点纷呈，有学者从注意义务着手，讨论造成初始兴趣混淆的行为人的主观状态，认为只有在行为人没有尽到注意义务的前提下，才应当追究初始兴趣混淆行为人的法律责任；[2] 也有学者认为，应当从间接侵权的构成要件反思初始兴趣混淆行为，在对行为人确定新的注意义务时，应当考量其可能性和必要性。[3]

本书认为，首先，混淆可能性标准讨论的是相关公众购买时的混淆可能性，所谓的可能性指的是混淆的概率。在判定商标侵权时，并不要求相关公众已经造成了实际混淆，只要具有足够的可能性就可以判定构成了《商标法》上的混淆。初始兴趣混淆，译自英文，虽名为混淆，但与商标侵权混淆标准中的混淆并不相同。相反，初始兴趣混淆并没有造成商品或者服务来源的混淆，当消费者进入设置的场景时，能完全区分商标权人的产品和行为人产品的来源。混淆行为在竞争法上被不同的法律进行规制，不能将《商标法》上的混淆行为与《反不正当竞争法》上的混淆行为混为一谈。其次，初始兴趣混淆行为具有不同的类型，并不是每种行为都应予以规制。在说明一家新开的餐馆位置时，如果描述为“肯德基上行 500 米”，这里尽管使用了“肯德基”，但很难说“肯德基”的商标所有人受到了何种影响。这种行为更带有指示的性质，不应予以规制。只有当某种初始兴趣混淆行为的手段不正当，抢走了本应属于商标权人的客户，扰乱了市场秩序时，才有规制的必要性。例如，“COACH”和“LOUIS VUITTON”都是生产销售手提包的商标，但二者的消费群完全不同，“LOUIS VUITTON”的消费者即使因为“COACH”

---

〔1〕 参见魏森：《商标侵权认定标准研究》，中国社会科学出版社 2008 年版，第 73 页。

〔2〕 参见杜颖：《搜索引擎服务提供商关键词广告商标侵权责任之认定》，载《法学》2015 年第 6 期。

〔3〕 参见李雨峰：《迷失的路——论搜索引擎服务商在商标法上的注意义务》，载《学术论坛》2009 年第 8 期。

商标所有人利用“LOUIS VUITTON”商标进入了“COACH”的网站,也不会购买其手提包。在此意义上,“COACH”对“LOUIS VUITTON”的使用尽管构成了初始兴趣混淆,但并没有造成商品或服务来源混淆的可能性。再次,竞争法上规制的混淆,大致可以分为两类:一类是引起商品或者服务来源和出处混淆的行为,这类行为与商标的本质密切相关,属于商标侵权的范畴,应由《商标法》进行规制;另一类是除此之外的其他混淆行为,属于《反不正当竞争法》的规制范畴,而初始兴趣混淆由于不是商品或者服务来源的混淆,它要么向消费者提供了额外的信息,属于正当地使用商标标识的行为,要么采用了不正当的竞争手段,获取了不正当的竞争优势,应由《反不正当竞争法》规制。最后,采用《商标法》或者《反不正当竞争法》的规制模式,还在法律构造上存在重要区别。如果采用《商标法》进行规制,应主要考量涉案行为是否进入了商标权的排他范围,此时应对商标功能是否受到了影响进行审查;如果采用《反不正当竞争法》进行规制,应对涉案行为的正当性进行考量,考量行为本身的手段是否正当,其获得的竞争优势是否有合法性支持,是否扰乱了经济秩序。

二、本选题的概念译定

初始兴趣混淆(Initial Interest Confusion)是舶来品,有学者将其翻译为“初始兴趣混淆”,[1]也有学者将其翻译为“初始利益混淆”,[2]还有学者简化了“Interest”的翻译,直接翻译为“初始混淆”。[3] 这些中文概念表述并不完全相同,有区别也有联系,为使表达更为精准,有必要

---

〔1〕 参见邓宏光:《商标混淆理论之新发展:初始兴趣混淆》,载《知识产权》2007年第3期。

〔2〕 参见黄武双、李进付:《从售中“混淆”到“初始利益混淆”——利益平衡视角下的网络搜索关键词商标侵权认定》,载《中华商标》2007年第10期。

〔3〕 参见李明德:《美国知识产权法》,法律出版社2014年版,第585页;黄汇:《售前混淆之批判和售后混淆之证成——兼谈我国〈商标法〉的第三次修改》,载《电子知识产权》2008年第6期。

在本书开篇对“Initial Interest Confusion”的多种译法,特别是“初始兴趣混淆”与“初始利益混淆”进行辨析,厘清本意。

“Interest”一词既可以翻译为“利益”,也可以翻译为“兴趣”,概念的多义性给我们带来了选择的困难。如此一来,引进该理论时,究竟选用哪一个表述才更为妥当呢？要想就此问题给出准确答案,还需回归英文原文对该行为的初始定义。商标法权威学者麦卡锡教授对“Initial Interest Confusion”的定义为:某一侵害造成了最初消费者兴趣的混淆,但是该混淆最终没有完成实际销售。[1] 也就是说,行为人实施了某项行为,使潜在消费者对自己的商品或服务产生了初始的兴趣,然而消费者在真正购买时并没有发生实际混淆,潜在消费者仍能够清晰地辨认商品或服务的来源,并基于自己的自由意志进行选择并最终购买。

虽然“Interest”也有“利益”的含义,但结合具体语境和语义逻辑,将“Initial Interest Confusion”中的“Interest”翻译为“利益”是不合适的,“兴趣”的译法更符合该表述的本意。第一,“利益”的译法不符合“Initial Interest Confusion”的语境。“Initial Interest Confusion”指向的主体是消费者,消费者对于自己最初找寻或搜索的商品或者服务必然有期待了解或准备购买的兴趣。如果将“Interest”译为“利益”,我们很难解释消费者针对自己最初找寻或搜索的商品或者服务存在何种初始利益。第二,“利益”的译法不符合中文使用的逻辑。从汉语表达习惯来看,“利益”是不能被混淆的。相反,将“Interest”翻译为“兴趣”则更贴近该概念的本意。在购买商品或者服务之前,消费者处于了解、观望的初始阶段,对不同类别的商品或者服务,了解、观望乃至购买的兴趣偏好并不一致,行为人通过一系列活动影响了消费者最初的兴趣偏好,导

[1] See J. Thomas McCarthy, *McCarthy on Trademarks and Unfair Competition*, Fifth Edition, 2021, § 23:6:“Initial Interest Confusion Defined. Infringement can be based upon confusion that creates initial customer interest, even though no actual sale is finally completed as a result of the confusion.”

致消费者在作出购买决定时额外增加了一些选项,进而发生分流消费者的可能结果。因此,“Initial Interest Confusion”翻译为“初始兴趣混淆”较“初始利益混淆”更为合适。

三、文献综述

(一)国外研究综述

初始兴趣混淆这一表述源于美国的司法实践。随着互联网技术的高速发展,在实践中逐渐产生了盗用他人商标推销自己商品或服务的行为,由此初始兴趣混淆逐渐成为商标和反不正当竞争法律实务中的重要话题。事实上,早在1975年的“Grotrian v. Steinway & Sons”案(以下简称戈特里安钢琴案)就出现了对初始兴趣混淆的讨论。[1] 该案的审理过程中,美国联邦第二巡回上诉法院认为由于原被告之间的商标存在一定程度的相似性,导致潜在的钢琴购买者会在购买之前产生混淆认识,误以为两个钢琴企业存有某种联系,侵权随之发生。尽管法官在该案判决书中没有使用初始兴趣混淆的表述,但该案埋下了讨论初始兴趣混淆的种子。

更具典型性的案件当推“Multi Time Mach. ,Inc. v. Amazon. com”案(以下简称MTM手表案)。[2] 不同寻常之处在于,在加州地区法院判决之后,该案件被上诉到美国联邦第九巡回上诉法院,而法院撤销了第一次的判决结果并重新作出裁判,两次判决的理由、依据针锋相对,再度将初始兴趣混淆理论推向研究热潮。

美国司法界人士大都认为“商业性使用”是构成商标侵权的条件,

---

〔1〕 See Grotrian v. Steinway & Sons,523 F. 2d 1331(2d Cir. 1975).

〔2〕 See Multi Time Mach. ,Inc. v. Amazon. com,926 F. Supp. 2d 1130 (C. D. Cal. 2013),rev'd and remanded sub nom. Multi Time Mach. , Inc. v. Amazon. com, Inc. ,792 F. 3d 1070 (9th Cir. 2015), opinion withdrawn and superseded on reh'g,804 F. 3d 930 (9th Cir. 2015),and aff'd sub nom. Multi Time Mach. ,Inc. v. Amazon. com,Inc. ,804 F. 3d 930 (9th Cir. 2015).

美国《兰哈姆法》第45条还专门对“商业性使用”进行了界定。[1] 在如何理解“商业性使用”时，美国联邦第二巡回上诉法院指出，弹出式广告、将原告网址写入程序目录的行为，仅具有机器连接的功能，无法使消费者肉眼可见，不构成商业性使用。[2] 这一裁判结果意味着，如果依照司法实践对商业性使用的理解，初始兴趣混淆是不可能构成传统的商标法意义上的混淆的。但吊诡的是，部分司法判决却承认了初始兴趣混淆行为构成了商标侵权。[3]

对于初始兴趣混淆问题，美国学者也存在分歧认识。麦卡锡教授认为，以吸引消费者注意力的方式擅自使用他人商标，不管最后是否发生实际的销售行为，都可能导致初始兴趣混淆的发生。[4] 对于初始兴趣混淆行为规制的正当性理由，有学者主张初始兴趣混淆行为影响了商标权人的商誉利益，提高了消费者查找目标商品或服务的搜寻成本，[5]对于初始兴趣混淆理论的法律适用，美国学者的观点差异更为明显。在一些学者看来，即便有采取初始兴趣混淆理论的法院，在网络环境下，也不一定都会适用该理论来认定商标侵权，[6]法院应在传统的混淆可能性分析框架内吸纳初始兴趣混淆。[7] 而相反的意见则主张，当产品相似或者双方之间存在竞争关系时，法院更易于判定商标初始兴

---

〔1〕 Lanham Act § 45, 15 U. S. C. A. § 1127 (West) (2006).

〔2〕 See 1 - 800 Contacts, Inc. v. Lens. com, Inc., 722 F. 3d 1229 (10th Cir. 2013).

〔3〕 See Mobil Oil Corp. v. Pegasus Petroleum Corp., 818 F. 2d 254 (2d Cir. 1987), Brookfield Commc'ns, Inc. v. W. Coast Entm't Corp., 174 F. 3d 1036 (9th Cir. 1999).

〔4〕 See J. Thomas McCarthy, *McCarthy on Trademarks and Unfair Competition*, Fifth Edition, 2021, § 23:6.

〔5〕 See Zachary J. Zweihorn, *Searching for Confusion The Initial Interest Confusion Doctrine and Its Misapplication to Search Engine Sponsored Links*, Cornell Law Review, Vol. 91, No. 6, p. 1343 (2006).

〔6〕 See Jason Allen Cody, *Initial Interest Confusion: What Ever Happened to Traditional Likelihood of Confusion Analysis?* Federal Circuit Bar Journal, Vol. 12, No. 4, p. 643, 682 (2002).

〔7〕 See Paul F. Rush, *Clearing up the Confusion: Aiding Court Decisions Regarding Trademark Infringement and the Internet*, Stetson Law Review, Vol. 43, No. 3, p. 640 - 641 (2014).

趣混淆成立。[1] 需要注意的是,很多学者是在商标使用的框架下讨论初始兴趣混淆的,也就是说,如果构成了商标使用,在很大程度上初始兴趣混淆行为就应纳入商标法框架下予以规制。[2]

美国之外的其他国家和地区对初始兴趣混淆行为的规制思路反差也十分之大,既有归之于传统商标法进行调整的,也有诉诸反不正当竞争法予以规范的,前者以日本为典型,后者以欧盟中的法国、德国为代表。日本《商标法》第 36 条规定了商标权人的差止请求权,商标权人可以请求他人停止侵害其商标权,也可以在有侵害之虞时请求他人预防侵害,[3]这在很大程度上解决了初始兴趣混淆带来的争议。法国斯特拉斯堡法院认为关键词广告没有损害商标的基本功能,从而认定购买关键词的行为人不需要承担商标侵权责任,但是该行为应归属不正当竞争。[4] 德国法院认为,只要行为人的行为结果不会导致消费者混淆误认,特别是在互联网领域,如果关键词的检索结果能和自然结果(natural results)区分开来,就可以不认定为商标侵权。[5] 早期,欧盟对商标初始兴趣混淆的态度并不明朗,[6]但随着对"Interflora, Inc. v. Marks & Spencer"(以下简称英国鲜花案)一案的判决,欧盟法院已明确认为初始兴趣混淆行为是不正当的"搭便车"行为,并总结了对其进行

---

〔1〕 参见[美]谢尔登·W. 哈尔彭等:《美国知识产权法原理》,宋慧献译,商务印书馆2013 年版,第424 页。

〔2〕 See Stacey L. Dogan & Mark L. Lemley, *Grounding Trademark Law through Trademark Use*, Iowa Law Review, Vol. 92, No. 5, p. 1669 (2007).

〔3〕 参见《日本商标法》,李扬译,知识产权出版社 2011 年版,第 29 页。

〔4〕 See Tyson Smith, *Googling a Trademark: A Comparative Look at Keyword Use in Internet Advertising*, Texas International Law Journal, Vol. 46, Issue 1, p. 248 – 249 (2010).

〔5〕 See Thorsten Klinger, Germany: Keyword advertising with third party trademarks does not infringe if visually separated from search results, *Global Media and Communications Watch*. https://www.hlmediacomms.com/2013/02/05/germany-keyword-advertising-with-third-party-trademarks-is-not-infringing-if-visually-separated-from-search-results/.

〔6〕 See Alice Blythe, *Initial Interest Confusion: Attempting to Define Its Current Status within European Trade Mark Law*, European Intellectual Property Review, Vol. 38, No. 4, p. 201 – 207 (2016).

判断的步骤。[1] 英国上诉法院还认为，初始兴趣混淆理论是一种不必要和误导性的表述，不应成为法院对商标侵权分析的一部分。[2] 甚至还有欧盟学者提出，初始非兴趣混淆（initial "disinterest" confusion），[3] 认为潜在消费者可能会因为行为人的行为对商标权人的商标或服务不感兴趣，导致了商标权人潜在消费者的流失。如在"Comic Enterprises v. Twentieth Century Fox"案（"二十世纪福克斯公司案"）中，潜在消费者可能选择不去观看原告的表演，因为消费者认为这些表演他们已经看过了。[4] 有的欧盟学者认为初始兴趣混淆早在1938年就出现在英国商标法中，只是此前没有被人们所发现。[5] 由于初始兴趣混淆行为带来的这种损害不是对消费者的损害，而是对商标商誉的损害，因此将其置于欧盟商标指令第5条第2款概述的框架内，符合该条款的基本精神。[6]

（二）国内研究综述

国内关于商标初始兴趣混淆的讨论始于2007年，基本上与司法实践同步。2007年至今，各类期刊上刊发的直接涉及初始兴趣混淆的文章仅50余篇，其中，硕士论文30余篇，暂无相关博士论文。可见该研究尚未被国内学术界足够重视并充分挖掘，存在一定欠缺。国内学术界研究主要集中在以下几个方面。

---

〔1〕 See Interflora, Inc. v. Marks & Spencer[2011]C－323/09.

〔2〕 See Interflora, Inc. v. Marks & Spencer, [2014] EWCA Civ 1403.

〔3〕 See Joshua Marshal, *Wrong-way-round and initial "disinterest" confusion*, European Intellectual Property Review, Vol. 40, No. 8, p. 516 (2018). 英文原文"Initial 'disinterest' confusion is the term that this article will adopt to refer to the situation in which the consumer is initially disinterested in the good or service as a result of any confusion as to economic origin"。

〔4〕 See Comic Enterprises Ltd Claimant/Respondent and Twentieth Century Fox Film Corporation, [2016] EWCA Civ 41.

〔5〕 See Alexandra Allen-Franks: *Justifications for reconsidering initial interest confusion after Interflora*, Journal of Intellectual Property Law & Practice, Vol. 14, No. 5, p. 394 (2019).

〔6〕 See Alice Blythe, *Initial Interest Confusion: Attempting to Define Its Current Status within European Trade Mark Law*, European Intellectual Property Review, Vol. 38, No. 4, p. 206 (2016).

其一，初始兴趣混淆是否属于商标法意义上的混淆。有学者认为，初始兴趣混淆理论建立在传统商标理论基础上，[1]旨在保护企业的商业声誉以及品牌的吸引力。随着社会的发展，商标混淆已经突破了传统销售混淆的范围，在时间点上包括了售前混淆和售后混淆，因此，应将初始兴趣混淆纳入《商标法》的视野，并认为侵害了注册商标所有人的商标权。[2] 还有学者认为，在初始兴趣混淆行为的实施过程中，行为人采用了“销售引诱”策略，使用“搭便车”等方式，客观上损害了商标权利人的利益。[3] 也有相反的观点，认为《商标法》不应引入初始兴趣混淆，该理论引入后的结果是竞争性商品信息将更难进入消费者视野，这势必妨碍消费者获得性价比更高、称心如意的商品。[4] 如果将初始兴趣混淆纳入商标法意义上的混淆，自然会提高行为人的注意义务，而一项法律义务的设定应当以行为人能够做到为前提。在给行为人课加一项新的注意义务时，如果无法完成，那么就背离了义务设定所追求的法律价值取向。以此为前提，有学者认为直接侵权、间接侵权都不足以构成对搜索引擎服务商课以责任的基础，搜索引擎服务商没有审查广告主递交的广告内容是否侵害他人权利的义务。[5] 但也有学者持不同观点，他们认为搜索引擎服务商提供的竞价排名属于有偿服务，是人为调整的结果，所以其应当负有审查关键词及其链接的目标网页是否存在权利瑕疵的义务。[6]

---

〔1〕 参见邓宏光：《商标混淆理论之新发展：初始兴趣混淆》，载《知识产权》2007 年第 3 期。

〔2〕 参见邓宏光：《商标混淆理论的扩张》，载《电子知识产权》2007 年第 10 期。

〔3〕 参见黄武双：《搜索引擎服务商商标侵权责任的法理基础——兼评“大众搬场”诉“百度网络”商标侵权案》，载《知识产权》2008 年第 5 期。

〔4〕 参见黄汇：《售前混淆之批判和售后混淆之证成——兼谈我国〈商标法〉的第三次修改》，载《电子知识产权》2008 年第 6 期。

〔5〕 参见李雨峰：《迷失的路——论搜索引擎服务商在商标法上的注意义务》，载《学术论坛》2009 年第 8 期。

〔6〕 参见黄武双：《搜索引擎服务商商标侵权责任的法理基础——兼评“大众搬场”诉“百度网络”商标侵权案》，载《知识产权》2008 年第 5 期。

其二,初始兴趣混淆行为的判断标准。总体而言,国内学者对初始兴趣混淆行为判断标准的认定并未达成共识。有学者认为,初始兴趣混淆属于商标混淆的情形之一,商标混淆的基本判断规则仍然适用于初始兴趣混淆行为。[1] 与之略有区别,也有学者认为初始兴趣混淆与售中混淆并无本质区别,无论此种混淆发生在“售前”还是“售中”,只要相关当事人不存在合理使用商标的情形均可借助传统的混淆评判规则作出侵权判断。[2] 还有学者持相反观点,主张只有当消费者搜寻成本较高,极有可能导致其最终接受“搭便车”者的商品时,才可确认初始兴趣混淆侵权行为成立,故应以消费者的搜寻成本作为商标售前混淆规则适用的主要标准。[3] 对于侵权行为的构成要件,有学者认为,行为人主观上的恶意直接决定着初始兴趣混淆的产生与否,主观意图应当是一个重要考量因素。[4]

其三,初始兴趣混淆行为的规制方式。在规制方式的讨论中,主要有两种声音:通过《商标法》进行规制和以《反不正当竞争法》予以规制。有学者主张,初始兴趣混淆因最终导致的侵权后果还是对商标所承载的商誉的破坏,仍属于《商标法》的范畴,[5]应将初始兴趣混淆纳入《商标法》的规制体系之中。[6] 主要理由大致包括以下三点:一是认为初始兴趣混淆的本质是行为人盗用他人品牌商誉的“搭便车”行为;二是即便消费者并未在“初始兴趣混淆”的场合作出购买决定,行为人借他人品牌名声吸引公众注意的做法本身也是对商标权人凝聚于商标之上的商誉的不正当窃取;三是商标权人还有可能因行为人的商品质量过于

[1] 参见邓宏光:《商标混淆理论之新发展:初始兴趣混淆》,载《知识产权》2007 年第 3 期。

[2] 参见徐聪颖:《论“初始兴趣混淆”的法律规制》,载《时代法学》2010 年第 3 期。

[3] 参见姚鹤徽:《论商标法售前混淆规则的适用边界》,载《西南政法大学学报》2018 年第 2 期。

[4] 参见刘敏:《论“初始兴趣混淆”原则在中国司法中的适用》,载《法律适用》2014 年第 4 期。

[5] 参见黄武双、李进付:《从售中“混淆”到“初始利益混淆”——利益平衡视角下的网络搜索关键词商标侵权认定》,载《中华商标》2007 年第 10 期。

[6] 参见邓宏光:《商标混淆理论的扩张》,载《电子知识产权》2007 年第 10 期。

低劣被消费者所迁怒,进而对商标权人的商誉造成损害。[1] 在司法实践中,法院经常以"攀附了他人注册商标的商誉"等表述对此类行为进行裁判说理。也有学者认为,初始兴趣混淆行为应由《反不正当竞争法》来规制,竞争者的行为更多的是将权利人的商标作为一种广告工具使用,对于消费者而言初始兴趣混淆主要表现为一种广告欺诈行为,而非商标侵权行为。[2] 部分法院持类似观点,在一些案件中,法官直接援引《反不正当竞争法》的一般条款,以"搭便车"理论认定被告的行为构成不正当竞争。[3]

综上所述,无论是在国外还是国内,已有研究对初始兴趣混淆行为究竟应归属于商标法范畴还是反不正当竞争法范畴暂无定论,对商标初始兴趣混淆理论如何适用和初始兴趣混淆行为如何规制的争论仍在继续。现代社会是一个信息爆炸的社会,现代经济则发展成为注意力经济。初始兴趣混淆理论萌芽于线下的销售活动,互联网的纵深发展极大地拓展了该理论的适用范围,面对越来越多的"搭便车"者,如何进行有效规制以构建公平、高效的市场竞争秩序,已经成为摆在各国、各地区政府面前的难题。本书将在已有研究基础上,进一步阐明商标初始兴趣混淆行为的判断标准及其规制模式,为我国《商标法》和《反不正当竞争法》的新发展提供切实可行的路径。

四、研究基本思路及方法

(一)研究的基本思路

本书立足当前初始兴趣混淆理论与实践发展的实际情况,充分借

---

〔1〕 参见王迁:《知识产权法教程》,中国人民大学出版社2007年版,第508~509页。

〔2〕 参见黄汇:《售前混淆之批判和售后混淆之证成——兼谈我国〈商标法〉的第三次修改》,载《电子知识产权》2008年第6期。

〔3〕 参见动视诉华夏案,上海市浦东新区人民法院(2016)沪0115民初29964号民事判决书、上海知识产权法院(2018)沪73民终222号民事判决书;农夫山泉诉桐远果业合作社案,河南省郑州市中级人民法院(2017)豫01民初4153号民事判决书等。

鉴国内外现有研究的先进经验，遵循“前提分析—文本分析—价值分析—制度构造—实现路径”的思路，以厘清初始兴趣混淆学理研究、国内外案例为起点，从文本和价值角度分析初始兴趣混淆的缘起和对其规制的必要性，进而对初始兴趣混淆行为规制规则进行探索，最后提出可行性建议。

（二）具体研究方法

1. 历史研究法。初始兴趣混淆理论不是凭空而来，它是在商标理论发展进程中不断演化得来的。通过梳理我国对商品符号使用的历史，客观地找寻初始兴趣混淆在不同历史时期所呈现的不同样态，并评价其功能及实施效果，总结历史规律，以期对商标初始兴趣混淆研究有所借鉴。

2. 实证研究法。通过梳理国内外涉及初始兴趣混淆的判例，分别对适用《商标法》《反不正当竞争法》的法理逻辑进行厘析，探讨裁判背后的法律精神和价值，根据商标法和反不正当竞争法规制模式的不同，提出符合我国竞争法体系的初始兴趣混淆行为的规制路径。

3. 文本分析法。查阅《商标法》制定以来，我国商标侵权判定标准的政策法规变迁的各类相关文献资料，确保其客观真实性与内在逻辑性，研读国内外已有的关于商标初始兴趣混淆行为的法律法规、司法解释、典型案例、学术论文及专著等，梳理初始兴趣混淆行为规制的立法现状、研究程度、实践情况等，并在此基础上整理目前初始兴趣混淆行为规制中存在的问题，提出系统化的解决方案。

4. 比较研究法。在文献研究的基础上，针对有代表性的国家、地区，如美国、欧盟的商标法律法规、司法判例、学者观点进行比较分析，去粗取精、去伪存真，再结合我国实际，力求探索出较为妥当的初始兴趣混淆行为规制方案。

5. 统计分析法。通过对我国《商标法》实施以来初始兴趣混淆行为的研究情况进行统计、分析和深挖，找准研究热点、创新点和难点，有针对性地进行分析研究。

五、研究创新之处与不足

（一）学术观点创新

已有研究大多注意到了目前我国《商标法》规定的商标侵权判定所采用的混淆标准及其条文表述还存在需要进一步完善的地方，并通过比较分析的方法，认为应将初始兴趣混淆归类为商标法意义上混淆的一类。但是，现有研究同样表明，初始兴趣混淆的理论建设仍然存在种种不足，司法适用更是暂无定论。基于《商标法》和《反不正当竞争法》的法理逻辑关系，本书认为商标初始兴趣混淆并不是《商标法》意义上的混淆，不应纳入《商标法》的调整范围。相反，本书明确主张应当在《反不正当竞争法》中对初始兴趣混淆行为予以规制。在初始兴趣混淆行为的判定标准中，初始兴趣混淆行为是否导致了商标权人客户的流失，以及商品或者服务之间是否具有可替代性等，都是重要的考量要素。

（二）研究方法创新

目前国内已有研究成果对初始兴趣混淆的实证研究较少，鲜有收集国内初始兴趣混淆案例并作大量对比研究。本书在裁判文书网、北大法宝中检索司法案例，设置《商标法》第 57 条、《反不正当竞争法》第 2 条、第 6 条等法律条文为搜索条件，通过阅读筛选出我国司法实践中初始兴趣混淆在关键词与互联网平台、域名等领域的相关判决，综合运用数据统计和典型案例分析等实证研究方法，发现许多类案有着相左的判决结果。在此基础上，针对不同领域的特点，本书对初始兴趣混淆行为进行类型化分析，进而探寻兼顾我国立法、司法传统和学说进化所需的初始兴趣混淆行为的规制模式。

(三)本研究的不足之处

本领域在商标法学界是一个冷门问题,由于此研究的国内外文献及资料相对有限,在对其历史溯源时难有系统性可借鉴的成果,笔者对此问题的认知比较浅薄,难免会失之偏颇。对于全世界范围内的初始兴趣混淆行为规制的比较中,仅挑选了美国、欧盟的经典案例,介绍其发展趋势,但囿于时间紧迫,并没有穷尽所有资料,有些地方点到为止,未进行深入分析;而其他国家和地区还有一些较好的做法,尚未展开讨论。本书只揭开初始兴趣混淆行为规制的冰山一角,笔者能力有限,未能展开非常全面的比较研究,不能不说是一种遗憾。

第一章　初始兴趣混淆行为规制的历史演进

初始兴趣混淆理论起源于美国的司法判例，近年来随着互联网的发展其热度陡然提升。初始兴趣混淆理论的产生、发展，为商标权的效力范围拓展奠定了学理基础，商标权人据此可以阻止他人不正当竞争、维护商誉等。有学者认为，初始兴趣混淆是商标法上混淆理论的新发展，该理论可以保护商标权人商誉、节约消费者搜寻成本，[1]是制度发展过程中的重要补充。但也有学者认为该理论过于强调对商标权人的保护，过犹不及，应将初始兴趣混淆行为纳入反不正当竞争法进行规制。[2] 终点处的分歧往往源于起点处的摇摆，历史的梳理可以给我们指示未来的走向，初始兴趣混淆理论的研究亦不例外。本章内容就初始兴趣混淆理论的发展史进行梳理，并就初始兴趣

---

〔1〕 See Zachary J. Zweihorn, *Searching for Confusion The Initial Interest Confusion Doctrine and Its Misapplication to Search Engine Sponsored Links*, Cornell Law Review, Vol. 91, No. 6, p. 1343 – 1352 (2006).

〔2〕 See Jennifer E. Rothman, *Initial Interest Confusion: Standing at The Crossroads of Trademark Law*, Cardozo Law Review, Vol. 27, No. 1, p. 121 – 150 (2005).

混淆作简要介绍以为必要的铺垫。

初始兴趣混淆与传统混淆理论最大的不同,是混淆发生的时间。传统的商标侵权通常都是被诉侵权人使用了与商标权人近似的商标,导致消费者对商品或者服务的来源产生了混淆,进而与被诉侵权人发生交易,也就是说,消费者在购买时,对商品或者服务的来源产生了混淆。初始兴趣混淆发生的时间点则有所不同,消费者的混淆误认并没有发生于购买之时,而是发生于实际消费行为发生之前,彼时还不存在消费者,只有潜在的消费者。潜在的消费者对商品或服务有一定的兴趣,但在最终购买时认识到该商品或服务并不是他最初想要寻找的商品或服务。也就是说,即便最后发生了交易行为,消费者在购买之时就清楚知道相应商品或服务的真实信息,购买之时不存在混淆误认。由于竞争者使用了相同或近似商标而使该消费者对其产品产生了最初的兴趣,分流了商标权人的潜在客户,这就产生了以法律方式规制初始兴趣混淆行为的探索。

初始兴趣混淆理论是舶来品,源起于美国,相关的司法实践也主要集中在美国。1962 年美国国会对 1946 年《兰哈姆法》第 32 条作了修改,[1]删除了该条中的"消费者",将混淆可能性从直接混淆扩大到间接混淆,将被混淆的主体从消费者扩大到潜在消费者,由此形成了初始兴趣混淆理论的孕育土壤,很大程度上推动了初始兴趣混淆理论的产生。普通法法系中,法官造法是法律制度产生与更新的重要形式,初始兴趣混淆同样是美国法官在复杂的社会生活中基于自由心证提炼出的抽象价值理论,最终反映到法律文本之上。随着初始兴趣混淆现象日

〔1〕 See United States Statutes at Large, 79 Cong. Ch. 540, July 5, 1946, 60 Stat. 437: "Sec. 32. (1) Any person who shall, in commerce, (a) use, without the consent of the registrant, any reproduction, counterfeit, copy, or colorable imitation of any registered mark in connection with the sale, offering for sale, or advertising of any goods or services on or in connection with which such use is likely to cause confusion or mistake or to deceive purchasers as to the source of origin of such goods or services; or (b)..."

益增多,对该类行为进行法律规制成为各界共识,初始兴趣混淆理论的适用空间日益扩展,并通过判例的方式不断完善。通过以美国司法实践中对初始兴趣混淆行为的判例为中心进行研究,可以简单地将美国初始兴趣混淆行为的法律规制总结为三个阶段,即肇始阶段、发展阶段和革新阶段。我国正在经历发展阶段到革新阶段的过程,美国、欧盟则可视为革新阶段。肇始阶段和发展阶段属于前互联网时代,革新阶段则处于互联网时代。由于互联网时代海量信息充斥,这一时代初始兴趣混淆行为数量剧增且影响较大,初始兴趣混淆理论有了广阔的用武之地,越来越受到理论界和实务界的重视。

第一节　初始兴趣混淆理论的逻辑前提

商标的价值源于实际使用,这是整个商标法得以构建和有效运行的基础,自然也是解决初始兴趣混淆问题的逻辑起点。顾名思义,商标是在商业活动中所使用的标记,标记使用的目的是区分同类商品或服务的不同经营者,经营者可以通过商标向潜在的消费者传递关于自己所经营商品或服务的有效信息,吸引潜在消费者购买贴附特定标记的商品或服务。只有在商业活动中使用某种标记,消费者才能够建立某种标记与某类商品或服务间的一一对应关系,才可能基于理性的选择,在后来的商业交易中购买贴附特定标记的商品或服务。因此,只有在商业活动中被使用的标记,才可能成为真正意义上的商标。所谓的商誉,也就是商标价值的抽象凝结,也源自商标的实际使用。脱离了具体的使用,一项标记并不构成真正的商标,哪怕该标记已经履行了申请、初审、公告等程序。商标实践中出现的种种抢注乱象,从根本上背离了使用是商标价值来源的商标法理。

商标的本质决定了混淆理论是构成商标侵权判定标准的主流理论。从本质上看,商标表征着一种一一对应的关联关系:贴附某个商标的商品或服务,由某个特定经营者而不是其他经营者所提供。商标所表征的这种关联关系,只有通过使用才能最终建立。因此,保护商标,就是要保护商标所表征的关联关系,进而言之,保护因使用而建立的关联关系。这种关联关系体现在商标的功能上,就是来源识别功能。来源识别功能是商标的基本功能,消费者借助商标来区分同类商品或服务的不同经营者,经营者的竞争优势也就体现在商标的识别功能上,可以说,商标识别功能的正常发挥是经营者的生命线。因此,无论是权利内容设定,还是侵权行为禁止,都围绕来源识别功能展开。混淆理论之所以成为商标侵权判定标准的主流学说,同样是因为该理论与来源识别功能有着不可切割的内在关联。一种行为被认定为商标侵权行为,是因为该种行为导致了混淆商品或服务来源的现实结果,或有较大的可能性导致消费者混淆商品或服务来源,以至于消费者不能借助商标识别同类商品或服务的不同经营者,商标的识别功能无法正常发挥。反之,如果一种行为并不会导致消费者混淆误认,没有基于错误认识而发生购买行为,商标的来源识别功能可以正常发挥,那么这种行为几乎不可能构成商标侵权行为。[1]

初始兴趣混淆是否属于商标法意义上的混淆,是确定初始兴趣混淆规制模式的前置性问题。只有造成商标法意义上的混淆时,初始兴趣混淆行为才能纳入商标法范畴予以调整。根据2013年修订后《商标法》第57条的规定,该法意义上的混淆包括两类:实际混淆和有混淆的可能性。实际混淆强调已经发生了混淆的后果,基于混淆误认完成了

〔1〕 当然,正如世界上其他事情一样,例外总会存在,在商标来源识别功能正常发挥情形下仍然会出现商标侵权行为,如驰名商标的反淡化保护,此时就需要其他理论介入,充当说理的基础。就整体而言,混淆理论仍然是商标侵权判定标准的主流理论。

购买行为,属于纯粹的事实判断,可以自由解释的空间非常小。混淆可能性的解释空间则相对较大,混杂着事实判断与价值判断。无论是依据2013年《商标法》第57条第2项将初始兴趣混淆归结为"容易导致混淆的"侵权行为,还是依据2013年《商标法》第57条第7项将之归结为"给他人的注册商标专用权造成其他损害的"侵权行为,都必须解决初始兴趣混淆和商标法意义上的混淆之间的关系问题。初始兴趣混淆与售前售中售后的关系如图1所示。

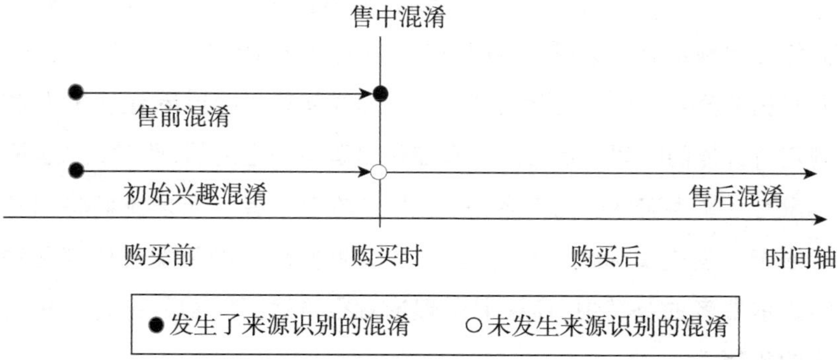

图1　初始兴趣混淆与售前售中售后混淆的关系

在既往的学理研究、立法与司法活动中,商标法意义上的混淆可能性指的是消费者在购买相关商品或服务时存在产生混淆误认的概率。也就是说,传统意义上的混淆可能性,有明确的时间点要求,仅指消费者作出购买决定之时,并不延伸到购买决定作出之前和交易完成之后。按照传统观点,即便消费者在购买之前因他人未经许可的相同或近似商标使用行为而陷入错误认识,但在作出购买决定时排除了混淆误认,基于自身的理性选择某种商品或者服务,商标的识别功能仍能正常发挥作用,商标权人的合法利益没有受到损害,哪怕消费者最终没有选择购买商标权人的商品或者服务。同样地,商品售出之后,商品的物权归属于消费者,消费者在意志自由的前提下作出了符合自身利益的选择,商标的价值已经实现,没有任何混淆可能性存在。随着商标保护力度的增强,商标权的保护范围不断扩张,混淆的时间点也从购买之时分别向前、向后延伸,混淆可能性的判断也从售中混淆延伸到售前混淆和售后混淆,其中售前混淆即初始兴趣混淆。

然而,理论上的扩张并不能带来实质差异的取消,初始兴趣混淆中的混淆与传统商标侵权所强调的混淆可能性中的混淆,本质上是截然不同的。

首先,二者发生的时间完全不同,更不存在包容或者重叠。传统商标侵权判定时所选择的时间点,是相关公众在作出购买决定之时,此时相关公众已成为实际的消费者。而在初始兴趣混淆情形下,侵权判定所选择的时间点是相关公众在作出购买决定之前,此时相关公众还没有转换为实际的消费者,只是潜在的消费者。如果我们将消费者限定为发生实际购买行为的人,那么那些潜在的消费群体就无法纳入消费者的范畴中,商标混淆理论就很难适用于初始兴趣混淆行为的规制。

其次,二者在消费者作出购买决定之时是否存在混淆可能性上差异明显。传统理论中混淆可能性标准讨论的是相关公众在购买时的混淆可能性,其可能性指涉的是混淆的概率。在使用混淆可能性判定商标侵权时,并不需要相关公众已经造成了实际的混淆,只要在购买之时有足够的混淆可能性就可以判定侵权成立。相反,初始兴趣混淆发生在购买之前,并没有发生传统意义上的混淆:当消费者进入购买或者浏览的场景时,完全能够明确区分商标权人的产品、服务和行为人的产品、服务。也就是说,在初始兴趣混淆的情况下,消费者并没有对商品或服务的来源发生混淆误认,并且是基于自由意志选择商品或服务。

最后,二者的市场效果是完全不同的。初始兴趣混淆属于信息触碰层面的混淆,即行为人通过有意识的误导行为使消费者有机会感知到自己所销售商品或服务的信息，但该种混淆对于消费者的最终购买决策通常不会产生影响。在初始兴趣混淆情形下，消费者虽因误导而接触他人商品的信息，但一旦了解商品信息，消费者通常能够辨识清楚该信息与商标权人所销售的商品或服务之间的关系，最终再通过自己的判断决定是否购买，并没有受到行为人误导的影响。因此，通常情形下初始兴趣混淆行为的发生并不会产生非法的市场替代效果，即使有市场替代效果，也是消费者在信息充分的基础上依据自由意志作出的判断与选择，与初始兴趣混淆的混淆理论没有直接的因果关系。传统商标侵权判定标准中的混淆理论则大不相同，其所关注的混淆，发生在消费者购买之时，且直接影响了消费者的购买决策，进而产生非法的市场替代效果。需要特别强调的是，初始兴趣混淆中的混淆是以信息触碰的误导为核心，所影响的是商标权人的竞争利益或者竞争机会，就商标权人的权利范围而言，并无直接的冲击。

第二节　前互联网时代的初始兴趣混淆

初始兴趣混淆的发展可以分为两个阶段：前互联网时代与互联网时代。论及前互联网时代的初始兴趣混淆的由来，离不开对商标财产化背景的介绍。在西方商业史上，中世纪行会在封建政治权威松懈的条件下，逐步塑形为高度自治、自律、排他性的商业组织。这一时期的商业生产以手工业为主，产品相对单一，销售范围仅限于当地，仅在货物方面进行交易，生产者和消费者可以直接面对面地进行交易。[1] 经营者在自己所销售商品上使用的标志，其主要作用在于证明商品的来

〔1〕 参见张惠彬：《商标财产化研究》，知识产权出版社2017年版，第14～15页。

源、产品品质担保、检验合格等。从本质上讲,此时的标志只是“管理标志”或“责任标志”,是政府和行会控制业务发展的工具。[1] 当时,商业活动中使用的名称和标记一直都被称为“marks”,而“trademarks”或者“trademark”一词则是在商业迅速发展之后才出现的。[2] 工业革命的发展彻底改变了人类的商业历史,工业革命使产品的差异化更加突出,也促进了商人们进行商业革新的步伐,现代商标制度得以确立。[3] 技术的大变革让生产者可以为消费者更便捷、更迅速地提供数量与种类更多的产品,同类型的产品不断增加,这就要求生产者、经营者必须用一个醒目的标识来区分相同或类似的商品。如此一来,如果在本就相同或类似的商品上,用以区分不同生产者、经营者的商标仍然相同或近似,无疑会造成消费者混淆,令其陷入错误认识而无法作出符合内心真实意愿的正确选择。由此,混淆理论随着商标的广泛应用逐步演进。在此后的商业实践中,又出现了一种新情况,在购买相同或类似的商品的选择过程中,因为经营者未经许可使用他人商标作为引流手段,导致消费者误把 A 商品认为是 B 商品,但在实际购买时该种混淆认识已经消除,这就是本书所要探讨的初始兴趣混淆。

一、初始兴趣混淆的肇始

通常认为,初始兴趣混淆理论的首次应用出现在 1975 年美国法院审理的“戈特里安钢琴案”中。[4] 1835 年海因里希 · E. 史坦威(Heinrich E. Steinweg)在德国创设了“史坦威”(Steinweg)钢琴品牌,

[1] 参见邓宏光:《从公法到私法:我国〈商标法〉的应然转向——以我国〈商标法〉第三次修订为背景》,载《知识产权》2010 年第 3 期。

[2] 参见张惠彬:《商标财产化研究》,知识产权出版社 2017 年版,第 71 页。

[3] 参见张占东:《企业竞争中的产品差异化战略研究》,载《经济经纬》2002 年第 3 期。

[4] See Grotrian v. Steinway & Sons, 365 F. Supp. 707 (S. D. N. Y. 1973); Grotrian v. Steinway & Sons, 523 F. 2d 1331 (2d Cir. 1975).

1850 年移居到美国后,他将“史坦威”钢琴更名“史坦威父子”(Steinway & Sons)钢琴。海因里希·E. 史坦威的大儿子西奥多·史坦威留在德国继续使用“史坦威”作为商标制造钢琴。后来大儿子西奥多·史坦威将公司卖给了他公司的 3 名员工威廉·戈特里安(Wilhelm Grotrian)、阿道夫·赫弗里奇(Adolph Helfferich)和舒尔茨(H. G. W. Schultz),并约定继受人可以在德国继续使用“戈特里安—史坦威”(Gortrian - Steinweg)商标销售钢琴。此后,戈特里安等人将标有“戈特里安—史坦威”商标的钢琴销售至美国,纠纷由此而起。

美国“史坦威父子”钢琴公司反对“戈特里安—史坦威”商标在美国的注册申请,向其发出商标侵权警告,无果后,起诉至法院。美国联邦第二巡回上诉法院认为,即使潜在消费者在购买之时,没有混淆钢琴的制造者,但是潜在的购买者在选择之初可能会认为“戈特里安—史坦威”商标和“史坦威父子”商标二者间有某种联系。法院明确指出,由于钢琴属于价格高昂的贵重物品,加之钢琴的购买者经验非常丰富,且两家钢琴制造商的商标在外观也大不相同,因此消费者在购买时不会产生混淆。尽管如此,地区法院和第二巡回上诉法院都得出相同的结论:“戈特里安—史坦威”商标侵犯了“史坦威父子”钢琴公司的“史坦威父子”商标权。在法院看来,潜在购买者可能会误认为“戈特里安—史坦威”商标与“史坦威父子”商标之间存在某种联系,而基于对“史坦威父子”钢琴的信任,进而也会对“戈特里安—史坦威”钢琴产生好感,因此“戈特里安—史坦威”钢琴会因此获得更高的交易成功率。

在裁判说理的过程中,初始兴趣混淆理论逐渐浮出水面。地区法院甚至明确指出,构成商标侵权的一个原因是“戈特里安—史坦威”商标让潜在消费者产生了最初的购买兴趣。美国联邦第二巡回上诉法院支持地区法院的判决,并使用了类似的表述来阐释其观点:本案中的争议点不是购买者在看到“戈特里安—史坦威”商标之后就可能会购买

“戈特里安—史坦威”的钢琴,并且认为自己买的是“史坦威父子”品牌的钢琴,而是“戈特里安—史坦威”商标的出现会让消费者产生联想,认为“戈特里安—史坦威”与“史坦威父子”两个商标之间一定存在某种联系,在此基础上可能会考虑购买“戈特里安—史坦威”品牌的钢琴。因此,通过利用美国“史坦威父子”商标的声誉,德国“戈特里安—史坦威”吸引了潜在客户,损害了美国“史坦威父子”的合法利益。虽然被告“戈特里安—史坦威”的行为已造成消费者的欺骗及混淆,即便没有充分证据证明消费者在购买时有混淆误认的情况,但是商标权人的商誉已受到不当的攀附,因此构成商标侵权。[1] 简言之,第二巡回上诉法院认为对美国“史坦威父子”商标的侵权是指潜在的钢琴购买者可能会认为德国“戈特里安—史坦威”钢琴和美国“史坦威父子”钢琴之间有某种联系,这种初始阶段的混淆对美国“史坦威父子”商标而言是一种侵害。需要注意的是,当时无论是第二巡回上诉法院还是地区法院都没有直接使用“初始兴趣混淆”的表述,地区法院使用的是“初始兴趣”(initial interest),[2]第二巡回上诉法院提到的是“初始兴趣”和“初始混淆”(initial confusion)。[3] 而早在1968年“Blaw-Knox Co. v. Siegerist”案(“西格里斯特案”)中,就有法院使用了“初始兴趣”一词,并且讨论了初始混淆的不公平性以及对该行为应如何救济,但是该判例的价值一

〔1〕 See Grotrian v. Steinway & Sons,523 F. 2d 1331(2d Cir. 1975). 英文原文:We recognize that in a trademark infringement action the kind of product, its cost and the conditions of purchase are important factors in considering whether the degree of care exercised by the purchaser can eliminate the likelihood of confusion which would otherwise exist. We decline to hold, however, that actual or potential confusion At the time of purchase necessarily must be demonstrated to establish trademark infringement under the circumstances of this case。

〔2〕 See Grotrian v. Steinway & Sons,365 F. Supp. 707(S. D. N. Y. 1973). 英文原文:Misled into an initial interest, a potential Steinway buyer may satisfy himself that the less expensive Grotrian-Steinweg is at least as good, if not better, than a Steinway. Deception and confusion thus work to appropriate defendant's good will. This confusion, or mistaken beliefs as to the companies' interrelationships, can destroy the value of the trademark which is intended to point to only one company。

〔3〕 See Grotrian v. Steinway & Sons,523 F. 2d 1331(2d Cir. 1975). 英文原文:Misled into an initial interest, a potential Steinway buyer may satisfy himself that the less expensive Grotrian-Steinweg is at least as good, if not better, than a Steinway... Such initial confusion works an injury to Steinway。

直未得到应有的重视。[1] 尽管无法推导出直接的混淆结果，但无论是地方法院还是第二巡回上诉法院，都认为被告德国“戈特里安—史坦威”的行为已经构成商标侵权。虽然无法推导出被告的行为能够导致消费者在购买钢琴时产生混淆，换言之，消费者在购买商品时明确知晓被告销售的钢琴并非来源于原告，但是两级法院都对被告的行为给出相同的定性——一种未造成混淆的商标侵权。其原因在于钢琴销售之前，消费者可能会认为被告同原告的商品存在某种特定联系，这种联系会影响到消费者后续的选择，进而影响原告的合法利益。美国法院在“戈特里安钢琴案”中的判决是开创性的，法院明确指出并不是只有在销售时产生混淆才能构成侵权，销售前容易导致消费者误认的关联行为在性质上属于“搭便车”行为，借助他人已有商誉为自己牟利本身就具备不正当性，仍然可能构成侵权。[2] “戈特里安钢琴案”的判决为美国判断商标侵权打开了一扇新的大门，在不存在实际混淆的情况下，因行为人在其宣传、营销行为中使用他人商标，消费者以为行为人与商标权人存在某种关联而对侵权产品产生兴趣，此时行为人即可构成商标侵权。法院本可以仅将销售前混淆的可能性作为其认定的依据，却选择使用扩大商标侵权范围的方式进行判决。“戈特里安钢琴案”的裁判结果将商标初始兴趣混淆理论带入公众视野，为此后同类案件的处理指引了另一种可以考虑的路径。但是，由于初始兴趣混淆理论与传统商标侵权理论存在一定逻辑上的冲突，在美国司法界引起了较大争议，在后续侵权认定中，美国法院对该理论保持谨慎的适用态度。

---

〔1〕 See Blaw-Knox Co. v. Siegerist, 300 F. Supp. 507 (E. D. Mo. 1968), aff'd, 414 F. 2d 375 (8th Cir. 1969).

〔2〕 See Michael Grynberg, *The Road Not Taken: Initial Interest Confusion, Consumer Search Costs, and the Challenge of the Internet*, Seattle University Law Review, Vol. 28, No. 1, p. 97 – 144 (2004).

二、初始兴趣混淆的发展

(一)初始兴趣混淆在美国的发展

继“戈特里安钢琴案”后,初始兴趣混淆在美国的发展并没有进入高速期,就引用该案的后续法院来看,主要还是第二巡回上诉法院,即作出此判决的法院。这一现状一直持续到1986年第二巡回上诉法院对“Mobil Oil Corp. v. Pegasus Petroleum Corp.”案(以下简称“美孚石油公司案”)[1]作出判决之后。“美孚石油公司案”支持了初始兴趣混淆会导致商标侵害,这一判决结果又一次引发了公众对初始兴趣混淆问题的关注,后来的类案也广泛引用该案来支持这一理论。该案件的判决使初始兴趣混淆理论的司法实践又向前迈进了一步。

在该案中,原告美孚石油公司(Mobil)是全球最大的石油公司之一,其商标在整个业内拥有极高的知名度,并且在全球范围内都具有一定的影响力。自1931年以来,美孚石油公司开始大规模使用插着翅膀的飞马形状的图案作为其产品的商标,寓意为希腊神话中的飞马座,希腊名为“珀加索斯”。[2] 不过,该公司在原油交易业务(oil trading business)中并未使用有飞马图案的商标。本案被告是在1981年组建的从事原油贸易的飞马(“珀加索斯”)石油公司(Pegasus Petroleum),经营范围仅限于原油交易,并不直接把石油卖给消费者。按照该公司的创始人乔治戈里(Gregory Callimanopulos)的陈述,他之所以选择“珀加索斯”这个表述作为公司的字号,是想要一个既有深刻内涵又能押韵的

---

〔1〕 See Mobil Oil Corp. v. Pegasus Petroleum Corp.,818 F.2d 254(2d Cir. 1987).

〔2〕 珀加索斯(Pegasus)是希腊神话中生有双翼的神马,被其足蹄踩过的地方有泉水涌出。美孚石油公司虽然在文字商标中没有使用Pegasus这个词,但是其图片商标却实际采用了有双翼的马的图片商标,并且几乎在其所有的加油站及其销售的商品上,都用这个标识。

名字。[1] 乔治戈里也承认,当初选择这个表述的时候,他已经知道美孚石油公司的存在,也知道飞马图案商标,但是他并不知道美孚石油公司使用的飞马图形商标指代的是珀加索斯神马。此外,据他了解,美孚石油公司并没有在其石油业务(petroleum business)上使用“珀加索斯”一词作为商标。“珀加索斯”石油公司成立后不久,就向当时从事原油贸易的人士发出信件,告知“珀加索斯”石油公司成立,该公司属于卡米诺普斯集团的一部分。“珀加索斯”石油公司从来没有使用过美孚石油公司的飞马图案。1982 年,美孚石油公司得知“珀加索斯”石油公司使用“珀加索斯”标志后,努力尝试与其达成和解协议,无果后,诉至法院。美孚石油公司长期以来使用飞马图案,并产生了一定影响。作为美孚石油公司的竞争对手,飞马石油公司在其公司名称中使用了“Pegasus(飞马)”,美孚石油公司认为飞马石油公司不正当利用其商誉牟利,构成侵权,向法院提起商标侵权之诉。

美国地区法院依据“Polaroid Corp. v. Polarad Elecs. Corp”案(以下简称“宝丽莱案”)所列举的八要素进行具体分析,认为美孚石油公司使用的飞马图案标识和“珀加索斯”石油公司使用的文字商标两者之间存在足够的混淆可能性(sufficient likelihood of confusion),进而依据《兰哈姆法》发布禁止令,禁止“珀加索斯”石油公司使用“珀加索斯”这个词作为其原油交易的商标,给予了美孚石油公司侵权救济。“宝丽莱案”中所列举的八要素包括:“他的商标的强度;两个商标之间的相似程度;产品之间的相似程度;在先所有人跨越产品之间距离的可能性;真正的混淆;被告在采纳和使用自己商标中的真诚性;被告产品的质量;

[1] “珀加索斯”石油公司使用的商标是一个互锁的双 P 的标识,与美孚石油公司有翅膀的马图案完全不同。

购买者的经验和世故”[1]。

第二巡回上诉法院审理时指出，作为大宗商品，石油市场的交易往往面向具有丰富知识储备与专业能力的石油交易员，他们并不会因为标识或者名称的近似或关联对商品的来源产生混淆或者误认，但潜在的消费者可能会因错误的标识或者名称而对飞马石油公司的商品产生兴趣，这种兴趣的发生会引诱消费者成为被告公司的客户，进而减损美孚石油公司基于商誉理应获得的利益。[2]

第二巡回上诉法院同意地区法院对混淆可能性八要素的判断依据，也赞同其判决主旨，并在判决中重申且深化了相应分析。具体而言，就第一个要素——“他人商标的强度”而言，此处无争议，被告也承认美孚石油公司的涉案商标就是当时美国最有影响力的商标之一。对于第二个要素——“两个商标之间的相似程度”，法院认为两者的商标之间具有相似性，飞马单词会唤起购买者脑海中的红色飞马标识的图片，而这个红色飞马图片又会让消费者联想到美孚石油公司。也就是说，红色飞马图片和它本身的名字同义。[3] 因此，被告的飞马文字（“珀加索斯”）容易让人联想到原告美孚石油公司的飞马图案商标，法院认定两者的商标之间具有相似性。对于第三个要素——“产品之间的相似程度”，法院认为产品之间的相似程度不是判断侵权的必备前提，而判断商标侵权的重要理论依据应该是混淆的可能性，并且在本案中必须通过“宝丽莱案”中的前两个要素来进行判定。而美孚石油公司的飞马商标在整个石油领域拥有无处不在的商标强度，且两个商标之间存在极高的相似性，美孚石油公司的飞马商标理应得到更广泛的保

---

〔1〕 See Polaroid Corp. v. Polarad Elecs. Corp. ,287 F. 2d 492,495 (2d Cir. 1961). 中文翻译参见李明德:《美国知识产权法》,法律出版社 2014 年版,第 569 页。

〔2〕 See Mobil Oil Corp. v. Pegasus Petroleum Corp. ,818 F. 2d 254(2d Cir. 1987).

〔3〕 See Mobil Oil Corp. v. Pegasus Petroleum Corp. ,818 F. 2d 254(2d Cir. 1987).

护。[1] 对于第四个要素——“在先所有人跨越产品之间距离的可能性”,美国地方法院没有查验此要素,因为法院认为美孚石油公司是否要将其飞马图案商标用于原油交易市场并不重要,重要的是已经可以确定足够的混淆可能性。对于第五个要素——“真正的混淆”,美孚石油公司提供了分别针对消费者和石油贸易行业成员的调查报告证明两个商标之间确实存在实际混淆,法院表示支持,认定确实存在实际混淆的情况。针对第六个要素——“被告采纳和使用自己商标中的真诚性”,法院根据“珀加索斯”石油公司的行为推定了侵权的故意。“珀加索斯”石油公司的创始人是一个受过教育、老练的人,且他此前熟悉航运业务,也知悉飞马单词对应着红色飞马图案,有侵权的故意。[2] 对于第七个要素——“被告产品的质量”,地区法院也没对此作出裁决。原因在于,被告飞马石油公司认为其销售的产品与原告美孚石油公司的产品品质相比并无区别。实际上,即使侵权者的产品质量比商标权人的质量更可靠,高级用户仍然可能会提起诉讼来维护自己的权益。第八个要素——“购买者的经验和事故”,[3] 地区法院的结论是即使被告的业务是与经验丰富的石油交易商进行大量交易,但仍然存在混淆的可能性。尽管潜在的消费者可能因“珀加索斯”的表述而产生初始兴趣的混淆误导,但是通常情形下只有在真正决定开展交易之前石油交易商才会对新公司进行调查以便节约交易成本。因此,在交易过程中,并不会出现实际混淆。而根据“戈特里安钢琴案”中对初始混淆的判决,这种初始混淆(Initial Confusion)可能构成商标侵害。综合考量以上因

〔1〕 See Mobil Oil Corp. v. Pegasus Petroleum Corp. ,818 F. 2d 254(2d Cir. 1987).

〔2〕 See Mobil Oil Corp. v. Pegasus Petroleum Corp. ,818 F. 2d 254(2d Cir. 1987). 判决原文:The district court's finding under the fourth Polaroid factor that Pegasus Petroleum did not innocently select its potentially confusing mark reinforces this conclusion: Intentional copying gives rise to a presumption of a likelihood of confusion。

〔3〕 See Mobil Oil Corp. v. Pegasus Petroleum Corp. ,818 F. 2d 254(2d Cir. 1987).

素,美国联邦第二巡回上诉法院认定“珀加索斯”石油公司侵犯了美孚石油公司的注册商标权。地区法院认为,因为美孚石油公司对不正当竞争行为的主张与商标侵权的主张基本相同,因此把这两个问题合并考虑,认定“珀加索斯”石油公司通过初始兴趣混淆行为不正当地利用美孚石油公司商誉的行为,既构成商标侵权同时也构成不正当竞争。对此,第二巡回上诉法院予以支持。

“戈特里安钢琴案”和“美孚石油公司案”有相似之处,行为人都实施了导致初始兴趣混淆的行为,法院均认定该种行为构成商标侵权和不正当竞争。二者的不同之处在于判决依据:“戈特里安钢琴案”略过了使用混淆可能性作为判断初始兴趣混淆行为的依据,而是认定行为人只要通过类似的商标吸引了潜在消费者的注意,使消费者产生了初始混淆,就构成侵权。第二巡回上诉法院在“美孚石油公司案”论证过程中没有墨守“戈特里安钢琴案”的裁判思路,〔1〕而是首先利用“宝丽莱案”中八要素测试法对本案诉争商标的混淆可能性进行分析,认定在该案中消费者并不存在商标意义上的混淆可能性,但混淆可能性不是判断侵权的唯一标准,“珀加索斯”石油公司构成侵权的原因在于其在交易的初始阶段利用了美孚石油公司“飞马”形象商标的商誉,这一点对于侵权的认定至关重要。根据“美孚石油公司案”的分析方法,无论损害发生在售前还是售中,混淆可能性的测试都可以保持不变。〔2〕美国联邦第二巡回上诉法院在该案中所作的认定已经超出了狭义的商标侵权。正如一名加拿大学者所言,“混淆应当看作商标法领域最为重要

〔1〕 美国联邦第二巡回上诉法院在“戈特里安钢琴案”中搁置了对混淆可能性的讨论,只要行为人吸引(attract)了潜在消费者的注意,使消费者产生了初始混淆,就构成侵权。

〔2〕 See David M. Klein & Daniel C. Glazer, *Reconsidering Initial Interest Confusion on the Internet*, The Trademark Reporter, 93, p. 1038(2003). 英文原文:Under that analysis, the likelihood of confusion test remains the same irrespective of whether the harm occurs pre-sale or at the point of sale。

的概念。混淆可能性是厘定商标专用权范围的基准”。[1] 美国法院在两个案件中所作的不同路径的选择，折射出美国司法实践中对初始兴趣混淆问题的态度尚未达成一致。

（二）初始兴趣混淆在我国的发展

随着互联网的发展，我国初始兴趣混淆也经历着从前互联网时代到互联网时代的变迁。在前互联网时代，初始兴趣混淆的案例主要散见于实物买卖、服务销售领域中。如在房地产销售中，就出现了不少因楼盘名称相似而产生的商标纠纷案，“银座商城诉山东筑诚”案属于其中的典型。[2]

原告银座商城于1997年9月成立，注册资本4亿元，日照银座商城有限公司系原告银座商城90%控股的公司。被告是筑诚公司和筑诚五莲分公司。2012年12月，筑诚五莲分公司作为出租方，日照银座商城有限公司作为承租方，签订日照五莲项目租赁合同，合同约定日照五莲项目竣工后，由日照银座商城有限公司承租新修好的以“银座商城”命名的地标。筑诚公司及其分公司在其开发的“五莲·银座”项目中均使用了“银座”标识，但是并未获得原告银座商城的许可。银座商城起诉筑诚公司及其分公司未经许可使用其商标，侵犯其商标权。一审法院认为，筑诚及其分公司构成商标侵权。其理由如下，对于消费者来说，看到房地产项目及宣传中使用“五莲·银座”“五莲银座商城”字样，容易认为该房地产与驰名商标“银座”之间有某种联系，会对商品或服务的来源发生混淆。但实际购买房产的消费者在交易过程中肯定会知晓筑诚公司及其分公司是真正开发商的事实，但售前的混淆行为仍然会吸引潜在的消费者，筑诚公司及其分公司亦构成商标侵权。二审法院

---

〔1〕 See Elizabeth F. Judge, Daniel Gervial, *Intellectual Property: The Law in Canada*, Thomson Carswell Press, 2005, p. 257. 转引自孔祥俊：《商标与不正当竞争法：原理和判例》，法律出版社2009年版，第258页。

〔2〕 参见银座商城诉山东筑诚案，山东省高级人民法院（2019）鲁民终2260号民事判决书。

认为,原告银座商城自1997年成立至今,开设多家大型现代化商场及连锁超市,经营网络分布山东省各地,故可以认定其企业字号“银座”具有一定的影响力。筑诚公司及其分公司在涉案房产项目的楼宇外墙、入口、商铺招牌等处使用包含有“银座”字样的标识,没有证据证明系经银座商城明示同意,属于未经许可的擅自使用。被告的使用行为会误导公众,让人误认为该房产项目与银座商城有特定联系,构成对银座商城的不正当竞争,应承担相应的民事侵权责任。虽然,该案一审、二审法院的判决均承认售前混淆的存在,但二审法院否定了一审法院判定被告承担商标侵权责任的判决,援用《反正不正当竞争法》作为法律依据进行改判。由此可见,二审法院认为初始兴趣混淆行为应纳入《反不正当竞争法》规制。

另外,由于“LOUIS VUITTON”(以下简称“路易威登”)是国际奢侈品牌,其品牌有着较大的商业价值和影响力,因此“路易威登诉鑫贵房地产公司案”也曾引发了各界对初始兴趣混淆的讨论。[1] 被告在其楼盘广告中,设计了一个女模特手挎“路易威登”包的画面,并且在其巨幅广告中以1/3的比例来展示“路易威登”包。法院认为,被告明知“路易威登”包有较高的知名度,仍在巨幅广告中以大比例和突出颜色展示模特和模特手中的“路易威登”包,通过宣传暗示出入该楼盘的住户都是会使用“路易威登”包之类奢侈品的高端人士,隐喻该楼盘品质高档,意图通过使用“路易威登”手提包的知名度来提升其广告楼盘的品位,属于故意利用原告商誉不正当获取利益的行为,构成不正当竞争。此外,法院还对该行为是否构成商标侵权作了说明:被告在广告中对“路易威登”图案的使用不属于商标性使用,广告图案也不会让计划购买楼

---

〔1〕 参见路易威登诉鑫贵房地产公司案,上海市第二中级人民法院(2004)沪二中民五(知)初字第242号民事判决书。

房的潜在消费者产生混淆,误认为被告是在销售“路易威登”包,因此不构成商标侵权。

一般认为,该案为典型的初始兴趣混淆案例,理由在于被告不正当地利用了原告“路易威登”商标的商誉。巨幅广告吸引了关注“路易威登”包的潜在消费者,而当潜在消费者走进售楼处后发现被告销售的物品并不是“路易威登”包,而是楼房,因此并没有发生实际混淆。孔祥俊先生对该案也有评析,是持与法院判决相反的观点,他认为虽然被告有使用“路易威登”的商标权的行为,原告的诉求也是寻求其注册商标的保护,但是由于不能根据《商标法》中所罗列的侵权行为类型认定构成商标侵权,原则上该行为就不具有违法性。当一项侵权行为对侵权人及其客户没有坏处甚至是有益处,且并不会带给商标权人利益损害时,我们可以将它视为社会的“纯收益”。在这种情况下,我们应当将该使用视作原告高知名度商标的溢出效应,放置于公有领域之中,因此《反不正当竞争法》的规定就不能对它适用。当行为人不正当地盗用了商标权人的商誉,从而对商标权人的合法利益造成损害,如果这种情况被认定为商标侵权,则与《商标法》界定商标专用权的立法政策相左。此外,行为人的行为可以视为一种抽象、含蓄意义上的使用,对于购买者的选择不会有实质性的影响,应归属于发挥艺术想象力的范畴。[1]

本书不完全赞同孔祥俊先生的上述观点。第一,本书认同对该行为不是《商标法》中明文规定的侵权行为的判断,被告在楼盘广告中的使用行为并非商标性使用,广告中的“路易威登”图案也不会使消费者产生混淆。第二,对于不能依据《商标法》明文列举内容认定构成侵权情况下该行为原则上就不具有违法性,进而不能适用《反不正当竞争

---

〔1〕 参见孔祥俊:《反不正当竞争法新原理－总论》,法律出版社2019年版,第81～83页。

法》规制的观点,本书持相反态度。此种理解过于强调《反不正当竞争法》有限的补充保护功能,失之偏颇。被告的行为具有明显的主观恶意,在明知“路易威登”商标具有极高知名度的情况下未经许可使用该商标,不当地利用了原告商标的商誉,损害了原告的合法权益,扰乱了正常的竞争秩序,这种行为当然应受到否定的规范评价,以《反不正当竞争法》进行规制是完全必要且正当的。第三,即便是艺术创作,也不应与《反不正当竞争法》的宗旨相违背,不能损害其他经营者的合法利益。《反不正当竞争法》第1条就明确规定,该法的立法目的是促进社会主义市场经济健康发展,鼓励和保护公平竞争,制止不正当竞争行为,保护经营者和消费者合法权益。故而本案中被告以商标权人的商誉来吸引商标权人潜在消费者的联想广告的创作方式应在禁止之列。

第三节　互联网时代的初始兴趣混淆

互联网时代,初始兴趣混淆理论有了更为广泛的适用空间。网络已逐渐成为现代化世界中最为重要的信息沟通媒介,成为市场主体进行商业活动的重要载体。截至2023年6月,我国网民规模达10.79亿人,较2022年12月增长1109万人,互联网普及率达76.4%,较2022年12月提升0.8个百分点。[1] 互联网用户早已突破10亿大关,中国已然进入了互联网社会。互联网搜索和网上购物的广泛使用对商业营销和消费者的购买习惯产生了巨大的影响,而随着传统商业行为在互联网

〔1〕 参见第52次《中国互联网络发展状况统计报告》,载中国互联网络信息中心(CNNIC)2023年8月,https://www.cnnic.net.cn/n4/2023/0828/c88-10829.html,第25页,最后访问日期:2023年11月26日。

时代的改变,商标侵权行为的形态也随之产生变化,借助搜索引擎技术的助推,初始兴趣混淆已经成为商业运营中的常规竞争手段。本节将对互联网时代初始兴趣混淆的发展进行初探,通过分析相关典型判例,为我国相关案件的处理提供一种结构化的分析方法。

一、互联网领域初始兴趣混淆的类型化

互联网技术出现以后,利用该项技术实施的商标侵权案件呈逐年上升的发展趋势。在美国,涉及初始兴趣混淆的案件已经扩展到广告元标签(metatags)、域名(domain name)等互联网应用领域。在我国,也呈现出类似的发展趋势,商家用一些打"擦边球"的行为将他人的商标作为元标签、域名、关键词检索等手段来进行营销,针对互联网平台上潜在消费者的初始兴趣进行有意识的混淆,在为自己赢得了商机的同时损害了真正的商标权人的利益。网络环境下技术和服务的创新与发展绝非脱离法律监管的理由,而初始兴趣混淆行为的类型化,则是法律规制的前提。

(一)元标签领域的初始兴趣混淆

20 世纪末,随着网络技术的革新,知识产权侵权面临的问题也更加错综复杂。传统的商标侵权认定理论适用到网络环境中存在诸多的"水土不服",而并不成熟的初始兴趣混淆理论仿佛在网络环境下焕发蓬勃生机,不断被美国法院所引用。美国联邦第九巡回上诉法院审理的"Brookfield Communic's Inc. v. W. Coast Entm't Corp."商标侵权案件(以下简称"布鲁克菲尔德案"),[1]将初始兴趣混淆引入互联网领域。在该案中,美国法院首次将初始兴趣混淆理论应用于网络环境下

[1] See Brookfield Commc'ns Inc. v. W. Coast Entm't Corp., 174 F. 3d 1036(9th Cir. 1999).

商标侵权,开启了初始兴趣混淆理论在互联网元标签领域的新篇章。[1]此后,初始兴趣混淆理论逐步向网络搜索引擎、互联网广告等商标侵权的案例中延伸,成为商标理论新发展的生长点。

原告布鲁克菲尔德通信公司的主要业务是向用户提供在线电影搜索服务,后该公司注册了"MovieBuff"商标,并将其使用于电影搜索软件产品上,还在自己的网站上销售通过互联网提供对电影资源、电影评价等信息检索服务的软件。原告本欲以"moviebuff. com"申请网络域名,但是发现该域名已经被西海岸文娱公司注册,原告因而改用"brookfieldcomm. com"申请网络域名。被告西海岸文娱公司拥有当时美国最大的电影租赁店系统,建立了一个与布鲁克菲尔德通信公司开发的产品功能相似的在线搜索数据库,旨在帮助客户查询他们所租用的影片。西海岸文娱公司拥有的网络域名为"www. moviebuff. com",并且在其网站的元标签中设置了原告的注册商标"MovieBuff"作为其关键词元标签。这样一来,只要消费者输入"MovieBuff"进行关键词检索时,就可以搜索到被告西海岸文娱公司的网站。原告布鲁克菲尔德通信公司遂以商标侵权和不正当竞争将被告西海岸文娱公司诉至法院。

美国法院在审理过程中,认为被告的行为构成初始兴趣混淆行为的原因主要有:一是存在潜在消费者转移的可能性,本来属于原告的潜在消费者在通过检索"MovieBuff"关键词后发现了被告的网站,并且发

---

〔1〕 元标签是一种超文本标记语言(Hypertext Makeup Language),元标签有多个种类,但是本案主要关注的是描述(description)和关键词(keyword)元标签。前者指描述互联网站的标签,后者指包含了与网站相关的关键词。如在京东购物的官方网站上,其描述性元标签为介绍网页主要内容如"京东 JD. COM – 专业的综合网上购物商城,为您提供正品低价的购物选择、优质便捷的服务体验。商品来自全球数十万品牌商家,囊括家电、手机、电脑、服装、居家、母婴、美妆、个护、食品、生鲜等丰富品类,满足各种购物需求";关键词元标签则有:"网上购物、网上商城、家电、手机、电脑、服装、居家、母婴、美妆、个护、食品、生鲜、京东"等内容。一个术语在元标签和网页文本中出现的频率越高,网页在搜索该关键词时被点击(hit)的可能性就越大,并且被点击的次数越多的网站就越容易被搜索引擎展示出来。这就是元标签侵权案的互联网基础。

现两者差别不大,都可以满足自己的需求,因此转向选择被告提供的数据。[1] 二是消费者层面没有实际混淆的发生,两个网站的域名地址完全不同,不会造成域名混淆,而且被告的初始网页还突出显示了自己的名称,因此消费者在进入网站后不会有实际混淆。[2] 三是被告获得不正当利益,被告通过使用"moviebuff. com"域名或者"MovieBuff"元标签,使消费者转向(divert)浏览到被告网站的行为,让被告不正当地从原告的商誉中受益。[3]

虽然"布鲁克菲尔德案"属于互联网环境下的侵权纠纷,法院并没有过度审慎地按照混淆可能性标准论证侵权,而是通过购买者兴趣的转移进行判定。第九巡回上诉法院认为,《兰哈姆法》的主旨在于任何能够导致消费者的混淆、误认与欺骗的行为都应当予以禁止。行为人如果利用某种形式导致消费者的初始购物兴趣产生转移,即使没有产生任何现实意义上的混淆,也应当遵循《兰哈姆法》的精神进行制止。[4] 然而,根据《兰哈姆法》第 45 条的主旨条款可以推出,只有造成消费者混淆、欺骗或者误认的商标性使用行为才能构成商标侵权。[5] 美国国会后来对主旨条款作出的解释中也提及,保护商标固然重要,但

〔1〕 See Brookfield Commc'ns Inc. v. W. Coast Entm't. ,174 F. 3d 1036(9th Cir. 1999). 英文原文:Web surfers looking for Brookfield's "MovieBuff" products who are taken by a search engine to "westcoastvideo. com" will find a database similar enough to "MovieBuff" such that a sizeable number of consumers who were originally looking for Brookfield's product will simply decide to utilize West Coast's offerings instead。

〔2〕 See Brookfield Commc'ns Inc. v. W. Coast Entm't. ,174 F. 3d 1036(9th Cir. 1999). 英文原文:Since there is no confusion resulting from the domain address, and since West Coast's initial web page prominently displays its own name, it is difficult to say that a consumer is likely to be confused about whose site he has reached or to think that Brookfield somehow sponsors West Coast's web site。

〔3〕 See Brookfield Commc'ns Inc. v. W. Coast Entm't. ,174 F. 3d 1036(9th Cir. 1999). 英文原文:Although there is no source confusion in the sense that consumers know they are patronizing West Coast rather than Brookfield, there is nevertheless initial interest confusion in the sense that, by using "moviebuff. com" or "MovieBuff" to divert people looking for "MovieBuff" to its web site, West Coast improperly benefits from the goodwill that Brookfield developed in its mark。

〔4〕 45 15 U. S. Code § 1127 (Section 45 of the Lanham Act).

〔5〕 参见李明德:《美国知识产权法》,法律出版社 2014 年版,第 588 页。

更重要的是保证公众的认知不被欺骗、商标的商誉价值得到展现以及商誉优势的正当使用。[1]《兰哈姆法》第32条、第43条则以更加详细的方式明确欺骗、混淆或者误认是构成商标侵权的关键因素。在《兰哈姆法》规定如此明确的情况下,第九巡回上诉法院何以冒大不韪,避开混淆可能性理论而直接认定侵权?实际上,第九巡回上诉法院对初始兴趣混淆理论的论证并不是源于商标侵权理论而是反不正当竞争,法院依据的并不是《兰哈姆法》中有关商标侵权的内容,而是散布在具体条款中涉及反不正当竞争的内容,例如《兰哈姆法》第44条、第45条都有关于防止不正当竞争行为的规定。在上述讨论的几个案件中也可以清晰地得出如下结论:在初始阶段,法院认定被告行为是一种商誉上的"搭便车"行为,不正当地侵害了原告的商誉;在发展阶段,法院认为混淆可能性并非判断侵权的唯一标准;在扩张阶段,法院直接依据被告引诱消费者的兴趣作出判决。美国法院整体判决的流变体现出法院所欲保护的价值:维护正常的商业秩序,制止不正当竞争。只不过囿于《兰哈姆法》的体系架构,不正当竞争行为与商标侵权并未做明显的区分。

"布鲁克菲尔德案"的判决直接回应了用户是否可以在互联网平台上使用他人商标作为网站元标签关键词,将初始兴趣混淆理论引入网络商标侵权领域,使得初始兴趣混淆理论又有了新发展——即使在购买时没有实质性的混淆,但是由于初始兴趣的获取方式不当,也会构成商标侵权。相较于之前的初始兴趣混淆的案件,本案裁判最为突出的特点是初始兴趣混淆司法适用规则的变化。尽管法院认为被告的行为不会使消费者在购买时产生混淆,但是却仍然认定被告的行为会吸引

[1] S. Rep. No. 79 – 1333, at 3. 英文原文:The purpose of federal trademark law is twofold: (1) "to protect the public so it may be confident that, in purchasing a product bearing a particular trade-mark which it favorably knows, it will get the product which it asks for and wants to get" and (2) "where the owner of a trade-mark has spent energy, time, and money in presenting to the public the product, he is protected in his investment from its misappropriation。

消费者的目光从原告的网站转移到被告的网站上,这种注意力转移的行为会给原告的商业利益造成损害,因此法院在没有任何混淆可能发生的情况下,运用了初始兴趣混淆规则判定被告侵权。这就为互联网领域的初始兴趣混淆行为构建了一种新的判决模式,即法院对判断初始兴趣混淆规则的使用已经不再以混淆可能性为前提,而是将被告的行为是否会导致潜在消费者注意力转移作为其判定是否发生侵权的判断标准。此种全然不顾“有无售前混淆发生”而仅凭“消费者的注意力被转移”便认定“初始兴趣混淆”的判决,也有反对的声音,如有学者就认为当存在消费者分心、感兴趣、转移或被其他产品或服务吸引的可能性时,商家为消费者提供选择的行为不应构成商标侵权的依据。〔1〕 本书认为,“布鲁克菲尔德案”所构建的裁判模式不仅会与商标法保护商标专用权的立法目的背道而驰,而且还会对公平自由的市场竞争秩序以及消费者的自由选择权造成极大的危害。

此外,在本案中美国联邦第九巡回上诉法院还提出了两个在判断商标初始兴趣混淆问题上非常形象的比喻,广为流传。其一,在网页元标签中使用他人的商标,就如同在商店门口摆放他人的商标,但是在店内并没有销售相关的商品,然而却可能使得本来想购买该商标所对应商品的潜在消费者被吸引至店内。其二,在网页元标签中使用他人的商标,性质上等同于虚假的广告指示牌。假设被告西海岸文娱公司的竞争对手是布鲁克巴斯特(Bolckbuster)视频出租公司,布鲁克巴斯特视频出租公司在高速公路广告牌上展示西海岸文娱公司的出租店在第七出口,引诱消费者从第七出口下道后去找寻西海岸文娱公司的视频出租店,然而消费者下道后却只看到了布鲁克巴斯特视频出租公司的

〔1〕 See Jennifer E. Rothman, *Initial Interest Confusion: Standing at The Crossroads of Trademark Law*, Cardozo Law Review, Vol. 27, No. 1, p. 179(2005).

视频出租店,而西海岸文娱公司的视频出租店的真实地址是在第八出口。不过,消费者虽然知道了此出租店非西海岸文娱公司的出租店,两者毫无关系,但为了避免麻烦,就在布鲁克巴斯特视频出租公司的出租店中进行了消费。毫无疑问,布鲁克巴斯特公司利用了西海岸文娱公司的商誉。

继"布鲁克菲尔德案"之后,"Playboy Enters., Inc. v. Welles."案(以下简称"花花公子案")又在元标签领域有了新的突破。[1]

原告 Playboy 是一家国际性的出版及娱乐公司,其发行的 Playboy 杂志拥有极广泛的读者群,同时也开设有线电视与卫星播送节目,并销售各种商品和服务。Playboy 公司拥有"Playboy""Playmate""Playmate of the Month""Playmate of the Year"等多个注册商标,而在许多非官方场合,Playboy 公司通常将"Playmate of the Year"简称为"PMOY",但是 Playboy 公司并没有取得该简称的注册商标。被告 Terri Welles 曾于 1981 年被选为 Playboy 公司年度玩伴女郎(Playmate of the Year for 1981)。此后,被告在其个人网站上使用"Playmate of the Year for 1981",同时还使用了原告的其他商标,并在其网站上提供个人消息、照片,组建影迷俱乐部,销售自传。此外,被告还在其网站上发表声明,表示网站上的一切均与 Playboy 公司无关。原告认为,被告 Terri Welles 存在如下四项侵权行为:被告在其网站的元标签中使用"Playboy"和"Playmate";被告将"Playmate of the Year for 1981"作为网页标题;被告使用"Playboy Playmate of the Year for 1981"与"Playmate of the Year for 1981"作为横幅广告,使其可转链接至其他网站;被告在其每个网页上,重复使用"PMOY"的缩写作为水印图案。故原告主张被告的行为构成商标侵害、商标淡化、不正当竞争等。美国地区法院认为被告 Terri

---

〔1〕 See Playboy Enters., Inc. v. Welles, 279 F. 3d 796(9th Cir. 2002).

Welles 使用“PMOY 81”（“Playboy Playmate of the Year 1981”的缩写）是合理宣传自己的手段，属于合理使用，但禁止被告使用“Playboy”和“Playmate”。美国法院认为，Terri Welles 使用 Playboy 公司相关商标于标题、动态广告、网页标记皆为指示性使用。就网页背景部分，重复出现的“PMOY 81”，法院认定 Terri Welles 是指示性使用 Playboy 公司的商标，并不构成商标侵权。美国法院认定被告系指示性使用的理由有三：第一，若 Terri Welles 不能使用 Playboy 公司的商标，将无法表示其是 Playboy 的年度封面女郎；第二，Terri Welles 的使用是善意使用，仅仅是为了说明自己的身份，并没有故意攀附 Playboy 公司商标商誉的意图；第三，Terri Welles 在网页中明确表明，其与 Playboy 公司并无任何关联。因此，Terri Welles 使用 Playboy 公司的商标并不会使第三人对于 Terri Welles 与 Playboy 公司产生联想，Terri Welles 在标题、动态广告、网页标记中使用 Playboy 公司相关商标都是指示性使用，没有造成网络使用者产生混淆的可能性。

从以上两个案件的分析中我们不难发现，法院对于初始兴趣混淆理论在互联网领域中的应用，观点还在变化。“布鲁克菲尔德案”是初始兴趣混淆理论在互联网领域应用的较早案例，该案判决所确立的标准是只要出现了潜在消费者兴趣的移转就构成商标侵权。而“花花公子案”则确立了相对限缩的侵权判定标准，在该案中法院认为被告在网站中已经明示，不会造成消费者对被告与原告关系的误认，所以认定不构成商标侵权。“花花公子案”引发了各界对初始兴趣混淆理论的广泛关注，并被运用到域名、搜索引擎、二维码商标等网络环境下商标侵权案件的审理中。

（二）域名领域的初始兴趣混淆

在互联网的基础架构中，一台电脑如要接入互联网，就必须获得一个虚拟地址，就像每一栋楼房都有一个固定的地址一样。但由于网络设计的限制,每台电脑所使用的域名不能重复,加之生产经营者需要的域名又具有商业性质,只能在代表商业领域的域名中申请,商标所有者也认识到拥有包含其商标的域名尤为重要。由此,域名逐渐成为一种特殊的商品,更成为与网络电子商务有关的新兴企业的重要资产。网络蟑螂便以此为生,在将他人商标文字部分抢注为域名后,商标权人便无法使用该域名,而信任商标的消费者可能会发现自己购买的商品并不具备期待的品质,进而对原商标权人的商标商誉产生怀疑。域名抢注行为不仅侵害了消费者对原商标的信任,也破坏了原商标的商誉,影响电子商务交易平台的顺畅度,导致消费者无法信任原商标所代表的质量,更对整体经济造成损害。当某一公司将竞争对手的商标抢注为域名,并希望通过这样的方式来吸引竞争对手的客户以增强自己的业务时,〔1〕域名领域的初始兴趣混淆行为就发生了。此种情形下,尽管消费者进入侵权人的网站后,可以清晰地分辨出该网站并非商标权人的网站,但侵权人此时已成功地将消费者引诱至其网站,在先商标权人的商标商誉受到损害。〔2〕

现以美国联邦第四巡回上诉法院在 2001 年宣判的“People for Ethical Treatment of Animals v. Doughney”案为例(以下简称“PETA 案”),初步窥探初始兴趣混淆在域名领域的发展。〔3〕 本案原告为 PETA 动物保护组织(People for Ethical Treatment of Animals 的缩写为

〔1〕 See Zachary J. Zweihorn, *Searching for Confusion The Initial Interest Confusion Doctrine and Its Misapplication to Search Engine Sponsored Links*, Cornell Law Review, Vol. 91, No. 6, p. 1359 (2006). 英文原文:Because of this behavior, mark owners recognized the importance of owning domain names that included their trademarks. In some cases, other parties had already registered those domains first and would “squat” on them, offering to sell them to the company at a premium. 1 12 In other cases, a company may have set up a Web site on a domain name that included its competitor's mark, hoping to capture the business of some customers looking for the competitor。

〔2〕 See J. Thomas McCarthy, *McCarthy on Trademarks and Unfair Competition*, Fifth Edition, 2021, § 23:6.

〔3〕 See People for Ethical Treatment of Animals v. Doughney, 263 F. 3d 359 (4th Cir. 2001).

PETA)，设立目的是促使公众关注动物权益的保护，反对以动物作为食物、娱乐或解剖实验用。被告多尼(Doughney)自1995年起开始注册了多个域名，其中一个注册域名为“peta. org”，打开后是“People Eating Tasty Animals”的网页，意指“人们吃美味的动物”。显然，被告注册的域名，与原告的设立宗旨完全相反。此后，原告将被告诉至法院。

在本案中，被告明知事实上除原告外并无任何其他公司、组织或者团体使用“PETA”，而且被告也知道原告PETA动物保护组织及其宗旨。被告辩称，他之所以将“peta. org”注册为域名，只是想用一种诙谐的方法使用PETA动物保护组织的全称。互联网用户浏览网页时，可以看到被告网页以鲜明粗体字形标识出该网页的名称。此外，被告还在网页中放置了如下声明：本网页是提供信息给喜欢享受肉食、穿着皮草、打猎与享受动物实验之科学研究果实的人。被告在网页页面上提供各种网站链接，网络使用者可通过点击链接到各种肉食、皮草、打猎、动物实验研究相关组织的网页，而这些网页的内容均与PETA动物保护组织的宗旨相反。被告在其声明中还附上了一个“立即离开”的超链接，浏览者通过点击该链接就能够直接跳转到PETA动物保护组织的官方网站上。基于上述理由，被告认为自己的行为并不构成商标侵权或不正当竞争。

美国地区法院并没有认同被告的抗辩，其认为被告故意将该知名动物保护组织的缩写“PETA”注册为域名，意图混淆(Confuse)、误导(Mislead)和转移对PETA动物保护组织有兴趣的网络用户访问被告的网站，且被告网站包含的信息与原告的宗旨完全相悖，这就很可能会阻止原告潜在的互联网用户进入其网站，并且，原告潜在用户如果错误地访问了被告的网站，可能会由于愤怒、沮丧或认为原告的主页根本不存在，而不会再继续检索原告的网站。这样的行为就侵害了原告商标的商誉。[1] 对此,美国联邦第四巡回上诉法院表示支持。[2]

此外,早在 1998 年美国联邦第二巡回上诉法院审理的"Planned Parenthood Federation of America,Inc. v. Bucci"案("美国计划生育联合会案")中,[3]法院基于类似的考虑判定构成商标侵权。原告是推广计划生育与家庭计划的社会组织,被告恰恰是立场相反的、反堕胎的天主教信徒,被告将原告的注册商标登记为域名,并在网页上刊登各种反堕胎宣传。法院审理后认为,被告将原告的商标注册为域名并在网页中刊登反堕胎宣传的行为,可能会使对原告设立宗旨感兴趣的潜在消费者产生初始兴趣混淆,并因此进入被告的网页,之后因感到困惑而停止搜寻原告网页,此种行为侵犯了原告商标的商誉。

随着时间的推移,美国法院对域名领域适用初始兴趣混淆的看法又有所改变。在上述两个典型案例中,被告借用原告的商标所承载的商誉吸引潜在消费者或者网络浏览者兴趣移转到被告的网站就构成侵权,至于二者之间是否有竞争关系在所不问。而在后来的一些判例中,法院开始将原被告之间的竞争关系纳入判断是否构成初始兴趣混淆的考量要素中。

"Nissan Motor Co. v. Nissan Computer Corp."案(以下简称"尼桑案")[4]非常具有代表性。该案原告尼桑(Nissan)汽车公司于 1959 年在美国注册了"NISSAN"商标,指定使用于汽车与船舶类别上。1960 年,尼桑汽车公司开始在美国市场销售汽车。该案被告尼桑计算机(Nissan Computer)公司是 1991 年成立的计算机公司,主营计算机销售与服务,后于 1994 年将"Nissan. com"注册为域名,具体经营网络商务、

[1] See People for the Ethical Treatment of Animals v. Doughney, 113 F. Supp. 2d 915 (E. D. Va. 2000).

[2] See People for Ethical Treatment of Animals v. Doughney,263 F. 3d 359(4th Cir. 2001).

[3] See Planned Parenthood Federation of America,Inc. v. Bucci,152 F. 3d 920 (2d Cir. 1998).

[4] See Nissan Motor Co. v. Nissan Computer Corp. ,378 F. 3d 1002 (9th Cir. 2004).

销售与计算机相关产品与服务。1999年,尼桑计算机公司在“Nissan. com”网页上提供与汽车相关之产品与服务,后又提供刊登网页广告的服务项目,刊登与汽车产品有关的横幅广告,浏览者在“Nissan. com”网页点击广告时,尼桑计算机公司可抽取费用。于是,尼桑汽车公司起诉尼桑计算机公司,认为后者的行为侵害了其商标权。

在该案判决中,法院引用初始兴趣混淆理论作为侵权认定的标准。法院认为,尼桑计算机公司存在侵权的故意。虽然尼桑计算机公司较早注册“Nissan. com”域名,但尼桑计算机公司却利用有兴趣购买汽车的消费者极可能会以“Nissan. com”来检索汽车产品的现实选择,除展示计算机相关业务之外,还在其计算机公司网页上刊登其他汽车公司的横幅广告。当潜在的准备购买尼桑汽车的消费者进入该网站后,虽然立刻可以发现该网站并非销售汽车的专门网站,但当他们从该网站上看到其他汽车品牌的横幅广告后,很有可能就会顺便点一下看看。如此一来,尼桑计算机公司就可以通过骗取、转移本来关注尼桑汽车的潜在消费者的点击率获得广告收益。在本案中,尼桑计算机公司虽然没有将“NISSAN”商标直接使用在汽车上,也就是没有仿冒商标,但是却利用了消费者购买尼桑汽车的兴趣,赚取广告利益,构成初始兴趣混淆。法院进一步说明,尼桑计算机公司在其网页上提供的汽车相关产品广告,侵害尼桑汽车公司的商标权;但是网页上提供的非汽车相关广告,则不侵害尼桑汽车公司的商标权。[1] 通过“PETA案”“尼桑案”等案例的分析不难发现,美国法院在将商标作为商业性网站域名名称的行为是否构成初始兴趣混淆类商标侵权的态度上发生较大的转变。如果该网站的经营主体与商标权人之间不存在直接的竞争关系,也没有为那些与商标权人互相竞争的其他从业者提供超链接或者广告服务,

---

〔1〕 See Nissan Motor Co. v. Nissan Computer Corp. ,378 F. 3d 1002(9th Cir. 2004).

就不会导致商标权人的交易机会丧失，进而也不构成商标侵权。

在我国发生的域名领域类的初始兴趣混淆案例不多，且相较于欧美发生的时间比较靠后，较为典型的是2018年北京市朝阳区人民法院审理的“天福号公司诉格福特公司和八瑞祥公司案”、[1]2020年广州知识产权法院审理的“欧派家居诉欧派智慧光案”属于此类。[2] 但是就目前的司法实践来看，我国司法界对此类案件应如何适用法律尚未达成一致，后文将进行深入描写。

(三)弹出式广告领域的初始兴趣混淆

新兴的弹出式广告领域，也存在较为突出的初始兴趣混淆现象。弹出式广告与之前元标签、域名领域初始兴趣混淆行为的手段有差别，通过自身使用技术手段或者购买他人服务，行为人可以实现如下技术效果：在互联网用户对某种商品或服务进行检索时，其检索结果页面却弹出与检索结果相似的广告，但是当消费者点进去之后，能够清晰地辨识行为人的网页并不是自己所要检索的网页。即便如此，行为人仍然利用了他人商标，成功地吸引了商标权人潜在消费者的注意，对商标权人而言，其潜在利益受到了损害。从行为的本质来看，未经许可使用他人商标的弹出式广告属于初始兴趣混淆，与元标签和域名领域中的初始兴趣混淆行为并无二致。

在“1 - 800 Contacts, Inc. v. WhenU. Com, Inc.”一案中(以下简称“隐形眼镜案”)，美国法院就对使用弹出式广告领域的初始兴趣混淆行为作出了否定性的判决。[3] 本案原告1 - 800 Contacts为一家销售隐形眼镜的公司，除通过互联网进行销售外，还通过电话、邮购等方式销

---

[1] 参见天福号公司诉格福特公司和八瑞祥公司案，北京市朝阳区人民法院(2018)京0105民初12897号民事判决书。

[2] 参见欧派家居诉欧派智慧光案，广州知识产权法院(2020)粤73民终4649号民事判决书。

[3] See 1 - 800 Contacts, Inc. v. WhenU. com, 309 F. Supp. 2d 467 (S. D. N. Y. 2003), 1 - 800 Contacts, Inc. v. WhenU. Com, Inc., 414 F. 3d 400 (2d Cir. 2005).

售隐形眼镜及其附属商品。原告获得美国专利商标局核准注册“1 - 800 CONTACTS”和“1 - 800 CONTACTS logo”商标,并以“http://www. 1800Contacts. com”作为其域名经营网站。被告包括互联网营销公司 WhenU. com,以及同样销售隐形眼镜的广告购买者 Vision Direct 公司。WhenU. com 公司设计了一套名为“Save Now”的计算机软件,该软件通常伴随免费软件应用程序被一起下载到网络用户的计算机中。这套软件可用来侦测消费者的消费行为,并根据电脑使用者浏览的网址、检索的文字以及网站内容搜集后进行分析,然后选取相关的弹出式广告,并且以另外弹出新的窗口的方式展现在电脑使用者的屏幕中。对于广告投放方来说,他们可以购买与自己产品或服务相关的关键词,而 WhenU. com 公司就能为他们提供弹出式广告服务,并且按照消费者点击广告的次数进行计费。[1]

本案被告 WhenU. com 公司将与原告近似的“1800Contacts. com”网址设置为被告软件的隐藏目录,当网络用户输入该网址以便浏览原告网站时,“Save Now”软件将匹配出消费者对隐形眼镜相关商品有兴趣,就会在出现原告网站的计算机荧幕右下方弹出竞争对手,也就是被告 Vision Direct 公司的广告视窗,该弹出式广告视窗上方会出现绿色的“ $ ”符号及“Save Now!”文字,视窗底部会出现“A When U offer—click? for info.”,只要消费者点击该弹出式广告视窗,就会被导引到广告主 Vision Direct 公司的网站。[2] 原告认为,被告通过使用弹出式广告软件,以及使用原告商标就会启动弹出式广告的计算机软件内部目录,使消费者能看到其竞争对手 Vision Direct 公司的广告,并产生混淆可能性,符合美国《兰哈姆法》第 32 条(1)(a)及第 43 条(a)的商标侵

---

〔1〕 See 1 - 800 Contacts, Inc. v. WhenU. com, 309 F. Supp. 2d 467(S. D. N. Y. 2003).
〔2〕 See 1 - 800 Contacts, Inc. v. WhenU. com, 309 F. Supp. 2d 467(S. D. N. Y. 2003).

权条款。原告提起诉讼,请求法院下达初步禁令,禁止被告将原告商标列入软件内部目录,并停止在原告网站上发布弹出式广告。

本案经纽约南区地方法院审理,同意对被告核发初步禁令,被告不服后提起上诉。然而具有戏剧性的是,美国联邦第二巡回上诉法院驳回了原告的申请,其主要法律依据为美国《兰哈姆法》第 45 条中的"商标使用"。

美国联邦第二巡回上诉法院引用美国《兰哈姆法》第 45 条有关"商标使用"的定义,其认为在商品上的"商标使用"是指将商标置放在商品或容器上,或是展示于贴附在商品上的吊牌或标签,或是与商品销售相关的文件上;而与服务有关的"商标使用"则是指在商业活动的服务推广中使用或者展示商标。就美国《兰哈姆法》第 45 条对"商标使用"的定义来看,被告的行为不能构成商标意义上的使用。首先,法院认为被告将与原告商标近似的域名写入被告软件的内部目录,该域名并不能被消费者所看见,只单纯发挥机器连结的功能,因此不能认定为"商标使用"。其次,就弹出式广告发布广告的过程来看,广告主虽然购买了关键词作为启动弹出式广告程序的对应措施,但是该弹出式广告的呈现仅受到与网页内容或关键词相关联的内容控制,如消费者输入"护眼"也会弹出原来设定的广告。其中的原理,类似于药店零售商在竞争品牌药品旁边放置自己品牌的学名药,用来吸引关注该品牌药品的消费者选择另外一种更价廉物美的替代商品,这种借用竞争对手品牌的识别性以销售替代商品的行为,不构成不正当利用他人商誉,获取不当利益的行为。[1] 反之,如果认为并排摆放商品就会造成商标侵权,那么今后的超市可能只能按字母顺序来排列货品了,显然这是非常不合理的。再次,弹出式广告以另开视窗方式出现在使用者计算机荧幕上,这种行为

〔1〕 See 1 - 800 Contacts, Inc. v. WhenU. Com, Inc., 414 F. 3d 400(2d Cir. 2005).

不仅没有在广告内容中出现原告的商标，相反，更是在广告中清楚地展示了“WhenU”品牌，这种明显不会发生混淆的行为，也不是“商标使用”。最后，美国联邦第二巡回上诉法院判定该行为不构成商标侵权。[1]

从美国联邦第二巡回上诉法院的观点来看，法官明显是商标使用理论的支持者，并且将“商标使用”视为侵权判断的门槛要件，并以美国《兰哈姆法》第45条定义的“商标使用”来定性被告的行为，如果不符合“商标使用”的要件，就不需要再进一步讨论混淆可能性了。目前，美国联邦第二、四、六巡回上诉法院就弹出式广告是否为“商标使用”的见解已趋于一致，即基本认为弹出式广告仅是对他人商标作为内部程序的运用，对消费者来讲，并不是肉眼可见的，而且弹出式广告还没有具有连结商标与其商品或服务的功能，从而不构成商标法意义上的“商标使用”。

(四)关键词领域的初始兴趣混淆

与初始兴趣混淆相关的互联网平台分为两种：一种是以百度、谷歌为代表的搜索引擎平台，另一种是互联网销售领域的平台，如淘宝、京东、亚马逊等。这两类平台共同的特点是用户可以进行关键词检索，从而找寻自己想要看到的信息或商品。搜索引擎平台服务提供商的作用类似于中介，他们为各类商品或服务的提供者与用户之间提供了得以促成交易的相关信息，用户通过搜索引擎平台可以减少筛选海量信息的困扰，高效便捷地获得更专业的信息，大大增加了成功交易的机会。因此，有学者称搜索引擎服务商在互联网市场经济秩序中发挥着商品、服务之信息集散地的作用。[2]

在互联网平台上，部分经营者经常以关键词方式实施初始兴趣混

---

〔1〕 See 1-800 Contacts, Inc. v. WhenU. Com, Inc., 414 F. 3d 400(2d Cir. 2005).

〔2〕 参见李雨峰：《迷失的路——论搜索引擎服务商在商标法上的注意义务》，载《学术论坛》2009年第8期。

淆行为。互联网平台后来推出了关键词竞价排名等服务,行为人通过购买关键词的方式,获得检索排名靠前的人为干预结果。于是,一些企业为了推销自己的商品或服务,将他人商标的文字部分作为竞价排名的关键词,使自己所经营的商品或服务与竞价排名关键词相关联,排列到检索结果的最前方,当商标权人的潜在消费者产生了点进去看看的初始兴趣后,他们就可能掠夺了本属于商标权人的交易机会。此外还有一种情形,某一商品或服务的经营者虽然没有入驻某一销售平台,但是通过该销售平台输入该商品的关键词,在平台中显示出来的商品却是商标权人竞争对手的商品,虽然网络用户在实际购买过程中没有发生混淆,但是平台提供其他竞争对手商品的行为减少了商标权人的交易机会。

"Rescuecom Corp. v. Google Inc."案(以下简称"美国谷歌案")是关键词领域初始兴趣混淆的典型案例。[1] 本案的被告是著名的网络服务提供者谷歌公司,其网络营销服务中最受关注的便是关键词检索服务。在该公司的运营模式中,关键词销售服务主要是通过广告使用者事先与谷歌公司沟通,选择与自己商品销售相关的字词,再与谷歌公司签订合同,获得网络检索时对该字词的优先使用权。[2] 该种优先使用权主要体现在网络用户在谷歌网站上输入广告使用者购买的关键词后,搜索结果会优先呈现该关键词使用者的网址和广告。同时,为了提升关键词销售服务的效率,谷歌公司还提供了关键词的建议服务。在本案中,谷歌公司建议广告使用者购买以原告商标为内容的关键词的优先使用权,如此一来,当网络用户想要检索原告商标所指向商品的信息时,便有机会接触到广告使用者商品的广告或信息,从而增加广告使

[1] See Rescuecom Corp. v. Google Inc.,562 F.3d 123 (2d Cir. 2009).
[2] See Rescuecom Corp. v. Google Inc.,562 F.3d 123 (2d Cir. 2009),p. 125-126.

用者与商标权人竞争的机会。[1] 当本案原告知道被告使用自己的商标进行关键词检索服务时,就对被告提起了商标侵权诉讼。美国联邦第二巡回上诉法院推翻了美国地方法院沿用"隐形眼镜案"所作的判决,认定被告的行为构成商标侵权。本案中法院认为,被告所提供的关键词服务,既使用了原告的商标作为关键词,又对关键词购买者提供使用原告商标的文字部分作为关键词的建议,上述行为使得关键词营销服务与原告的商标之间产生了一定因果关系的联系,而不仅仅是单纯提供服务的功能性运作。在此基础上,被告所提供的关键词服务给原告的商标带来了混淆的危险,与"隐形眼镜案"的案情有一定区别,应当认定为商标侵权。此外,美国联邦第二巡回上诉法院还针对"隐形眼镜案"中提到的商品陈列的经营模式是否构成"商标使用"进行了论述,认为良性的竞争商品并列之所以不被认定为商标侵权,并不是因为无法满足"商标使用"的要件,而是因为该行为没有造成消费者购买时的混淆。但是在"美国谷歌案"中,美国联邦第二巡回上诉法院的结论明显限缩了该法院于先前"隐形眼镜案"判决的适用范围,法院认为谷歌公司的行为不是良性的竞争行为,所以构成侵权。虽然"隐形眼镜案"的判决曾被所辖地方法院援引,据以判决销售或购买启动付费广告的商标作为关键词并不构成美国《兰哈姆法》上的"商标使用",但美国联邦第二巡回上诉法院在本案提出的关键性分析,即对谷歌公司关键词广告的运作方式与早期网页元标签和弹出式广告作了明确的区分,认为该程序会针对广告使用者提供最有利的关键词推荐,因此被告不能免责,并认为先前采用美国《兰哈姆法》第 45 条中"商标使用"的定义认定侵权是不恰当的。本书认为,这可以归因于"美国谷歌案"中,美国联邦第二巡回上诉法院采取了较为宽松的态度去解释"商标使用"的定义。

---

〔1〕 See Rescuecom Corp. v. Google Inc. ,562 F. 3d 123 (2d Cir. 2009),p. 126.

在关键词领域初始兴趣混淆的案件中,“MTM 手表案”因由美国加州中心地区地方法院、美国联邦第九巡回上诉法院多次审理且每次判决结果差异明显而著名。[1] 原告 Multi Time Machine, Inc.(以下简称“MTM”公司)是销售“MTM Special Ops”及“MTM Military Ops”商标军事风格手表的公司,通过自己的销售网站和授权经销商进行销售,但从未通过被告 Amazon 公司(以下简称亚马逊公司)的网络平台进行销售。被告亚马逊公司是在线零售商,其网站的检索功能能够让消费者检索到感兴趣的商品。以“MTM”作为关键词在亚马逊网站上检索后,检索结果中未出现“MTM”公司的产品,但却出现“MTM”公司的竞争对手“Luminox”等手表品牌。原告“MTM”公司认为亚马逊公司应标明“未发现任何 MTM Special Ops 相关产品”,而不是将其竞争对手的产品罗列出来。亚马逊公司则辩称,只要自己已经清楚地标示出搜寻结果是其他品牌,消费者就可以获得其原本想要检索的结果,并不存在商标侵权。

“MTM 手表案”的争议焦点在于,亚马逊公司的网络用户是否因亚马逊网站呈现的检索结果,而对“MTM”及其竞争产品产生混淆。[2] 在案件审理过程中,美国加州中心地区地方法院法官经过选择适用“AMF, Inc. v. Sleekcraft Boats”案(以下简称“Sleekcraft 案”)所确立的与互联网领域相关的“Sleekcraft 八要素检测混淆可能性标准”检验后(主要包括商标的强度、实际混淆、注意程度及商品类型、背景等),[3]

[1] See Multi Time Mach., Inc. v. Amazon. com, 926 F. Supp. 2d 1130 (C. D. Cal. 2013), rev'd and remanded sub nom. Multi Time Mach., Inc. v. Amazon. com, Inc., 792 F. 3d 1070 (9th Cir. 2015), opinion withdrawn and superseded on reh'g, 804 F. 3d 930 (9th Cir. 2015), and aff'd sub nom. Multi Time Mach., Inc. v. Amazon. com, Inc., 804 F. 3d 930 (9th Cir. 2015).

[2] See Multi Time Mach., Inc. v. Amazon. com, 926 F. Supp. 2d 1130, p. 1132, (C. D. Cal. 2013). 判决原文:The crux of the matter is whether shoppers on Amazon are confused as to the source of the products displayed in the list of search results。

[3] See Multi Time Mach., Inc. v. Amazon. com, 926 F. Supp. 2d 1130, p. 1132, (C. D. Cal. 2013). 判决原文:(1) Strength of the Mark, (2) Actual confusion, (3) Degree of care and type of goods, (4) Labeling and context。

认为无法认定亚马逊公司通过提供检索服务呈现的结果会对"MTM"公司商标的使用产生混淆,因此不构成商标侵权。[1] 此后,"MTM"公司上诉到美国联邦第九巡回上诉法院。法院在进行审理之后,指出亚马逊公司在本案中有意制造混淆,虽然发生混淆的时间是在更早的选购阶段,而不是在购买时对商品来源发生混淆,但这种行为会减少"MTM"公司的潜在商业机会。亚马逊公司虽然明确标示了搜索结果,但显示竞争对手的商业营销模式并不能排除消费者产生初始阶段的混淆,此种营销行为利用了"MTM"公司"MTM"商标的商誉,构成初始兴趣混淆类型的商标侵权。[2] 然而,美国联邦第九巡回上诉法院再次审判时,也就是累计为该案的第三次判决,却作出了与第二次审判完全相反的判决结果。在第三次审判中,法院跳过了专门用来判断传统商标侵权混淆可能性的 Sleekcraft 八要素,而是围绕两个问题展开讨论:第一,谁才是相关的理性消费者?第二,根据网络用户在屏幕上看到的内容,他会合理地相信什么?对于第一个问题,法院认为,随着互联网变得越来越为消费者所熟悉,相关消费者应当被推定为一个理性的网上购物者,加之"MTM"手表是一款价格较高的手表,一个理性的消费者在购买时理应更加注意相应细节,因而不会产生混淆。就第二个问题而言,法院审查了亚马逊网站所展示的标签和外观,认为亚马逊网站明确标注了其销售商品的生产商及其来源,以此避免理性的网上购物者产生混淆,理性的消费者不会对此感到困惑。[3] 就该案的最后一次判决来看,采用"明确标示行为就不构成初始

---

〔1〕 See Multi Time Mach. ,Inc. v. Amazon. com,926 F. Supp. 2d 1130(C. D. Cal. 2013). 英文原文:Conclusion on Likelihood of Confusion. The court finds that the analysis of the relevant Sleekcraft factors establishes that there is no likelihood of confusion in Amazon's use of MTM's trademarks in its search engine or display of search results。

〔2〕 See Multi Time Mach. ,Inc. v. Amazon. com,Inc. ,792 F. 3d 1070 (9th Cir. 2015).

〔3〕 See Multi Time Mach. ,Inc. v. Amazon. com,Inc. ,804 F. 3d 930 (9th Cir. 2015).

兴趣混淆”这样的观点显然是继承了“Network Automation, Inc. v. Advanced Sys. Concepts, Inc.”一案(以下简称“网络自动化案”)中对互联网四要素的判决精神,[1]体现了初始兴趣混淆的限缩适用。该四要素将在后文重点介绍。

无独有偶,美国“MTM手表案”三轮审判结束时隔两年后,我国陕西省商洛市中级人民法院遇到了与上述案情相似的案例——“一行科技公司诉亚马逊卓越公司案”。[2] 原告是“ZENMAX”的商标权人,经营“ZENMAX”品牌高端手表,并未授权给被告亚马逊卓越公司进行销售,但是在被告网站上检索“ZENMAX”,只会出现原告所销售的商品,并且显示为“目前无货”的状态,页面上也没有“购买”或“加入购物车”字样的链接按钮。原告主张本案存在侵权的事实基础有两项:一是亚马逊卓越公司未经原告授权,在其网站使用“ZENMAX”文字商标进行商品展示;二是亚马逊卓越公司未经原告授权,存在销售原告商品的行为,即销售假冒“ZENMAX”标识的商品。陕西省商洛市中级人民法院认为,从审理中原告提供的证据看,被控侵权网页发布的内容中均显示被控侵权商品为无货状态,没有可进行购物的相应点击按钮,同时原告也没有就自己所主张的亚马逊卓越公司存在销售假冒被控侵权商标的商品提供侵权实物,故认定原告主张的亚马逊卓越公司存在销售假冒被控侵权商标商品的事实不能成立。本案最终的判决结果是被告亚马逊卓越公司立即删除其名下亚马逊中国网站发布的带有原告商标的商品的检索结果,并向原告支付赔偿。遗憾的是,本案裁判自始至终均未提及对初始兴趣混淆的判断,而是严格遵循《商标法》的既有逻辑进行审理。虽然该案是典型的初始兴趣混淆案例,但是由于我国还没有对

---

[1] See Network Automation, Inc. v. Advanced Sys. Concepts, Inc., 638 F. 3d 1137 (9th Cir. 2011).

[2] 参见一行科技公司诉亚马逊卓越公司案,陕西省商洛市中级人民法院(2017)陕10民初25号民事判决书。

初始兴趣混淆行为进行规制的相关制度，司法实践中法官很难从初始兴趣混淆行为这方面来剖析问题。

二、互联网领域初始兴趣混淆的发展

从前文分析可以看出，美国各类互联网领域的初始兴趣混淆判例，大部分来源于美国联邦第九巡回上诉法院。由“Sleekcraft 案”所确立的“Sleekcraft 八要素检测混淆可能性标准”，[1] 延伸至互联网领域，互联网领域中初始兴趣混淆的判断同样援用该标准。在 1999 年的“布鲁克菲尔德案”中，法官将“Sleekcraft 八要素”中的三个与互联网相关的要素独立分析，认为在网络域名环境下，应该优先考虑商标近似程度、商品类似程度和营销渠道。不过，当时的法官只是比较含蓄地在判决书中第 1054 页的第 16 个脚注，写了一句话：“我们得出结论，这三个 Sleekcraft 因素在这种情况下是最重要的，因此首先通过检查这些因素来开始我们的分析。”[2] 后来一些学者将这三个要素命名为“互联网三要素（Internet Troika 或者 Internet Trinity）”，[3] 即商标的识别性、商品和服务的紧密程度、同时利用互联网作为营销渠道。“互联网三要素”后来被很多联邦上诉法院沿用过。因此，第九巡回上诉法院确立的“互

[1] See AMF, Inc. v. Sleekcraft Boats, 599 F. 2d 341, 204 U. S. P. Q. 808 (9th Cir. 1979).

[2] See Brookfield Commc'ns Inc. v. W. Coast Entm't Corp., 174 F. 3d 1036 (9th Cir. 1999). [quoting Comp Exam'r Agency, Inc. v. Juris, Inc., No. 96-0213, 1996 WL 376600, at *1 (C. D. Cal. Apr. 26, 1996]. 英文原文：Although the Ninth Circuit has yet to apply the likelihood of confusion analysis in the Internet context, a district court applying Ninth Circuit law based its finding of likelihood of confusion on (1) the virtual identity of marks, (2) the relatedness of plaintiff's and defendant's goods, and (3) the simultaneous use of the Web as a marketing channel. Consistently with Comp Examiner, we conclude that these three Sleekcraft factors are the most important in this case and accordingly commence our analysis by examining these factors first。

[3] See J. Thomas McCarthy, *McCarthy on Trademarks and Unfair Competition*, Fifth Edition, 2021, § 24: 39 Lists of factors used by various circuits—Ninth Circuit (5th ed.). 英文原文：The court has said that when the accused mark is a domain name, three of the Sleekcraft factors are the most important and should be considered first: (1) identity of the marks; (2) closeness of the goods and services; and (3) simultaneous use of the Internet as a marketing channel. The court has referred to this as an “Internet trinity” or a “Troika” analysis, which is appropriate for domain name disputes。

联网三要素”可谓是判断初始兴趣混淆行为是否构成商标侵权的风向标。此外,第九巡回上诉法院还得出一个结论,即如果使用“互联网三要素”不能清晰地判断消费者是否存在混淆的可能性时,那么还应当回归到“Sleekcraft 八要素检测混淆可能性标准”来分析互联网领域侵权的案例。[1]

颇具戏剧性的是,确立“互联网三要素”的美国联邦第九巡回上诉法院,又在 2011 年通过“网络自动化案”中洋洋洒洒 20 多页的判决书,全面否定了由“布鲁克菲尔德案”提到的“互联网三要素”,认为在关键词广告领域应该适用四要素,即商标的强度、实际混淆的证据、购买者可能使用的商品类型和谨慎程度、广告的标签和外观以及显示结果页面的屏幕上的周遭环境,后来上升为判断互联网领域初始兴趣混淆行为商标侵权的四要素理论。[2] 此后,类似案件中开始沿用四要素理论的判断方法。可见,美国司法实践中对初始兴趣混淆的理解在不断地变化,判断标准也在持续修正。

(一)自我革新

在“网络自动化案”中,美国联邦第九巡回上诉法院否定了该院于 1999 年通过“布鲁克菲尔德案”确立的“互联网三要素”,对如何判断初始兴趣混淆行为是否构成侵权做了进一步限缩。通过美国联邦第九巡回上诉法院的自我革新,此案的判决使美国的初始兴趣混淆理论的发展趋势,由扩张走向了限缩,而理论界和实务界对初始兴趣混淆理论的

---

〔1〕 See J. Thomas McCarthy, *McCarthy on Trademarks and Unfair Competition*, Fifth Edition, 2021, § 24: 39 Lists of factors used by various circuits—Ninth Circuit (5th ed.). 英文原文:If the internet trinity does not clearly indicate a likelihood of consumer confusion, a district court can conclude the infringement analysis only by balancing all the Sleekcraft factors within the unique context of each case。

〔2〕 See Network Automation, Inc. v. Advanced Sys. Concepts, Inc. 638 F. 3d 1137(9th Cir. 2011). 英文原文:Given the nature of the alleged infringement here, the most relevant factors to the analysis of the likelihood of confusion are: (1) the strength of the mark; (2) the evidence of actual confusion; (3) the type of goods and degree of care likely to be exercised by the purchaser; and (4) the labeling and appearance of the advertisements and the surrounding context on the screen displaying the results page。

适用也基本达成一致,分歧逐渐减少。

本案原告 Sys. 系从事软件工程及咨询顾问的公司,2001 年获准注册"Active Batch"商标。被告系同为从事销售调度与管理软件的竞争对手 Network Automation 公司,"Auto Mate"为该公司的商标。被告 Network Automation 公司向 Google 公司购买了原告商标中的文字部分"Active Batch"作为关键词进行商业推广,当网络用户输入"Active Batch"进行检索时,被告 Network Automation 公司的网页"www.NetworkAutomation.com"就会出现在搜寻结果的页面上,引导消费者进入 Network Automation 公司的网站。原告因此提出商标侵权诉讼,并申请初步禁令。

美国地方法院审理后,引用 1979 年美国联邦第九巡回上诉法院提出的"Sleekcraft 八要素"进行判断,[1]经审酌先决判例,通过对"互联网三要素"即商标近似程度、商品类似程度、营销渠道进行分析之后,认定被告 Network Automation 公司的行为构成初始兴趣混淆,遂准予初步禁令的申请。[2] 美国联邦第九巡回上诉法院认为,在互联网领域进行混淆可能性的判断,不仅仅要审查"互联网三要素",还要就商标的强度、实际混淆的证据、购买者可能使用的商品类型和谨慎程度、广告的标签和外观以及显示结果页面的屏幕上的周遭环境四个因素加以审酌,因此撤销原审判决,发回美国地方法院重新审理。

美国联邦第九巡回上诉法院认为本案与"布鲁克菲尔德案"有所不同。在"布鲁克菲尔德案"中,被告使用了原告布鲁克菲尔德通信公司的"MovieBuff"商标作为自己的域名,所以只要审酌过去判例对域名侵权案件所确立的"互联网三要素",即可认定被告行为造成网络用户对

---

〔1〕 See AMF, Inc. v. Sleekcraft Boats, 599 F. 2d 341, 204 U. S. P. Q. 808(9th Cir. 1979).

〔2〕 See Network Automation, Inc. v. Advanced Sys. Concepts, Inc. 638 F. 3d 1137(9th Cir. 2011).

来源的混淆。然而,继“网络自动化案”后,美国联邦第九巡回上诉法院认为“互联网三要素”仅适合于分析域名争议,本案为关键词领域的纠纷,该方法并不适用。不但如此,网络科技发展日新月异,“互联网三要素”的分析仅适用于外观或读音极为近似的域名争议,不应该在每一种类型的网络商业活动中都被优先考虑作为侵权判断标准。此外,美国联邦第九巡回上诉法院还提出,应当弹性适用“Sleekcraft 八因素”分析互联网案件,特别针对网络商标侵害案件,判断是否成立混淆可能性的关键是消费者对搜寻结果的认知,需要检验是否存在初始兴趣混淆时商标权人必须证明消费者可能产生混淆误认,而不仅仅是导引消费者到被告的网页就足以认定构成初始兴趣混淆。[1] 美国联邦第九巡回上诉法院对于初始兴趣混淆的判断,仍采用的是传统的“Sleekcraft 八因素”法,将所有判断因素一一罗列逐个分析,还附上了 Google 与 Being 搜索引擎检索结果的截图。[2]

在“网络自动化案”案中,美国联邦第九巡回上诉法院虽不否认初始兴趣混淆在关键词广告侵权案中存在适用的可能性,然而在具体适用上,却与“布鲁克菲尔德案”对初始兴趣混淆的定义完全相反,认为商标权人仍须证明消费者可能产生混淆误认。这一否定相当于将自己此前在“布鲁克菲尔德案”所确立的判断标准进行了自我革新。

(二)发展趋势

由于消费者仅为短暂的停留,随后很快理解他所进入的网页其实是竞争者的网页,最终购买时其并没有混淆误认,如此短暂的混淆是否构成侵害商标权是存在争议的。例如,在“Playboy Enterprises, Inc. v. Netscape Commc'ns Corp”案(以下简称“网景公司案”)中,[3] 法官就认

---

[1] See Network Automation, Inc. v. Advanced Sys. Concepts, Inc. 638 F. 3d 1137 (9th Cir. 2011).

[2] See Network Automation, Inc. v. Advanced Sys. Concepts, Inc. 638 F. 3d 1137 (9th Cir. 2011).

[3] See Playboy Enterprises, Inc. v. Netscape Commc'ns Corp., 354 F. 3d 1020 (9th Cir. 2004).

为相关消费者即使在购买决策前的短暂时间内处于混淆状态，只要该混淆容易被消费者排除，或者该混淆只是为网络消费者提供更多选择商品的机会，就不应被视为侵权。

在“网景公司案”中，法院对初始兴趣混淆理论进行了限缩，Berzon法官认为判决结果之所以认定被告行为构成初始兴趣混淆，是因为被告启动的横幅广告并未清楚标示广告来源，致使网络用户误认为自己访问的是商标权人的网页。同时，Berzon法官也提出警示，如果宽泛解读“布鲁克菲尔德案”所确立的初始兴趣混淆认定标准，继而认为即使搜寻引擎检索的结果与商标权人并无任何来源或事业上的关联，也仍然构成商标侵权，这种判断是相当不可思议的。由此可推知，法院已暗示初始兴趣混淆成立的理由应该有所调整，〔1〕至少原告必须提出消费者对搜寻引擎的关键词广告可能产生来源的混淆或事业关联性的混淆。也就是说，在潜在消费者搜寻资料、选购商品时，竞争者的行为必须导致消费者容易将商标权人与竞争者之商品产生联想，进而对竞争者商品发生兴趣并考虑选购，使商标权人交易机会可能受到排挤，导致商标权人发生商业利益上的损失，初始兴趣混淆始可成立。对于只要转移消费者至竞争者的商品信息区即可成立商标侵权的看法，无疑创造了一种新的商标侵权形态，换个角度看，这种所谓的混淆行为，充其量只是影响了商标权人的竞争机会，而与此同时该种行为给消费者提供了充分的商品信息以供其自由选择，这种结果恰恰是市场经济发展的应然要求。至此，对于自由竞争所导致的竞争机会丧失，商标法是否仍有保护的必要，显然是存在疑问的。

---

〔1〕 Eric Goldman, *Important Ninth Circuit Ruling on Keyword Advertising*, Plus Recaps of the Past 4 Months of Keyword Ad Decisions, TECHNOLOGY & MARKETING LAW BLOG, available at http://blog.ericgoldman.org/archives/2011/03/important_ninth.htm，最后访问日期：2021年12月10日.

在前述2011年"网络自动化案"中,[1]法院提出应回归传统混淆判定的"Sleekcraft八因素"判定标准,同时提出在互联网领域应特别重视的"四要素"标准。[2] 此"四要素"标准较之前"互联网三要素"而言,明显对互联网领域的初始兴趣混淆的判断标准进行了较大限缩。而相比于"布鲁克菲尔德案"确立的只要行为人的行为移转了潜在消费者的注意力即可视为初始兴趣混淆的侵权行为的判定标准,更是彻底地否定。该判决所确立的"四要素"标准出现之后,适用了长达10多年的"互联网三要素"就戛然而止了。目前,四要素理论已经逐渐被后来判例所采纳适用。[3]

如2021年6月美国加州地区法院宣判的"Aliign Activation Wear, LLC v. Lululemon Athletica Canada Inc."案(以下简称"露露柠檬案"),[4]就采用了"网络自动化案"中四要素理论进行分析,所作判决中对初始兴趣混淆的判断,得到了美国联邦第九巡回上诉法院的再次确认。[5] 原告于2011年开始将"Aliign"商标用于销售自己的瑜伽垫、瑜伽服等产品,并于2017年获得了美国商标局的批准,取得了

---

〔1〕 See Network Automation, Inc. v. Advanced Sys. Concepts, Inc. 638 F. 3d 1137 (9th Cir. 2011).

〔2〕 See Network Automation, Inc. v. Advanced Sys. Concepts, Inc. 638 F. 3d 1137 (9th Cir. 2011). 英文原文:Given the nature of the alleged infringement here, the most relevant factors to the analysis of the likelihood of confusion are: (1) the strength of the mark; (2) the evidence of actual confusion; (3) the type of goods and degree of care likely to be exercised by the purchaser; and (4) the labeling and appearance of the advertisements and the surrounding context on the screen displaying the results page。

〔3〕 See Connie Davis Nichols, *Initial Interest Confusion "Internet Troika" Abandoned? A Critical Look At Initial Interest Confusion As Applied Online*, Vanderbilt Journal of Entertainment & Technology Law, Vol. 17, No. 4, p. 917(2015). 英文原文:A decade long application of the INTERNET TROIKA has come to a screeching halt. The Brookfield court cautioned that its holding was never a standard to be used in all cases. Nevertheless, its import was the creation of a standard that was inappropriate as a general standard for trademark infringement online. Undoubtedly, some courts got it wrong, but what the review of a sampling of cases indicates is that a number of courts got it right—staying true to the likelihood of confusion factors。

〔4〕 See Aliign Activation Wear, LLC v. Lululemon Athletica Canada Inc., No. 220CV03339SVWJEM, 2021 WL 3117239 (C. D. Cal. June 7, 2021).

〔5〕 See Aliign Activation Wear, LLC v. Lululemon Athletica Canada, Inc., Rptr. 2022 WL 3210698 (9th Cir. 2022).

"Aliign"商标注册。被告是一家自1998年就开始做瑜伽课程并向自己的学员销售瑜伽服相关配饰的公司,在全世界已经拥有500多个商店。2008年起,被告开始销售商标为"Align"的瑜伽垫,仅在2008年到2016年,其销售量就达到20多万件瑜伽垫。而原告从2014年至今,只卖出了7套瑜伽服。自2015年起,被告开始拓展自己的"Align"品牌下的产品类别,从销售瑜伽垫(align mat)延伸到销售瑜伽服(align apparel)。2020年,原告提起诉讼,主张被告的行为会导致消费者产生混淆误认,认为被告与原告有关联关系,因此被告使用的"Align"商标侵犯了"Aliign"的商标权。

加州地区法院最终认定被告的行为不构成侵权,作出了有利于被告的判决。法院是依据四要素理论对该案作出具体判决的。第一,商标的强度。本案中无论是销售量还是影响力,被告商标的强度明显大于原告的商标,被告商标的强度更强。第二,实际混淆的证据。本案中法官交由陪审团进行裁定,经检验,没有任何合理使用原告商标进行检索的消费者会因为检索结果而发生初始兴趣混淆,原因是在谷歌中输入原告的商标"Aliign"检索后,出现的结果是谷歌提示"请问您是否想要检索的是Align?"。第三,消费者的注意力程度。法院认为从检索结果明显的提示中,消费者完全可以轻易辨别原被告之间的商品,不会发生混淆。第四,广告的标签和外观以及显示结果页面的屏幕上的周围环境。法院认为因谷歌检索结果出来后,其推送的被告的产品有明显"Lululemon"的标识,而结合"Lululemon"商标的显著性,能够让消费者联想起被告的商标而不是原告的。综合以上分析,法院认为消费者没有发生实际的混淆,并且在检索页面能明显地看到被告的商标与原告完全不同。因此,被告的行为不构成初始兴趣混淆。第九巡回上诉法院再一次确认了网络屏幕上的周围环境如有明确标识,潜在消费者就不会发生混淆误认的重要性。[1]

在欧盟,"英国鲜花案"特别讨论了关键词广告"搭便车"这种不正当竞争行为如何分步骤进行判定。[2] 原告 Interflora,Inc. and Interflora British Unit 公司的商标"Interflora"同属于英国和欧盟商标,在英国乃至整个欧盟都有很高的知名度。被告 Marks & Spencer 是英国最著名的零售商之一,主要通过网站"www. marksandspencer. com"和实体店铺销售各类商品,业务范围包括鲜花快递服务。在鲜花快递业务领域,被告与原告之间存在竞争关系。被告购买了与原告商标相同的关键词及其近似关键词作为竞价排名服务的关键词,致使消费者在进行相关关键词搜索时,会检索出被告的网站。在 Interflora,Inc. 对 Marks & Spencers 主张商标侵权的诉讼程序中,英国高等法院(The High Court of Justice)向欧洲法院申请初步判决,请求对这两个问题进行释明:第一,关于竞争者未取得商标权人同意,向搜索引擎服务提供者购买与他人商标相同的商标作为关键词广告推广的关键词,该行为是否应归属 1989 年《欧洲共同体商标指令》第 5 条第 1 款第 1 项及 1994 年《欧洲共同体商标条例》第 9 条第 1 款第 1 项规定的商标侵权;[3] 第二,根据 1989 年《欧洲共同体商标指令》第 5 条第 2 款、1994 年《欧洲共同体商标条例》第 9 条第 1 款第 3 项的规定,是否应被解释为拥有商誉的商标所有人,有权禁止竞争者未经商标权人同意在互联网搜索引擎服务中选择该商标作为关键词?[4]

该案中,欧盟法院分三步对关键词领域搭便车行为进行判断。第一步,应明确关键词广告的使用者盗用了商标权人商标的声誉和商誉

---

〔1〕 See Aliign Activation Wear, LLC v. Lululemon Athletica Canada, Inc., Rptr. 2022 WL 3210698 (9th Cir. 2022).

〔2〕 See Interflora, Inc. v. Marks & Spencer[2011] C-323/09.

〔3〕 See Interflora, Inc. v. Marks & Spencer[2011] C-323/09, paragraph 27.

〔4〕 See Interflora, Inc. v. Marks & Spencer[2011] C-323/09, paragraph 67.

(character or repute of the trade mark)。第二步,由法院来判断这种利用商标权人商誉的行为是否为不公平的行为。[1] 第三步,判断是否具备第二步所提的正当理由,欧盟法院交给成员国法院(the referring court)根据个案来具体判断。[2] 具体而言,首先,法院认为被告未经商标权人同意,选择了原告商标中的关键词作为关键词广告,这使得原本选择原告商标进行检索的潜在用户可能会被检索结果误导,不仅会点击原告的网站也可能会顺带点击被告的网站。其次,法院认为,该行为是不正当地利用原告商标的商誉来吸引原告潜在顾客的"搭便车"行为,可以非常清晰地分辨出,被告由此获得的利益是不正当的。最后,欧盟法院还指出,此种"搭便车"的行为应有例外情形,即如果广告内容不提供模仿品(imitation),也没有导致商标淡化或者损害商标功能,那么这种行为就具有正当性,为消费者提供了另外的可以选择的产品,是正当竞争的一种。[3]

继欧盟法院作出判决之后,因事实问题要留给各国进行裁决,该案又返回英国高等法院进行裁决。[4] 英国高等法院支持了原告 Interflora

---

[1] See Interflora, Inc. v. Marks & Spencer [2011] C-323/09, paragraph 89. 判决原文:It is clear from those particular aspects of the selection as internet keywords of signs corresponding to trade marks with a reputation which belong to other persons that such a selection can, in the absence of any 'due cause' as referred to in Article 5 (2) of Directive 89/104 and Article 9(1)(c) of Regulation No 40/94, be construed as a use whereby the advertiser rides on the coat-tails of a trade mark with a reputation in order to benefit from its power of attraction, its reputation and its prestige, and to exploit, without paying any financial compensation and without being required to make efforts of its own in that regard, the marketing effort expended by the proprietor of that mark in order to create and maintain the image of that mark. If that is the case, the advantage thus obtained by the third party must be considered to be unfair (Case C-487/07 L'Oréal and Others, paragraph 49)。

[2] Ibid., paragraph 92, 判决原文:It is for the referring court to determine, in the light of the foregoing interpretative guidance, whether, on the particular facts of the dispute in the main proceedings, there is use of the sign without due cause which takes unfair advantage of the distinctive character of the repute of the trade mark Interflora。

[3] See Interflora, Inc. v. Marks & Spencer [2011] C-323/09, paragraph 95. 判决原文:By contrast, the proprietor of a trade mark with a reputation is not entitled to prevent, inter alia, advertisements displayed by competitors on the basis of keywords corresponding to that trade mark, which put forward-without offering a mere imitation of the goods or services of the proprietor of that trade mark, without causing dilution or tarnishment and without, moreover, adversely affecting the functions of the trade mark with a reputation-an alternative to the goods or services of the proprietor of that mark。

[4] Interflora, Inc. v. Marks & Spencer, [2013] EWHC 1291 (Ch).

的请求,但是被告不服,上诉到英国上诉法院(Royal Courts of Justice)。英国上诉法院认为初始兴趣混淆原则本身极具争议,并且只需适用《欧洲共同体商标指令》第5条第1款第1项,以及《欧洲共同体商标条例》第9条第1款第1项的规定,就可以解决相关争议,因此不应该将初始兴趣混淆原则引入英国,并据此作出相反判决,发回重审。[1] 最后,双方在重审前以未公开的条款和解了相关争议。[2] 也就是说,虽然欧盟法院对于不正当盗用他人商标商誉的行为,基本统一共识,是不正当的搭便车行为,但是由于对案件事实的判定,归属于各成员国法院具体承担,因此不同的地区法院对案件事实认定又有了自由裁量的空间。

通过"英国鲜花案"等典型案例可以得出,在最近的欧盟司法实践中,欧盟法院基本将初始兴趣混淆行为作为一种新型不正当竞争行为类型予以承认,认为此种不正当盗用他人商标商誉的"搭便车"行为应该进行规制,并形成了一套判断方法,尽管在欧盟各成员国内部对初始兴趣混淆的适用尚未达成一致意见。总体而言,欧盟法院的做法既考虑到了在互联网环境下的特殊商业形式,加强了商标权的保护,又划定了初始兴趣混淆理论运用的边界,有效地维护了市场公平竞争。如果在我国引入初始兴趣混淆理论,欧盟法院的司法实践经验具有较高的参考价值和借鉴意义。

继美国、欧盟之后,我国司法实践中也逐渐出现适用初始兴趣混淆进行判断的案例,在前互联网时代,如上文所述的"银座商城诉山东筑诚案",法官虽然没有在判决书中明确使用初始兴趣混淆这个名词,但是在判断该行为是否构成不正当竞争时,援用了初始兴趣混淆理论。随着我国互联网的发展,在2010年前后,关键词领域的初始兴趣混淆

---

〔1〕 Interflora, Inc. v. Marks & Spencer, [2014] EWCA Civ 1403, paragraphs 152 – 158.

〔2〕 Richard Arnold, *References to the Court of Justice of the European Union: Experiences of a National Judge* 2004 – 2019, International Review of Intellectual Property and Competition Law, Vol 51, p. 1090 (2020).

行为得到了关注，较早且有名的当属2010年前后发生的“大众搬场诉百度案”以及“台山港益电器诉广州第三电器厂案”。这两个案件都是典型的初始兴趣混淆案件，但是却有着相左的判决。然而，时隔10年之后，在2020年前后，又出现了“优积谷公司诉无忧创想公司案”“熊猫有空诉川麻婆餐饮案”等关键词领域的初始兴趣混淆案件，[1]可见，我国法律实务界仍未对此类案件达成一致审判意见，对此类案件法官认识不一致，类案不同判的情况还在上演，后文将详细论述。有鉴于此，认真研究美国、欧盟已经发生过的初始兴趣混淆案例及其规制模式，总结归纳我国已有的审判实例及规制模式，对于完善我国初始兴趣混淆行为规制规则具有非常重要的意义。

---

〔1〕 参见优积谷公司诉无忧创想公司案，湖南省长沙市岳麓区人民法院（2020）湘0104民初6062号民事判决书；熊猫有空诉川麻婆餐饮案，四川省成都市中级人民法院（2021）川01民终13334号民事判决书。

第二章　初始兴趣混淆行为独立规制的必要性

尽管国内外普遍认可“混淆可能性”在商标侵权认定中的重要作用,但理论研究和实践应用对混淆可能性的地位和要件仍存在不同认识。随着技术发展和产业模式的革新,新类型的商标使用行为层出不穷,为了将这些行为纳入商标法的规制范围,混淆的范围不断扩张,这种变化势必会给司法实践带来难题。初始兴趣混淆行为的可责难性在于将潜在消费者的注意力转移到引发他混淆误认的地方,这种转移消费者初始兴趣的行为并不符合商业道德的要求。然而,初始兴趣混淆并不属于混淆可能性的应有类型,如果在混淆可能性理论的框架下规制初始兴趣混淆行为,是在起点上低估了消费者的判断力和理性,在结果上弱化了商标权人的举证责任,破坏了商标法的利益平衡机制。

我国《商标法》与《反不正当竞争法》各自独立,两者在制度构造与价值衡量上存在明显区别。初始兴趣混淆究竟是放到《商标法》还是《反不正当竞争法》之下，从裁判说理到法律适用，都大不相同。因此，有必要探讨初始兴趣混淆行为独立规制的必要性。

第一节　商标侵权判断标准与初始兴趣混淆的关系

商标法的核心内容是如何对商标侵权行为进行判定。自 1982 年制定以来，历经数次修订的我国《商标法》在商标侵权判断标准问题上处于不断演变之中。在 2013 年修法以前，《商标法》中的侵权判断标准一直是“相同或近似标准”。2013 年修法后，立法者在第 57 条中将“商标相同侵权”与“商标近似侵权”进行区分，对于前者未作要件限制，对于后者则增加了“容易导致混淆”的要件限制。据此，我国《商标法》对于商标侵权判定标准被大部分学者认为是采纳了“混淆标准”。[1] 除此之外，我国立法上还确认了商标侵权判定的“使用标准”。国家知识产权局在 2020 年出台了《商标侵权判断标准》，其中第 3 条明确规定了在判断是否构成商标侵权时一般需要判断涉嫌侵权行为是否构成商标使用。因此，我国在立法层面也认可了商标侵权判定的“使用标准”。需要注意的是，商标“使用标准”不排除传统的“混淆标准”的司法适用，而是对《商标法》体系架构逻辑中心的重申，为“混淆标准”的适用划定了一个应然的界限。众所周知，商标的保护范围与商标显著性有直接关系。李雨峰教授认为，商标侵权认定标准应着眼于商标的本质，即显著性。具体而言“显著性受到损害之虞”可以作为侵害商标权的判定标

〔1〕 参见王太平：《商标侵权的判断标准：相似性与混淆可能性之关系》，载《法学研究》2014 年第 6 期；张今：《商标法第三次修改的几个重大问题解读》，载《中华商标》2013 年第 11 期；姚鹤徽：《论混淆可能性在商标混淆侵权判定中的地位——兼评我国新〈商标法〉第五十七条》，载《河南财经政法大学学报》2015 年第 6 期。

准,商标显著性受到损害的表现形式还包含了混淆与淡化。[1] 在初始兴趣混淆行为的规制中,上述判断标准可以发挥的作用是有差别的,本节则要分析这些侵权判断标准和初始兴趣混淆间的关系。

一、初始兴趣混淆与相同或近似标准

1982 年、1993 年和 2001 年《商标法》中,立法者均规定了相同的侵权判断标准:在同一种商品或者类似商品上使用与其注册商标相同或者近似的商标的,属于侵犯注册商标专用权的行为。这一标准又被称为"相同或近似标准",法院作出侵权判定时无须考虑相应行为是否会导致消费者的混淆。

(一)相同或近似标准在我国的建立

1982 年《商标法》第 38 条第 1 项规定,"未经注册商标所有人的许可,在同一种商品或者类似商品上使用与其注册商标相同或者近似的商标的",属侵犯注册商标专用权的行为。从文义上看,此时的商标侵权认定从两个维度展开:一是判断被控侵权的商标标识与注册商标是否相同或者近似;二是判断使用商标的商品是否相同或类似。如严格按照字面含义进行解释,无论是否存在消费者的混淆,只要满足上述条件,都可以认定构成商标侵权。

"相同或近似标准"的优势在于简单明了,而其不足也是非常明显的:不考虑社会公众对商标的实际认知。这种判断标准在司法适用和行政执法中引发了诸多问题。为弥补漏洞,政府通过各种规范性文件对"相同或近似标准"进行修正。早在 1988 年颁布的《商标法实施细

[1] 参见李雨峰主编:《侵害商标权判定标准研究》,知识产权出版社 2016 年版,第 196 页。

则》第41条第2项中，就出现了“足以造成误认”的商标侵权表述。[1] 1989年原国家工商行政管理局发布《关于适用〈商标法实施细则〉第四十一条第(二)项规定的答复》进一步明确，“足以造成误认”的范围既包括造成商品来源的误认，也包括使消费者产生当事人与商标注册人之间存在某种特殊联系的错误认识。[2] 1994年，原国家工商行政管理局印发的《关于执行〈商标法〉及其〈实施细则〉若干问题的通知》中，再次确认“足以造成误认”的定义包含来源误认和关联关系误认。这一认识开始接近“混淆标准”。1995年修正的《商标法实施细则》虽仍未在商标侵权认定中引入“混淆”，但在商标注册程序中明确，“对可能产生误认、混淆或者其他不良影响的转让注册商标申请，商标局不予核准”[3]。

为了弥补《商标法》的不足，行政执法部门率先在“商品类似”和“商标近似”的认定中明确了混淆的作用。1999年，原国家工商行政管理局在其发布的综合性商标执法文件中明确规定，所谓“近似商标”是指“文字的字形、读音、含义，或者图形的构图及颜色，或者文字与图形的整体结构相似，易使消费者对商品或者服务的来源产生混淆的”；相同或类似商品与服务的认定中也引入了来源混淆的表述。[4] 以该规定为基础，行政执法领域中引入了“混淆性近似”作为商标侵权的判断标准。[5]

---

[1] 1988年《商标法实施细则》第41条规定：“有下列行为之一的，属于《商标法》第三十八条第(3)项所指的侵犯注册商标专用权的行为：……在同一种或者类似商品上，将与他人注册商标相同或者近似的文字、图形作为商品名称或者商品装潢使用，并足以造成误认的；……”(已失效)

[2] 原国家工商行政管理局《关于适用〈商标法实施细则〉第四十一条第(二)项规定的答复》(工商标字〔1989〕第293号)(已失效)。

[3] 1995年《商标法实施细则》第21条第3款(已失效)。

[4] 1999年颁布的《关于商标行政执法中若干问题的意见》第5条第2款、第7条第3款(已失效)。

[5] 孔祥俊教授认为“混淆性近似”是指被控侵权商标与他人注册商标在外观等方面的相似，同时还必须易于使相关公众产生混淆。参见孔祥俊：《商标与不正当竞争法：原理和判例》，法律出版社2009年版，第238页。

在立法和司法层面,尽管2001年《商标法》仍未在立法层面上确立"混淆"的地位,但为了弥补商标侵权判断标准的缺陷,次年最高人民法院发布司法解释引入商标混淆理念,对《商标法》第52条第1项进行细化。[1] 该司法解释援用了上述商标执法文件的表述,在近似商标、类似商品与服务的判定中引入"混淆"概念,并将混淆内涵扩展至关联关系混淆。[2] 北京市高级人民法院在解答"如何认定商标近似"时指出,"足以造成相关公众的混淆、误认是构成商标近似的必要条件,在商标近似判断中应当对是否足以造成相关公众的混淆、误认进行认定"[3]。由此,通过行政执法和司法部门的努力,"混淆"成为认定商标或服务是否类似、商标标识是否近似的判断标准,间接地影响商标侵权的认定结果。"相同或近似标准"逐步向"混淆性近似标准"改良。

(二)初始兴趣混淆与相同或近似标准的关系

"相同或近似标准"无从回应初始兴趣混淆引发的种种利益失衡问题,其判断因素也与初始兴趣混淆行为认定中的重心不匹配。

第一,该标准存在先天之不足,既有悖于《商标法》的基本原理,又颠倒了混淆可能性与商标近似性间的认定关系。有学者认为,2001年《商标法》尚未采纳混淆理论。[4] 也有学者持相反观点,认为"商品类似"和"商标近似"均属于对混淆可能性的判断,且在商标审查上践行了混淆可能性的标准。[5] 与学界观点争论不休类似,司法实践中同案不同判的现象也时有发生。在"纵横二千公司诉赵某案"中,[6]法官持相

---

[1] 2001年《商标法》第52条规定:"有下列行为之一的,均属侵犯注册商标专用权:(一)未经商标注册人的许可,在同一种商品或者类似商品上使用与其注册商标相同或者近似的商标的……"

[2] 2002年最高人民法院《关于审理商标民事纠纷案件适用法律若干问题的解释》第9条第2款、第12条(已失效)。

[3] 北京市高级人民法院《关于审理商标民事纠纷案件若干问题的解答》(京高法发〔2006〕68号)第11问。

[4] 参见邓宏光:《商标混淆理论的扩张》,载《电子知识产权》2007年第10期。

[5] 参见彭学龙:《商标混淆类型分析与我国商标侵权制度的完善》,载《法学》2008年第5期。

[6] 参见纵横二千公司诉赵某案,浙江省高级人民法院(2008)浙民三终字第108号民事判决书。

同或近似标准,关注点仅在于商标标识本身的对比。法院认为,"G2000"商标与"2000"商标相比,在字形、读音及整体结构上近似,易使相关公众对产品的来源产生误认或者认为其来源与诉争注册商标的产品有特定的联系。因此,两商标属于近似商标。然而,进一步考察两个商标的注册时间、产品营销方式及持续时间便可知,被告申请注册其商标的时间早于原告的商标注册时间,且被告以专柜、专卖店等形式持续多年进行销售。事实上,经过原告、被告双方多年的市场销售与宣传,消费者完全能够区分二者的商标,不会产生混淆。可惜,审理此案的法院固守"相同或近似标准",作出了与事实不符的判决。而在"湘巴佬"商标案中,[1]"混淆性近似标准"被直接用于商标侵权的判定之中。深圳市福田区法院认为,由于原告使用注册商标的行为仅限于湖北省武汉市,其影响力远未及于深圳,且该注册商标的显著性弱,被告的使用行为不会引起相关公众产生经营关系的混淆或误认,因而不构成商标侵权。"混淆性近似标准"因其改良的非彻底性,致使实践中同时存在两种不同的商标侵权认定逻辑。在前一种理解适用中,对商标标识的符号保护过度重视,忽视了商标的识别功能,背离了商标在市场上使用的现实情况,导致法律适用的结果游离于《商标法》基本功能之外;在后一种解释中,法官造法的"阴影"挥之不去。

第二,"相同或近似标准"也与初始兴趣混淆的认定重心不相匹配。从初始兴趣混淆的发展和类型化历程可见,其虽有"混淆"之表述,但初始兴趣混淆的认定重心不是商标的使用是否会导致混淆,而强调的是行为人是否不正当地利用了注册商标的商誉。以元标签领域的初始兴趣混淆为例,元标签中使用他人商标导致消费者在点击其搜索列表页

---

〔1〕 参见祝建军:《判定侵犯注册商标专用权的标准及考量因素——"满汉楼"与"湘巴佬"两件商标案之矛盾判决引发的思考》,载《知识产权》2010年第4期。

面时出现的是其他品牌的商品或服务的网站,最终呈现的结果可能有三:一是显示的商标与搜索商标相同或近似,商品或服务类别也相同或类似;二是显示的商标与搜索的商标无关,但商品或服务类别相同或近似;三是显示的商标和商品与之完全无关。依据"相同或近似标准"进行判断,仅情形一尚有适用余地,对后二种情形均无能为力,而后两种情形恰恰也都属于初始兴趣混淆的情形。

在少数判决中,法院尝试以"相同或近似标准"解决初始兴趣混淆规制的说理问题,但具体的说理仍存在逻辑上的不周延。以"沃力森诉八百客案"为例,[1]百度用户利用原告沃力森的商标"xtools"作为关键词进行百度搜索时,搜索结果中出现了被告八百客的网站链接,并且被告的链接是首位检索结果。两审法院均力图在2001年《商标法》规定下规制该售前混淆行为。二审法院结合2001年《商标法》第52条第1项的规定,肯定售前存在混淆的可能。与此同时,二审法院认为此种行为的损害性在于"一方面不正当地利用了注册商标的商誉,另一方面可能会削弱注册商标与商标权人之间的唯一对应关系"。这一说理存在推理上的瑕疵:一是在明确标示了"八百客"字号的情形下,消费者依其理性注意程度可推知该广告来源于被告公司,至于是否能达到认为二者存在特定联系的程度仍需进一步证明;二是明确标示来源时,消费者对商品或服务质量的期待和评价也随之转移,并不会破坏注册商标的质量保障功能。因此,这种做法虽对初始兴趣混淆行为予以规制,使案件处理结果更为公平,但背离了大众对混淆的认识,实有"法官造法"之嫌。

二、初始兴趣混淆与混淆标准

混淆理论起源于早期普通法中欺诈类商标侵权行为的制止,但直

[1] 参见沃力森诉八百客案,北京市第一中级人民法院(2010)一中民终字第2779号民事判决书。

到20世纪,法院才不再要求必须证明被告有"欺诈"意图,将关注的重点移转至消费者在购买时可能发生的混淆上,即关注的焦点从行为人的意图转向消费者的心理状态。[1] 曾陈明汝教授认为商标的直接侵害是指,无法律上之权源而使用相同或近似于他人注册商标于同一商品或类似商品致使消费者对商品之来源发生混淆误认之谓。[2] 当今大部分国家和地区都将混淆理论视为非常重要的商标侵权判断标准。一般而言,行为人在其提供的商品或服务上使用与商标权人相同或近似的商标,可能导致消费者产生来源混淆的,可以被认定为商标侵权。混淆标准在我国《商标法》中的引入也经历了一个漫长的过程。

（一）混淆标准在我国《商标法》中的确认

2013年修法前,商标侵权认定中适用"相同或近似标准",这一标准因与商标法的基本原理和商标立法的国际化趋势不符而饱受争议。[3]《与贸易有关的知识产权协定》第16条确立了商标侵权判断的混淆标准规定,即注册商标的所有者应享有一种独占权,以防止任何第三方在未经其同意的情况下,在商业中对于与已注册商标的商品或者服务相同或者相似的商品或者服务采用有可能会导致混淆的相同或者相似的符号标记,在对相同或相似的商品或者服务采用相同的符号标记时,就推定混淆的可能性已经存在。[4] 美国《兰哈姆法》第43条、[5]《欧盟商标条例》(2017)第10条等成文立法中也普遍明确了混淆标准的重要地位。[6] 在我国,多数学者主张,商标法律实践在认定商标侵权时应采用"混淆可能性标准"。这一主张后被采纳进2013年《商标法》第57条之

〔1〕 参见张体锐:《商标法上混淆可能性研究》,知识产权出版社2014年版,第22~24页。

〔2〕 参见曾陈明汝:《商标法原理》,中国人民大学出版社2003年版,第96页。

〔3〕 参见邓宏光:《论商标侵权的判断标准——兼论〈中华人民共和国商标法〉第52条的修改》,载《法商研究》2010年第1期。

〔4〕 李雨峰主编:《侵害商标权判定标准研究》,知识产权出版社2016年版,第81页。

〔5〕 美国《兰哈姆法》第43条,Lanham Act § 43 (15 U.S.C. § 1125)。

〔6〕 《欧盟商标条例》(2017)第10条,Regulation (EU) 2017/1001 Article 10.

中并沿用至今。

2013年《商标法》第57条第1项规定，在同一种商品上使用与其注册商标相同的商标，侵犯商标注册人的商标专用权。从表面上看，该款项与“相同或近似标准”无差别，但结合第2项规定我们可以得知，该款项的逻辑基础是混淆可能性的推定，在商品相同且商标相同的情形下直接推定消费者会产生混淆，给予了商标专用权人禁止第三方在完全相同产品上使用相同商标的绝对权利。2013年《商标法》第57条第2项则将混淆可能性正面纳入商标侵权的判定要件。结合最高人民法院2002年《关于审理商标民事纠纷案件适用法律若干问题的解释》第9条第2款的规定，混淆是指“易使相关公众对商品的来源产生误认或者认为其来源与原告注册商标的商品有特定的联系”。由此可见，司法解释将传统混淆分为了两类：一类是对商品的来源产生混淆，另一类是对商品的关联关系产生混淆。这两类混淆类型已经在我国立法和司法实务界得到了广泛认可。[1] 2019年修订《商标法》时，立法者沿用了2013年《商标法》第57条的内容，既没有对混淆可能性进行深度类型化，也没有把初始兴趣混淆等因混淆理论扩张后所产生的范畴纳入其中。

虽然我国《商标法》纳入混淆概念较晚，但在修法之前的司法审判实务中，法院常常运用混淆理论的原理来解释商标侵权行为的成立。早在20世纪90年代就有相关案例，“闸北炒货食品厂诉上海好吃来炒货食品厂案”即为这方面的尝试。[2] 原告闸北炒货食品厂享有“申花”“佳梅”两个注册商标的专用权。二被告上海好吃来炒货食品厂与常熟联营厂印制了带有“佳梅”字样的包装袋100万只，生产并对外销售了

〔1〕 参见姚鹤徽：《论商标侵权判定的混淆标准——对我国〈商标法〉第57条第2项的解释》，载《法学家》2015年第6期。

〔2〕 参见闸北炒货食品厂诉上海好吃来炒货食品厂案，上海市闸北区人民法院（1990）闸法经字第419号民事判决书。

"佳梅"瓜子,原告提起诉讼时均已全部销售完毕。法院认为,根据 1988 年《商标法实施细则》第 41 条第 2 项规定,"足以造成误认"属于侵犯注册商标专用权的行为,因此被告未经原告同意,在同一种商品(瓜子)上,使用原告"佳梅"商标,已造成消费者的误认,构成商标侵权。

在"四川省古蔺县郎酒厂诉四川省古蔺县曲酒厂案"[1]中,法院同样运用混淆理论来解决商标侵权行为的认定。原告四川省古蔺县郎酒厂历史悠久,其商标"郎酒"享有很大的盛誉,使用"郎"字作为郎酒商标可追溯至 1922 年,经过多年经营,1985 年国家工商总局商标局批准"郎"字作为其注册商标。被告四川省古蔺县曲酒厂未经商标权人同意,擅自将"郎"字作为该酒名的主要部分使用,生产了"郎郁""郎窖"等 6 种带"郎"字商标或者包装、装潢的系列酒,并且向全国各地进行销售,引起了广大消费者的误认误购。法院根据 1988 年《商标法实施细则》第 41 条第 2 项,认定被告四川省古蔺县曲酒厂把"郎"字作为其商品的商标或名称,且故意将"郎"字的大小及字体和颜色对标郎酒商标的"郎"字,其生产的酒瓶也与原告的相同,已经造成广大消费者的误认误购。因此法院认为被告四川省古蔺县曲酒厂的行为是商标侵权的行为。

上述两个案例均引用了 1988 年《商标法实施细则》第 41 条第 2 项中的内容,在裁判理由中写明"实际已造成广大消费者的误认误购""已造成消费者的误认",可以看出,早在 20 世纪 90 年代初期,我国商标司法实践中就已经出现以混淆理论判定商标侵权的实际运用了。除此之外,在商标案件的审理和商标审查(评审)中基本上也践行了"混淆标准",具体表现在:其一,商标局对于可能导致消费者混淆的商标注册申

〔1〕 参见四川省古蔺县郎酒厂诉四川省古蔺县曲酒厂案,四川省高级人民法院(1992)川法经一 01 号民事判决书。

请，不予核准，即便商标获准注册，在先商标注册人也有权请求撤销；[1]其二，注册商标的转让和许可使用，以不致引起消费者混淆为前提。[2]其三，侵犯注册商标专用权以混淆可能性为要件，而构成犯罪行为的标准上则更为严格，仅限于在同种商品上使用与他人注册商标相同的商标。[3]

最新的立法和司法文件中，也进一步完善了"混淆标准"的考量要素。2020年12月29日公布、2021年1月1日施行的最高人民法院《关于审理商标授权确权行政案件若干问题的规定》第12条对认定混淆可能性的考量要素作了列举，需考虑商标的近似度、商品的类似度等。[4]虽然该条明确是对《商标法》第13条第2款未注册驰名商标的保护，但对混淆可能性判断具有重要参考价值。同样，2020年6月15日发布并生效的国家知识产权局《关于印发〈商标侵权判断标准〉的通知》中第21条对商标执法相关部门判断是否容易导致混淆应考量以下要素：商标的近似情况、商品或者服务的类似情况、注册商标的显著性和知名度等。[5] 此类考量要素虽然是用来指导商标执法相关部门的具体工作，

---

〔1〕 2001年《商标法》第13条第1款规定："就相同或者类似商品申请注册的商标是复制、摹仿或者翻译他人未在中国注册的驰名商标，容易导致混淆的，不予注册并禁止使用。"2001年《商标法》第28条规定："申请注册的商标，凡不符合本法有关规定或者同他人在同一种商品或者类似商品上已经注册的或者初步审定的商标相同或者近似的，由商标局驳回申请，不予公告。"

〔2〕 2002年《商标法实施条例》第25条第3款："对可能产生误认、混淆或者其他不良影响的转让注册商标申请，商标局不予核准，书面通知申请人并说明理由。"

〔3〕 2001年《商标法》第52条规定、2001年《商标法》第59条规定、2002年《商标法实施条例》第50条规定等。

〔4〕 最高人民法院《关于审理商标授权确权行政案件若干问题的规定》第12条规定："当事人依据商标法第十三条第二款主张诉争商标构成对其未注册的驰名商标的复制、摹仿或者翻译而不应予以注册或者应予无效的，人民法院应当综合考量如下因素以及因素之间的相互影响，认定是否容易导致混淆：(一)商标标志的近似程度；(二)商品的类似程度；(三)请求保护商标的显著性和知名程度；(四)相关公众的注意程度；(五)其他相关因素。商标申请人的主观意图以及实际混淆的证据可以作为判断混淆可能性的参考因素。"

〔5〕 《商标侵权判断标准》第21条规定："商标执法相关部门判断是否容易导致混淆，应当综合考量以下因素以及各因素之间的相互影响：(一)商标的近似情况；(二)商品或者服务的类似情况；(三)注册商标的显著性和知名度；(四)商品或者服务的特点及商标使用的方式；(五)相关公众的注意和认知程度；(六)其他相关因素。"

但对司法机关判断混淆可能性同样具有借鉴意义。

(二)初始兴趣混淆与混淆标准的关系

混淆可能性不是一个确定的概念,世界上大多数国家的商标法中都有多种考量要素的规定。特别是关于商标侵权的判断标准更难统一,虽然不存在一种能够适用于所有商标侵权案件的统一规则,但是存在一种被普遍认可的分析混淆可能性问题的多因素检测方法。只是这些因素并不是每次判断某一行为是否构成商标侵权都要全部适用,而是需要结合个案予以分析。

虽然“混淆标准”在我国商标侵权判定的法律实践中已得到了广泛运用,但就初始兴趣混淆而言,“混淆标准”却很难有适用的空间。原因在于,传统的混淆理论关注的是消费者在购买时的时间节点发生的混淆,而不关注消费者在真正消费发生前的混淆,侧重点是保护消费者的利益,混淆标准即是以消费者在购买时是否对商品或者服务来源发生了混淆作为商标侵权的判断标准。随着社会经济的不断发展进步,传统的混淆理论并不能很好地解决商标混淆问题,特别是当混淆发生在消费者购买前,传统混淆理论的局限性就体现出来了。因此,为更好地适应社会经济的发展,传统商标混淆理论开始扩张,具体体现在时间上、内容上的扩张等,初始兴趣混淆、售后混淆等新的混淆范畴也随之产生,用于弥补传统混淆理论的不足,解决消费者购买前或者购买后发生的混淆如何救济的问题。

然而,初始兴趣混淆与传统混淆理论有着较大差别。由于《商标法》意义上的混淆仅仅指售中的混淆,而初始兴趣混淆的时间发生在购买之前,因此《商标法》无法适用。此外,传统意义上的混淆,要有消费者在购买之时出现了识别来源的混淆,而初始兴趣混淆则没有发生商标识别来源功能的混淆,因此对商标的功能并没有减损,这也是传统混淆与初始兴趣混淆的根本区别。随着网络的发展,互联网已成为最重要的市场信息交换媒介,网络中出现初始兴趣混淆加剧的现象,但暂无统一的法律适用,不利于推进我国知识产权高质量发展。

三、初始兴趣混淆与使用标准

“使用标准”能否给现代商标制度提供一个统一的基础?这是一个多方关注的重要问题。横向比较来看,很多国家的商标制度在商标权的取得、维持、保护等方面的制度链条中都规定了与商标使用相关的使用要求。近些年,互联网广泛渗透到社会的方方面面,网络市场相比传统市场拥有更加宽泛的参与者,强大的网络外部性、经营和侵权成本降低以及市场失灵等因素发生的巨大变化,使得商标指示来源的功能在网络环境中发挥着比既往更重要的作用。商标在互联网中的作用就像“路标”,隐藏在域名、链接、关键词、字串中,指引着网络用户,推动着信息流的移转,而信息流具有经济价值,广告收入和网上销售直接或间接地依赖于网站的访问量。因此可以说,规范商标使用,就是在合理分配财富。

针对互联网环境下的商标权纠纷,一些学者提出了商标的“使用标准”,只有在区别来源、避免混淆这一识别功能的意义上使用商标,才能构成商标法意义上的“商标使用”。[1] 也就是说,要构成商标侵权,需构成《商标法》意义上的商标使用。然而,“使用”能否成为判定商标侵权的标准?下文将通过梳理“商标使用”理论的基础、“商标使用”的内涵等,论证“使用标准”不能作为侵害商标权的判定标准,“商业性使用”才是判断初始兴趣混淆行为侵权的前提之一。

(一)使用标准在我国的确立

在商标法中,商标的价值是在商业使用中逐步积累起来的。[2] 从

〔1〕 参见张德芬:《商标使用界定标准的重构》,载《知识产权》2012 年第 3 期。

〔2〕 参见张玉敏:《论使用在商标制度构建中的作用——写在商标法第三次修改之际》,载《知识产权》2011 年第 9 期。

我国2019年《商标法》第3条和第13条所规定的两种商标权取得方式来看,我国采取的是商标注册取得和商标使用取得并行的制度。此外,立法者还在2019年《商标法》第49条第2款和第64条第1款中从反面强调了使用在商标权利维持和救济中的重要意义。第49条第2款中规定了“撤三制度”,注册商标在没有正当理由的情况下连续3年不使用的结果是导致该商标被撤销注册,这一规定充分说明使用是维持商标权利的事实基础。第64条第1款中规定了商标侵权的免责事由,如果商标权人无法提供此前3年内实际使用该注册商标的证据,那么侵权人就无须承担侵权责任。《商标法》第49条第2款和第64条第1款的规定表明,取得商标权并不意味着没有后顾之忧,如果商标权人不能持续使用注册商标,将会丧失该商标权。这一点对于注册商标来说更为重要,因为在此模式下,商标权的取得来自注册行为,如果没有使用已注册的商标,那么就不会形成该注册商标的商誉(商标抢注不包含在内)。具体而言商标侵权行为必须建立在商标使用之上,这意味着在商标使用的过程中既能防止恶意抢注商标行为,又能对商标侵权行为提供法律支撑。张玉敏教授在《商标法》规定的商标使用的基础上,进一步指出,商业使用是商标受法律保护最根本、最重要的条件。[1]

商标的价值源于使用,商标的保护也应与商标的使用联系紧密。商标权与著作权、专利权所保护的创造性智力成果有所不同,商标是商业活动的标志,通过使用或注册的方式得到法律的保护。因此,一个标记能够受到《商标法》的保护,并不在于该标记的设计多么精美,独创性有多高,而是要具备识别功能。单纯标记的设计,只能诉诸《著作权法》的保护。商标的识别功能,始于标识本身的显著程度,终于标识在使用

〔1〕 参见张玉敏:《论使用在商标制度构建中的作用——写在商标法第三次修改之际》,载《知识产权》2011年第9期。

过程中逐渐累积的商誉,因此没有经过商业使用的商标就没有产生实际识别作用的效果,法律也就不用对其提供保护。[1] 国家知识产权局在2020年印发的《商标侵权判断标准》的第3条明确提出,[2]判断是否构成商标侵权,通常需要判断是否构成《商标法》上的“商标使用”。虽然该判断标准只是一个部门规章,还没上升到法律的层面,但是该部门规章是商标执法部门查处商标侵权案件时的法律依据,也是行政执法相关工作中所需遵守的重要标准。

商标功能产生和实现的前提是商标的商业使用。第一,从法理来看,只有经过商业使用的商标才具有显著性,进而产生和实现指示来源功能。第二,从市场竞争的角度来看,商标使用还能促进生产经营者为使同一商标有相同的品质而不懈努力,逐步建立自己商标的商誉,从而在消费者心中建立商标与商品的对应关系,体现商标的品质保障功能。第三,经营者通过商标的使用还可以增强商品或服务的影响力,将商标打造成为自己品牌最直接有效的宣传广告工具。第四,经营者通过使用商标还可以产生和实现商标的文化功能,因为商标体现的是经营者和消费者文化心理的重要载体,不同的人会选择不同的商标商品或服务来体现自己的身份,商标的使用会强化大众心理对商标文化的认同。总的来看,商标的商业使用会使商标逐渐累积商标的商誉,其商誉背后所承载的是商品品质、商品文化等特定信息,因此经使用过的商标具有促进经营者提高商标品质和文化品位的效果,同时还可以降低消费者的搜索成本。

进一步看,无论是相关的国际公约,还是各国商标法上关于商标本

---

〔1〕 参见张玉敏:《论使用在商标制度构建中的作用——写在商标法第三次修改之际》,载《知识产权》2011年第9期。

〔2〕 《商标侵权判断标准》第3条规定:“判断是否构成商标侵权,一般需要判断涉嫌侵权行为是否构成商标法意义上的商标的使用。商标的使用,是指将商标用于商品、商品包装、容器、服务场所以及交易文书上,或者将商标用于广告宣传、展览以及其他商业活动中,用以识别商品或者服务来源的行为。”

质的商誉说,大部分都是根据商标使用来搭建商标取得制度。商标法意义上的使用,不仅包括了商标在商品或服务上的使用,也包括了在广告宣传中的使用。通过广告的营销推广,商标不再只是局限于连接产品或者服务与商标权人的标记,它甚至成了当下我们这个消费者社会的消费文化的中心环节。无论是原国家工商总局颁布的《驰名商标认定和保护规定》,〔1〕还是最高人民法院通过的《关于审理涉及驰名商标保护的民事纠纷案件应用法律若干问题的解释》,〔2〕都把企业在商标宣传上付出的时间、程度和方式作为认定驰名商标的一个重要因素。形象一点说,商标就像一张银行存单,只要经营者注入的广告资金越多,商标被知晓的可能性越大,经营者的收益也可能会随之增加,商标权的范围越广,也就是禁止他人不正当利用的范围就会更广。

日本学者小野昌延曾对商标使用与商誉之间的关系有过一个非常具象的比喻:"已经申请注册的商标相当于是一个器皿,可以在未来的使用中装载商誉。"对此,李明德教授认为:"按照这个说法,对于已经注册而没有使用过的商标,商标所有人所享有的权利,也不过是对于某个器皿所拥有的权利。在这种情况下,如果有人未经许可而使用了他的'器皿',他可以依法要求使用者停止使用,却不应当获得损害赔偿,因为,他还不曾在这个器皿中积累任何商誉,即没有商标使用的痕迹或者没有投入商标的广告成本。因而别人的使用也不会造成对其商誉的损害。"〔3〕在本书看来,"使用标准"尽管有其合理之处,但它体现的是一个过程,与商标权本身并不等同。更何况,并不是所有对商标的使用都

〔1〕 2014年《驰名商标认定和保护规定》第9条第1款第3项:"以下材料可以作为证明符合商标法第十四条第一款规定的证据材料:……(三)证明该商标的任何宣传工作的持续时间、程度和地理范围的材料,如近三年广告宣传和促销活动的方式、地域范围、宣传媒体的种类以及广告投放量等材料。"

〔2〕 2020年《关于审理涉及驰名商标保护的民事纠纷案件应用法律若干问题的解释》第5条第1款第3项:当事人主张商标驰名的,应当根据案件具体情况,提供下列证据,证明被诉侵犯商标权或者不正当竞争行为发生时,其商标已属驰名:该商标的宣传或者促销活动的方式、持续时间、程度、资金投入和地域范围。

〔3〕 文学:《商标使用与商标保护研究》,法律出版社2008年版,李明德作序第4页。

可以产生商标权。商标"使用标准"在逻辑上最突出的问题在于它没有从权利本身受到侵害这一视野讨论侵害商标权的认定标准。

因此,将"商标使用"作为商标侵权的单独的判断标准,是很难将所有的侵权行为包含在其中的。

(二)初始兴趣混淆与使用标准的关系

判断商标侵权是否必须先判断商标使用,这是商标法中的重要争议问题,至今在学说上仍处于悬而未决的状况,[1]但在司法实践中则倾向采用肯定的见解。事实上,商标的使用并不容易被认定,尤其是在网络空间,商标并没有如传统商标直接贴附在产品或服务中使用,商标使用的适用范围较为宽泛。在没有明确互联网领域商标使用范围的情况下,司法裁判容易滑向擅断的边缘。

商标权人通常会选择将品牌的商标直接与商品相结合的方式来增强商标与自己所提供的商品或服务在消费者心目中的展示度,达到强化商标识别功能的目的,以促进销售。例如,将商标直接贴在商品上,消费者可以通过所贴的商标辨别商品的来源,或者将商标明确地展示在其营业场所,或是服务员的服装上。盒马生鲜、美团外卖的骑手服都有鲜明的服装颜色差别,且外卖服装上也分别印有其企业的商标,能够清晰地判断,此种情况下,就是商标法上的商标使用。但问题在于,如果商标的使用没有与商品或服务直接结合,又如何认定是否构成商标使用呢?类似情况主要集中出现在互联网领域。例如在网络域名领域,当行为人未经商标权人同意,选择了商标权人商标的名称作为自己经营网站的域名,就其目的而言,纵然域名内含有商标权人的品牌商标

---

〔1〕 就美国法学者而言,肯定见解请参见例如:Stacey L. Dogan & Mark L. Lemley, *Grounding Trademark Law through Trademark Use*, Iowa Law Review, Vol. 92, No. 5, p. 1669 (2007);否定见解请参见例如:Graeme B. Dinwoodie & Mark D. Janis, *Confusion over Use: Contextualism in Trademark Law*, The Trademark Reporter, Vol. 98, No. 5, (2008); Dinwoodie, Graeme B. & Mark D. Janis, *Lessons from the Trademark Use Debate*, Iowa Law Review, Vol. 92, No. 5, p. 1703 (2007)。

的名字，但是该域名与其商品或服务并没有直接链接。此种情况下，网络服务提供者的网络域名提供行为，就不能构成商标使用；使用该域名的行为人，如果在其网站上展示的内容完全与商标权人所提供的商品或服务无关，也不能构成商标使用。然而，从实际效果来看，行为人的行为不正当地利用了商标权人商标的商誉，吸引了商标权人潜在消费者关注到自己的网站，是典型的初始兴趣混淆行为。但是商标使用标准对此种情况却无能为力。因此，我们无法通过商标使用对外确立清晰的外观，还有可能过度重视商标使用标准而忽视掉混淆可能性，让部分具有混淆可能性的商业性使用被错误认定为非“商标使用”，不当排除了商标权人寻求救济的可能。将商标使用作为判断初始兴趣混淆侵权的前置条件，必然会将部分初始兴趣混淆行为排除在商标侵权的范畴之外。

四、初始兴趣混淆与显著性标准

根据“显著性标准”，商标权的保护应更多集中在商标权人的利益上，消费者利益并非《商标法》保护的目的，《商标法》对消费者提供的是一种反射保护。相较于“混淆标准”，“显著性标准”拓宽了商标权人的保护空间。“显著性标准”以商标功能为出发点，商标指示来源、保障商品质量和广告功能的实现意味着商标本身应具备显著性特征。就“显著性标准”的地位和作用来看，存在两种观点：一种观点认为，以“显著性受到侵害之虞”统合混淆标准和淡化标准，充当商标侵权的统一认定标准。[1] 另一种观点则认为，显著性是混淆可能性认定的考量因素，商标的显著性越高，被“混淆”“借用”的可能性就越大，消费者产生联系并

〔1〕 参见李雨峰：《重塑侵害商标权的认定标准》，载《现代法学》2010 年第 6 期。

发生混淆的可能性越大。[1]

(一)显著性标准在我国的确立

商标不是与生俱来的,而是人类社会发展到一定时期的产物。“符号”在人类历史上起着重要作用,例如早期人类利用洞穴中的壁画符号进行记录,这可以视为一种早期的标志。在发展过程中,“符号”逐渐被赋予了另一层意义,即所有权。不同的“符号”往往被用作区分不同所有权人的物品,例如在自己圈养的牛羊中打上特定“符号”,以表示对其的所有权,并与其他区分。随着工业革命的到来,同类商品竞争加剧,商标则更多地作为区别同类商品的重要“符号”。权利人本人对产品质量的要求,以及消费者根据商标选择表明一定质量的商品,孕育了现代商标的来源功能、质量保证功能和广告功能。在这一过程中,商标的性质开始转变,由最初表明产品质量的责任符号转变为表明其产品或服务的品质,因而商标所具有的财产属性就被逐渐接受。“显著性标准”的提出,便是着眼于商标功能的演进和对商标权人的充分保护。

从立法层面来看,显著性的规定逐步进入商标注册与商标权取得领域,驰名商标的保护与认定,近似商标的考虑因素。早在1982年《商标法》第7条中就规定了商标使用的文字、图形或者组合应当具有显著特征,便于识别;第8条则规定商标不得使用通用名称、叙述商标等不具备显著特征的标志。2001年《商标法》第13条将显著性作为认定驰名商标保护的考量因素,第14条规定驰名商标认定应考虑相关公众对该商标的知晓程度。最高人民法院2020年颁布的《关于审理商标授权确权行政案件若干问题的规定》第12条、第13条均将商标的显著性和知名程度作为驰名商标混淆认定的因素。这表明,商标显著性强弱与商标权的保护范围呈正相关。

---

〔1〕 参见黄晖:《商标法》,法律出版社2016年版,第144~148页。

相对于立法,司法审判更早注意到了显著性在商标侵权认定中的作用。在“北京嘉裕葡萄酒公司诉中国粮油食品(集团)案”中,最高人民法院从两个层面使用“显著性标准”解释商标的近似与否。一方面,最高人民法院指出,由于诉争商标中“长城”等文字有着高频使用率,其显著性和识别力强,与原告及其产品已经产生了特定的联系,是构成商标的重要内容,应以该部分作为参照对比的对象。另一方面,由于诉争商标中的文字部分具有显著性,足以使相关公众将含有“长城”文字的商标的产品与原告产品相混淆。[1] 在“浙江蓝野酒业诉联华华商公司案”中,浙江高级人民法院认为,百事公司通过多种方式长时间开展“蓝色风暴”促销活动,导致该标识在消费者心中产生深刻印象,使该标识具有了很强的显著性。当商标注册人使用商标时,消费者会与百事公司联系起来,造成消费者对产品来源的混淆。这一行为使商标注册人与其注册商标间的联系被割裂,原告通过该商标谋求市场声誉等欲求受到抑制。[2] 可见,在审判实践中,“显著性标准”常常用于判定消费者发生混淆的难易程度。

(二)初始兴趣混淆与显著性标准的关系

由上文分析可知,商标显著性是判断商标侵权的重要标准,非常实用。然而,“显著性标准”是否可以用来判断初始兴趣混淆行为属于商标侵权行为?本书认为,答案是否定的。

如果我们用“显著性受到损害之虞”作为判定侵害商标权的标准来分析初始兴趣混淆行为,其中最重要的一个命题是“商标侵权标准的共同点是显著性遭受损害”。根据法律逻辑学中所设定的性质命

---

〔1〕 参见北京嘉裕葡萄酒公司诉中国粮油食品(集团)案,最高人民法院(2005)民三终字第5号民事判决书。

〔2〕 参见浙江蓝野酒业诉联华华商公司案,浙江省高级人民法院(2007)浙民三终字第74号民事判决书。

题,这是一个全称肯定命题,可简化为“所有 S 都是 P”,即“SAP”,其中“A”是拉丁文“Affirmo”的第一个字母。性质命题所表达的断定,一般都会隐含与该命题断定相一致的或者相等值的断定。所谓隐含命题,其实就是由一个命题必然可以得出的另一个或几个与其意思相同、真假等值或者一致的命题。[1] 运用换质法和换位法,可得出一次性换质位的公式为:“所有 S 是 P→所有 S 不是非 P→所有非 P 不是 S”。由此,就可以推导出该“SAP”的隐性命题为:商标显著性没有受到损害就不是商标侵权行为。不难发现,该初始兴趣混淆行为并没有使商标显著性受到损害,甚至还在增强商标的显著性。进一步来讲,由于初始兴趣混淆行为发生的时间点在传统混淆购买时点之前,行为人更倾向于借用商标权人商标的显著性,吸引潜在消费者来关注自己的产品或服务。正是由于商标权人商标的显著性,消费者对商标权人的商品或服务的信任,才会转移其注意力,而在真正购买时,消费者已经辨认清楚该商品或服务不是商标权人的商品或服务。因此,商标权人商标的显著性并没有被侵害。而这样的行为在“显著性受到损害之虞”的判断标准视角之下,就不能视为商标侵权行为。所以,通过显著性标准来分析初始兴趣混淆行为,所得出的结论是初始兴趣混淆行为不是商标侵权行为。

通过以上分析可知,上述每一个判断标准在初始兴趣混淆行为的适用方面,或多或少都有一些不适性。究其原因,就在于初始兴趣混淆行为不是商标侵权行为,故而套用商标侵权的判断标准,自然是无法得出一个令人信服的结果。因此,初始兴趣混淆行为不应纳入《商标法》规制。

---

〔1〕 参见雍琦:《法律逻辑学》,法律出版社 2004 年版,第 94 页。

第二节　混淆概念扩张的局限与初始兴趣混淆行为独立规制的必要性

商标权的发展历史可以视为人的权利扩张史的缩影。商标权的扩张主要包括两个方面：一方面商标权的客体范围的扩张，从传统的图、文、色的组合，延伸到声音商标、气味商标、三维标识等；另一方面商标权人禁止权的内容也在扩张，混淆理论的扩张、淡化理论的产生都是其扩张的具体体现。在19世纪到20世纪初期，商标权的"禁""行"范围基本一致。然而，随着技术与商业模式的发展，新类型的侵权行为层出不穷，为了保留既有的混淆标准，立法与司法机关选择扩张混淆概念的内涵。伴随混淆概念的扩张，混淆理论的适用对象从相同商品延伸至类似商标，从直接混淆延续到间接混淆，从售中混淆辐射到售前和售后混淆。混淆概念的扩张趋势破坏了法律的确定性，且无益于商标权保护理念的张扬。传统的混淆理论认为商标的核心功能是指示商品或服务的来源，而商标的价值则是能够让消费者在购买时清晰地辨别不同经营者所提供的产品或服务，判断是否成立商标侵权的关键就是商标使用行为是否会让消费者在购买时对商品或服务产生来源识别的混淆。[1] 从行为模式上看，初始兴趣混淆行为并没有产生传统混淆理论中混淆的效果，消费者在购买时并不存在混淆，未破坏商标的质量保证功能和识别来源功能。将混淆可能性扩张至初始兴趣混淆，无疑是偏袒商标权人利益，忽略了消费者在市场中的自主性。

在我国，混淆理论同样出现了扩张。从最高人民法院2020年颁布的《关于审理商标民事纠纷案件适用法律若干问题的解释》第9条的规

〔1〕 参见邓宏光：《商标混淆理论的扩张》，载《电子知识产权》2007年第10期。

定可知，认定商标近似中的“混淆”应被解释为“易使相关公众对商品的来源产生误认或者认为其来源与原告注册商标的商品具有特定的联系”。“来源混淆”和“关联关系混淆”这两种混淆可能性类型都已在我国立法和司法实践中得到广泛认可。质言之，就混淆可能性而言，我国《商标法》包括来源混淆和关联关系混淆两类。“来源混淆”是“对商品的来源产生误认”，消费者直接将 A 商品误认成了 B 商品，或者将 A、B 商品的来源误认为是同一个提供者或生产经营者。“关联关系混淆”即误认为 A 商品的来源与 B 注册商标的商品有特定的联系，如赞助、许可等，使消费者误认为商标权人是侵权人所供商品或服务的质量监督者和保证者。此处所讨论的混淆分类均为传统意义上的混淆分类。

一、混淆概念的扩张

混淆可以分为广义的混淆和狭义的混淆，而直接混淆仅是狭义的混淆，消费者无法区分混同的两个事实上来源于不同企业的产品或服务。广义的混淆则指间接混淆，行为人未获得商标权人授权，在相同或类似商品上使用与其商标相同或近似的标识，虽然消费者很清楚行为人的商品或服务不是来源于商标权人，但是却导致消费者误认为行为人与权利人之间存在某种联系，如许可、赞助、参股等关系。混淆概念的扩张是在广义混淆的基础上发展起来的。混淆概念的扩张，体现在以下三个方面：时间上的扩张、内容上的扩张和主体上的扩张。随着几大知识产权法院的设立，近年来审理的与商标混淆相关的案例逐年增加，受主题限制，本书重点讨论初始兴趣混淆。

（一）时间上的扩张

传统的商标混淆理论主要是指售中混淆，即以消费者在购买时是否产生混淆为重要标准。故而，消费者购买时这个关键时间节点显得尤为重要。以消费过程中消费者发生混淆的时间节点为依据，混淆可能性的扩张分为两种:一种是发生在消费者实际购买前的混淆,即售前混淆;另一种是发生在消费者实际购买之后相关公众的混淆,即售后混淆。

1. 向前扩张:售前混淆

相较传统的售中混淆而言,售前混淆情形下消费者发生混淆的时间点在消费者选择购买阶段,并持续到售中。消费者会因为对商品或服务产生的混淆而购买商品或服务,如果购买的侵权商品或服务与商标权人提供的差异较大,消费者会因此认为其商品或服务有质量问题,今后不再购买,还可能告知亲朋好友也不要购买。不难看出,售中混淆对商标承载的商誉产生了较大的不利影响。在传统售中混淆向前扩张之前,售中混淆几乎是唯一可以判断商标侵权的类型,消费者只有在购买时发生了混淆,才能作为判断依据。而售前混淆出现后,行为人通过盗用商标权人商誉来吸引消费者,使消费者误认为是商标权人的商品而产生了最初的购买兴趣,即便消费者在实际购买时混淆已经消除,这种不正当盗用他人商标商誉的行为仍应当被禁止。

售前混淆与传统的售中混淆最大的区别是发生混淆的时间点不同。本书认为售前混淆指的是消费者在购买商品或服务之前,对商品或服务产生了混淆误认,并且该混淆误认一直延续到了售中,故售前混淆可以被售中混淆理论吸收。商标法上售前混淆则扩展了商标混淆的时间范围,将消费者发生混淆的时间点向前移。而初始兴趣混淆,则是消费者在购物选择阶段发生了混淆误认,而在真正购买之时消除了误认,能够清晰地辨别商品的来源,故而商标的识别来源功能没有受到减损,不能套用售中混淆理论进行判定。

2. 向后扩张:售后混淆

与售前混淆相对的便是售后混淆。所谓售后混淆,又称为旁观者混淆,简而言之,是指消费者知假买假后让其他的消费者产生了混淆,但是消费者自身在购买时并没有发生混淆。消费者在明知该商品属于假冒的情况下,仍然进行购买,且并不会认为该商品或服务的提供者是商标权人,也不会认为行为人与商标权人之间有特定的关联关系。只有当该消费者使用或者转卖该商品时,其他消费者可能会误以为该商品是商标权人的商品,或认为该商品的提供者与商标权人存在某种特定关系。需要强调的是,产生售后混淆的主体不是购买商品或服务的消费者自身,而是消费者和销售者之外的"其他"消费者,而其他消费者产生混淆的前提是购买商品或服务的消费者在使用该商品或服务时,会被其他消费者注意到,否则就不具有产生混淆的客观可能性。

与传统的售中混淆相比,售后混淆在产生的时间、产生混淆的主体和达到的后果都不相同。第一,混淆产生的时间不同。售中混淆在销售行为结束时就完成了,用英文时态表示就是完成时 ed 模式;而售后混淆则发生在旁观者即潜在消费者正在选择过程中,用英文时态表示是进行时 ing 模式。第二,产生混淆的主体不同。售后混淆的特殊性在于,产生混淆的主体,不是买卖双方当事人中的买方,而是买卖双方当事人之外的第三人,而售中混淆中产生混淆的主体是购买商品或者服务的消费者。第三,混淆达到的后果不同。售中混淆的后果是欺骗了消费者,使消费者作出错误的购买决定,消费者的利益受到损害;售后混淆的后果是让特定品牌的潜在消费者产生混淆,当他们发现仿冒品没有自己想象中那么好时,会基于错误认识而取消购买特定品牌的计划,商标权人的利益受到损害。

目前,我国法律中没有明确规定售后混淆。在法律中没有明确禁止售后混淆的前提下,可以合理地认为立法者对售后混淆行为的判定持开放态度。本书认为,售后混淆与初始兴趣混淆类似,都不会发生售中混淆的情形,发生的时间点都不在购买时,不应当定性为商标侵权。

（二）内容上的扩张

混淆理论的不断扩张带来了如下悖论：一方面，商标越有名，显著性越强，应得到的保护就越宽，因此越容易被认定为有“混淆的可能”；另一方面，商标越有名，显著性越强，从逻辑上讲，越不容易发生混淆误认。这实际上是由混淆理论无法解决现实问题而又被极力扩张所致。但是，无论混淆理论如何扩张，对于在非类似商品上使用驰名商标和著名商标，混淆理论就很难有用武之地，即使非常知名的商标也会出现不可能混淆的情况，如将美国苹果公司“Apple”商标贴在衬衣上，并不会让消费者对苹果公司所生产的电脑产生混淆。此类情况都使混淆理论面临巨大挑战，虽然该理论仍然发挥并将继续发挥商标保护的基石作用。[1] 为弥补这一空白，在欧洲出现了联想混淆，美国出现了从属（affiliation）混淆、关联（connection）混淆或者赞助（sponsorship）关系混淆等内容。[2]

1. 联想混淆

随着混淆可能性的扩张，联想混淆也随之应运而生。20 世纪 70 年代初比利时、荷兰、卢森堡三国成立统一的商标局，并制定了统一的《商标法》。出于解决非近似商标问题的需要，比、荷、卢 1971 年《商标法》第 13 条 A 款第 1 项首次采纳了联想理论，奠定了欧洲联想理论的基础。在联想混淆的情形中，消费者看到被告商品或服务时会联想到原告，但是并不会认为该商品或服务是原告生产或提供。联想混淆的理论依据在于被告的行为只是让消费者产生了联想，但并不会误认，产生的原因是被告借用了原告的商誉，联想的发生会阻碍商标功能的正常发挥。联想混淆与传统意义上的混淆根本区别在于，传统意义上的混

---

〔1〕 参见蒋尉：《从混淆理论、反淡化理论到联想理论》，载《学术论坛》2007 年第 8 期。

〔2〕 See J. Thomas McCarthy, *McCarthy on Trademarks and Unfair Competition*, Fifth Edition, 2021, § 23:8.

淆必须结合“混淆的可能”来确定商标是否近似，而联想混淆没有此种要求，比、荷、卢法院在认定商标近似与否时采用的是联想的标准，而不是混淆的标准。[1]

欧盟法院认为，比、荷、卢《商标法》第13条中的“联系的可能性”的作用并不是用来取代“混淆的可能性”，而是用来界定混淆可能性的范围。不止如此，仅有“联系的可能性”还不足以判定构成商标侵权，必须强调公众可能会相信该产品或服务来源于同一个经营者或来源于具有经济联系的经营者，才可能构成商标侵权。[2] 对联想混淆主要持支持态度的还有德国。德国《商标法》第14条第2款第2项对联想混淆作出了规定，当公众对行为人用于仿冒的商标与商标权人的商标存在某种关系产生联想时，即构成商标侵权。[3] 联想是一种观念，“任何人不得误导公众认为其商品是原告的相关交易阶层，对两种商标也不会产生某种观念上的联系引用”[4]。只要公众相信该商品或服务处于在先商标权人的控制之下，或者得到了在先商标权人的授权，就足以认定存在间接混淆。因此，“联系的可能性”指的是经济上联系的可能性。但是对于联想混淆应否纳入混淆可能性的判断之中，目前仍有争议。

2. 从属、关联或赞助关系混淆

1962年美国《兰哈姆法》删除了“商标的出处”，由此将商标混淆的类型进行了扩张，产生了从属、关联或赞助关系的多出处混淆。[5] 这种混淆的出现与社会经济发展有着密切的关系。与单一出处混淆不同的

---

〔1〕 参见蒋尉：《从混淆理论、反淡化理论到联想理论》，载《学术论坛》2007年第8期。

〔2〕 Sabel BV v. Puma AG Rudolf Dassler Sport [1997] E. C. R. I – 6191, [1998] R. P. C. 199. (para. 18, 30)，转引自邓宏光：《商标混淆理论的扩张》，载《电子知识产权》2007年第10期。

〔3〕 参见中国人民大学知识产权教学与研究中心、中国人民大学知识产权学院《十二国商标法》翻译组译：《十二国商标法》，清华大学出版社2013年版，第83页。

〔4〕 See Bayer Co. v. United Drug Co., 272 F. Supp. 505, p. 509 – 10 (S. D. N. Y. 1921)，转引自王峰民：《动态商标的法律保护》，中国社会科学院2017年硕士学位论文，第31页。

〔5〕 多出处混淆是指消费者虽然意识到原、被告的商品源于不同的出处，却误认为这些出处之间具有某种关联或赞助关系。多出处混淆直接表述为affiliation, connection or sponsorship。

是，在多出处混淆发生的情况下，消费者在购买时能够清晰地辨别所欲购买的商品或服务不是商标权人提供的，因此不会直接造成商标权人商誉的减损。即便如此，仍然会有部分消费者误以为行为人与商标权人之间存有某种关系，并选择购买了不正当盗用他人商标商誉行为人的商品或服务，从而间接地导致了商标权人商品或服务销售量下滑。不仅如此，如果任由此种行为发生，商标权人的潜在市场将会被慢慢蚕食。与此同时，倘若行为人商品质量并不理想，那么消费者购买后就会对商标权人的产品失去信心，这样一来商标权人的商誉就被间接地损害了。

近年来，随着市场经济的不断发展，国内企业逐渐多元化，相互交流产业交织也相较以前更多。这使得商标权人的范围也逐渐扩大，除了此前的商品或服务的提供者，还有投资人、许可经营者、赞助商等与经济联系的主体。这些主体大多通过与最初的商标权人签订合同而获得合法的身份，并且经常还伴随知识产权的转移。但值得注意的是，这种关联关系下，商标权人通常会控制商标使用，通过对使用商标商品或服务的品质进行监督，从而达到其商标所应达到的品质。所以，普通消费者就会认为同一种商标所表示的商品或服务，是源于同一个经营者，应拥有同样的品质。[1] 在这种时代背景下，从属、关联或赞助关系混淆就有了更广阔的用武之地。

3. 反向混淆

相比于传统的正向混淆，反向混淆强调的是消费者在购买时对商品或服务的来源发生了混淆，认为在先使用的商标的商品是源于在后使用商标权人，或者与在后使用商标权人有某种关联关系。[2] 此种情

〔1〕 参见黄晖：《驰名商标和著名商标的法律保护》，法律出版社2001年版，第58页。

〔2〕 参见张爱国：《商标"反向混淆"理论初探——以案例为视角》，载《电子知识产权》2007年第8期。

况的发生主要是因为,在先商标权人,尚未真正使用商标或者其商标强度较低,在市场上的影响小、知名度不高,但是在后使用商标的商标权人可能使用在先使用的商标更能准确表达自己产品的内容,则通过大力宣传、高频地使用该商标,扩大商标的影响力,最后的结果是在后商标的影响力远大于在先商标的影响力。反向混淆的危害是,在先商标权人丧失了此前对自己商标的投资,也不能再通过自己的努力建立自己商标的商誉进入市场;与此同时,其还会导致消费者对市场中所销售的商品或服务产生混淆,难以区分二者是来源于不同的提供者。

美国的判例法最早确立了商标反向混淆理论,并且在美国已基本确立比较完善的商标反向混淆理论及其相关制度。[1] 从 1968 年作出第一个反向混淆的判例开始,经过多年来的发展完善,从美国地方法院到美国联邦巡回上诉法院基本都认可反向混淆已经成为独立的商标侵权类型,在先商标使用者可以通过《兰哈姆法》提起反向混淆的商标侵权诉讼。因此,在美国,反向混淆的成立仍然建立在混淆基础之上,消费者对使用相同或者近似的商标下的相同或者类似商品产生了混淆。本书认为,反向混淆与正向混淆中的售中混淆,是一个问题的两个侧面,就如同筷子一样,缺掉任何一支就不能保证商标侵权救济的完整性。因此,本书主张将反向混淆纳入我国以混淆可能性为基础的商标侵权类型中。

(三)主体上的扩张

传统混淆理论中的主体,仅仅局限于购买时的消费者,在购买商品或服务时会产生来源识别的混淆。相关消费者不但包括正在购买特定商品或服务的消费者,还包括潜在购买的消费者。只有相关消费者在认识上产生了来源识别的混淆才有可能对商标权人的利益产生潜在的

---

〔1〕 参见龚征南:《美国商标反向混淆制度研究》,西南政法大学 2009 年硕士学位论文,第 7 页。

不利影响。传统混淆理论中的主体还包括与商标权人有经济往来和联系的批发、零售商等。相关“公众”一词，目前，在多国或地区立法中都有所体现。

19 世纪初期，随着工业革命的兴起和制造业技术的普及，美国社会生产力迅速发展，司法实践中工业产品的侵权尤其是商标侵权问题层出不穷，经济的发展亟须美国强化对商业标记的保护，美国法院开始逐步总结关于“仿冒”的侵权法理论。[1] 1946 年，《兰哈姆法》第 32 条中明确规定了关于假冒商标的侵权诉讼规则。[2] 1946 年《兰哈姆法》第 43 条还规定，当事人在提起侵权诉讼时，应当证明其商标“存在容易引起消费者对商品来源产生混淆或者误认的可能性”。从该条款可以看出，消费者在购买商品时是否产生混淆是传统商标侵权理论的核心。[3] 1962 年，美国对《兰哈姆法》第 43 条进行了修改，原条款变为当事人应当证明“能够导致对商标使用人与他人之间的关系产生混淆或者误认”。换言之，立法者对《兰哈姆法》原第 43 条进行了两处关键的修改：一是将原第 43 条中的“消费者”在文本中删除，其目的在于扩大商标侵权判断的主体范围，除实际购买商品的消费者外，潜在的消费者以及社会中的普通群体也都是判断是否构成混淆的主体，商标侵权理论从最初的售中混淆进一步扩展到售前混淆与售后混淆，在时间与范围两个维度都得以扩张。二是删除了原第 43 条中的“来源（as to source of origin）”用语，任何可能引起商标混淆的联系都被纳入《兰哈姆法》的规制范围之内，混淆的类型由来源混淆扩张至附属关系混淆、赞助关系混淆或关联关系混淆，统称为“赞助混淆”（sponsorship

〔1〕 参见李明德：《美国知识产权法》，法律出版社 2014 年版，第 454～455 页。

〔2〕 1946 Lanham Act Sec. 32.（1）.

〔3〕 See Jennifer E. *Rothman*, *Initial Interest Confusion*: *Standing at The Crossroads of Trademark Law*, Cardozo Law Review, Vol. 27, No. 1, p. 121（2005）.

confusion)。[1]《兰哈姆法》第43条的修改为初始兴趣混淆理论的产生奠定了立法基础,然而美国国会修改该条款时并没有此种深远的考量。美国国会对此修改作出的解释是:"因为该规定实际上既包括实际的购买者,也包括潜在的购买者,为了避免对法条中该用语的误解,删除'购买者'这个词。"[2]总之,国会的报告并没有明确《兰哈姆法》第43条的修改旨在拓展商标混淆的范围。法律解释的模糊性导致美国司法界对该条修改的理解产生歧见,一部分法院认为这是立法机关在有意扩展混淆类型的证据,而另一些法院则认为此处的修改不能过度解读,仅仅是主体范围的变更。无论如何,《兰哈姆法》第43条在混淆时间与范围上的扩张的确为美国法院提出并构建初始兴趣混淆理论提供了立法上的依据。

在其他国家和地区,混淆的主体范围同样呈现出扩张的趋势。在欧洲,欧盟1993年12月通过的《欧洲共同体商标条例》以及2004年对条例的修订,都规定欧盟的商标权人有权阻止可能"在公众中"引起混淆的使用行为。[3]我国《商标法》及《商标法实施条例》也在多处使用了"误导公众"一词,[4]构成混淆的主体不再局限于消费者,还有潜在消费者以及旁观者在内的一般社会公众,[5]没有直接购买商品的公众,也可能成为混淆的主体。[6]换句话说,发生混淆的主体较传统混淆理论更为多样。但是主体的扩张仍是有限度扩张,不能盲目扩张,盲目扩

[1] 参见张体锐:《商标法上混淆可能性研究》,知识产权出版社2014年版,第25页。

[2] See S. Rep. No. 87-2107, p. 2847, 2850-51 (1962). 转引自邓宏光:《商标法的理论基础——以商标显著性为中心》,法律出版社2008年版,第225页。

[3] 参见姚鹤徽:《论商标侵权判定的混淆标准——对我国〈商标法〉第57条第2项的解释》,载《法学家》2015年第6期。

[4] 《商标法》第58条规定:"将他人注册商标、未注册的驰名商标作为企业名称中的字号使用,误导公众,构成不正当竞争行为的,依照《中华人民共和国反不正当竞争法》处理。"《商标法实施条例》第50条第1项规定:在同一种商品或者类似商品上将与他人注册商标相同或者近似的标志作为商品名称或者商品装潢使用,误导公众的,属于《商标法》第57条第2项规定的侵犯注册商标专用权的行为。

[5] 参见彭学龙:《商标混淆类型分析与我国商标侵权制度的完善》,载《法学》2008年第5期。

[6] 参见魏森:《商标侵权认定标准研究》,中国社会科学出版社2008年版,第61~62页。

张的后果就会带来商标权人权利保护过分扩大的危害。

二、混淆可能性扩张的局限

在商标混淆范畴的认识上，美国和德国分别代表了混淆扩张的两个方向，但其结果均是对商标权保护范围的扩大，加强了商誉的保护。[1] 混淆可能性的扩张所带来的商标权扩大保护是否合理还无定论，过多强调商标混淆可能性的扩张可能会导致有混淆可能性的消费者理念崩塌。

（一）时间上扩张的局限

谈及混淆可能性时间上扩张的局限性，还须回归“混淆”的词源意义。作名词使用时，混淆是指“混杂、界限模糊”；作动词可用为“使混淆、使界限模糊”。商标混淆标准的逻辑前提是商标的识别功能是否受到损害，即不同商标之间的界限是否出现混杂、界限模糊的情况。无论是初始兴趣混淆还是售后混淆，都没有在购买时发生混淆，因而商标权人的商标识别功能并没有受到减损。在发生了初始兴趣混淆的情形中，相关公众往往能在实际购买时发现真实的商标权人和商品来源，对商标质量的预期也随之转移，亦不会妨碍商标质量保障功能的实现。因此初始兴趣混淆和售后混淆不应纳入商标混淆的范畴。此为商标混淆时间上扩张的局限性，下面分别述之。

1. 初始兴趣混淆无法被传统混淆理论真正涵盖

初始兴趣混淆必然是判断商标侵权行为成立与否的混淆标准的组成部分吗？这一问题的答案是不确定的。对于消费者而言，购物是一个连贯的过程，从最初对某个商品或服务感兴趣，然后开始进行检索搜寻，到最后决定购买该商品或服务，是一个无法切断的过程。售中混淆

---

〔1〕 参见李扬主编：《知识产权法政策学论丛（2009 年卷）》，中国社会科学出版社 2009 年版，第 192 页。

理论则是人为地在购物过程中选择了一个时间节点,确立了售中混淆发生的时间。从研究现状来看,通说认为初始兴趣混淆的特点在于消费者在购物过程中行为人使用他人商标转移了消费者的注意力,但消费者仍能依照自身的理性判断而在购买前消除这一误会。也正因如此,根据售中混淆理论检验初始兴趣混淆的问题,根本无法得出有意义的结论。在发生了初始兴趣混淆的情况下,消费者对其所欲购买的商品或服务并没有发生来源识别的混淆,交易发生时既不存在实质上的混淆,也不存在混淆的可能性。消费者最终是在完全知情并了解自己所欲购买的商品或服务来进行的选择,最后是否购买商标权人竞争者所提供的商品是基于自身自由意志的判断。从这个层面来看,行为人只是不当地借用了商标权人商誉来吸引消费者对自己的产品产生初始兴趣,并没有利用商标权人的商誉来销售自己的商品。也就是说,行为人的商品被消费者所选择是因为消费者通过比较更喜爱行为人的商品,是行为人自己的商品促成了商品的销售。

将初始兴趣混淆定性为商标侵权行为,将导致既有的商标混淆理论及以此为基础的制度架构出现重大的、难以弥合的体系漏洞。初始兴趣混淆舍弃了混淆可能性的侵权认定标准,不恰当地扩张了商标权人的权利,从而打破了传统《商标法》的利益平衡机制。[1] 因此,在笔者看来,初始兴趣混淆存在的场合,竞争者的行为更多的是将商标权人的商标作为一种广告工具。对于消费者而言,初始兴趣混淆行为更多的是一种广告欺诈行为而非商标侵权行为。显然,在目前初始兴趣混淆的定义下,商标的识别功能并没有因此受到减损。如果将初始兴趣混淆行为归入商标侵权行为,视为混淆可能性的扩展,即可以适用混淆

〔1〕 参见张德芬、韩萌:《商标售前混淆理论的发展及其适用规则》,载《公民与法(法学)》2011 年第 4 期。

可能性来解决,这就会呈现一个奇怪的逻辑矛盾,即消费者先发生了混淆而实际购买过程中又不混淆。[1] 由于初始兴趣混淆没有发生商标法传统意义上的实质混淆,其本质上不属于商标法意义上的混淆,如果该行为给商标权人造成损害,应构成不正当竞争。[2]

2. 传统混淆理论无法覆盖所有的售后混淆类型

正如前文所述,售后混淆是我国《商标法》防范的一种新型混淆形态。那么,究竟是谁产生了售后混淆?是真正发生实际交易的第三方,即旁观者或社会公众发生的混淆。如果旁观者看到有人购买的商品上有商标权人的标识,并误认为该商品就是商标权人所生产,这样就产生了售后混淆。但目前售后混淆规则中旁观者的范围较宽泛,这会引发商标权人的过度保护,很可能造成商标权人的权利滥用。

支持将售后混淆纳入商标法予以规制的理由主要有以下三点:第一,当旁观者发生混淆时,由于仿冒的产品质量低于原商标权人商品的质量,进而误认为商标权人商品品质不够好,从而不再愿意购买商标权人的商品,使商标权人商誉受损;[3] 第二,任由仿冒的质量差的产品在市场中流通,会使得原商标权人所维护的商标商誉受到损害,品牌形象可信赖度降低;第三,消费者购买了在后商标的商品,但是可能不知道在先商标的存在,故而不会存在混淆,但是当他下次见到在先商标时可能将其与在后商标混淆,消费者就可能将这种不愉快的经历与在先商标联系在一起,从而造成对商标权人的损害。[4] 从表面上看,以上理由具有一定的道理,并且商标权人的商誉确实由于他人的行为而受到了

[1] 参见黄汇:《售前混淆之批判和售后混淆之证成——兼谈我国〈商标法〉的第三次修改》,载《电子知识产权》2008 年第 6 期。

[2] 参见魏森:《商标侵权认定标准研究》,中国社会科学出版社 2008 年版,第 75 页。

[3] 参见黄汇:《售前混淆之批判和售后混淆之证成——兼谈我国〈商标法〉的第三次修改》,载《电子知识产权》2008 年第 6 期。

[4] 参见魏森:《商标侵权认定标准研究》,中国社会科学出版社 2008 年版,第 74 页。

损害。但根据商标混淆可能性的基本理论,并结合消费者的心理状态,可以得出使用《商标法》对售后混淆进行规制的这些理由很难找到支撑。特别是第三个理由,如果消费者此前对在先商标完全不了解,那么也从一个侧面说明了商标权人的商标显著性不够高,对于此类商标如果过度保护,反而不利于市场中的公平竞争。

对于售后混淆,我们应当区分不同情况,通过不同规则体系进行规制。对于一些确实有可能对相关消费者造成混淆的并对商标权人潜在利益造成损害的行为,也就是第一个理由所指向的那些行为,将之纳入真正意义上的售后混淆规则的调整范围。因售后混淆而导致商标权人商品稀缺、高贵或上流的形象受到损害,也就是第二个理由所指向的行为,不存在商标混淆,与售后混淆毫无关系,应归为商标淡化。换个角度看,售后混淆要求混淆的主体是潜在的购买者,那些不可能成为潜在购买者的公众即使发生了混淆,这样的情况也不能作为售后混淆的证据。如果我们再转换一下视角,对于看到该商品或服务的潜在消费者而言,他实际上还处于选择阶段,而在实际购买过程中并没有发生对商品来源的误认,这可以视为售前混淆。总言之,部分所谓的售后混淆实际上并不构成商标法意义上的混淆,有些行为应以商标淡化理论规制,有些行为应归入《反不正当竞争法》调整更为合适。

(二)内容上扩张的局限

1. 联想混淆的局限

总体而言,联想混淆本应该在混淆理论无法适用时才发挥作用。要求它在类似商品上适用是对联想理论的误解。目前,联想混淆还未像传统混淆那样成为商标保护理论的基础性概念,联想混淆也没有作为一个整体理论被利用。[1] 传统混淆理论与反淡化理论有着本质的区

〔1〕 参见蒋尉:《从混淆理论、反淡化理论到联想理论》,载《学术论坛》2007 年第 8 期。

别,前者建立在保护商标识别功能的基础之上,后者则保护的是商标已建立的商誉,而联想混淆则是以实现保护商标广告功能为目的。如果产品或服务之间没有关联,则消费者在最初选择行为人商品或服务的阶段,只会发生联想的可能,但是不会有混淆的可能性。与此同时,由于淡化理论的存在,联想混淆也不宜作为商标混淆的一种,相反,如果将联想混淆纳入混淆理论,就是对混淆理论的误读,混淆了商标反淡化和商标混淆理论。[1] 联想混淆的发生实质上是一种盗用他人商誉的"搭便车"行为,且联想混淆并没有发生实际混淆,并不属于商标混淆的范围。所以,实践中,联想混淆的规制主要是为驰名商标的商誉提供更多保护,如果放入商标混淆可能性来进行判断,则有可能过度扩张商标权人的保护。

2. 从属、联系或赞助混淆的局限

混淆有多种类型,虽然每种类型的提法有所不同,但是从总体上看还是比较一致的。例如,按照世界知识产权组织有关资料的说法,《反不正当竞争法》中的混淆分为三种类型,即商品来源的混淆、关联关系的混淆和认可关系的混淆。商品来源的混淆,是指商业标识近似到足以使一般消费者对商品来源产生混淆,包括对商品的误认或者误认为商品来源于相同的市场主体;关联关系的混淆是指误认为相同或类似商品的使用者存在密切的商业联系;认可关系的混淆是指虽不被误认为具有同一来源或者具有密切联系,但因商业标识的近似而认为此种协议为认可使用的关系。[2] 因而此类别更应该归入《反不正当竞争法》进行规制。

---

[1] 参见王峰民:《动态商标的法律保护》,中国社会科学院2017年硕士学位论文,第31页。

[2] See *Protection against Unfair Competition*: *Analysis of the Present World Situation*, presented by the International Bureau of WIPO, WIPO publication No. 725, Geneva 1994, at 28–29. 转引自孔祥俊:《论反不正当竞争法的现代化》,载《比较法研究》2017年第3期。

(三)主体上扩张的局限

能够成为商标法中判断侵权行为成立与否的主体,也就是判断是否存在混淆可能性的主体公众,应是“相关公众”。世界知识产权组织还将“相关公众”界定为包括但不限于三种情形:一是商品或服务的实际或潜在消费者;二是涉及商品或服务经销管道的人;三是与商品或服务营业交易有关的业者。[1] 下面就“相关公众”主体范围扩张的局限作简要分析。

第一,相关公众必须是商标权人特定商品潜在的消费者。只有这些人在认识上发生混淆才有可能对商标权人的利益产生真正的影响。例如,在原油领域,其负责采购的人员必须具有专业背景知识,普通的消费者只需要在加油站加油的时候购买即可,无须到国际原油市场进行购买。因此普通的消费者根本不可能对原油领域的石油生产商产生混淆。而在原油领域购买的采购员,因其职业的专业性,在他们的认知中很难发生售前混淆的可能。显然,“相关公众”的扩编无视了这一现实。

第二,即使是实际的消费者或潜在的消费者,也不一定都能够成为商标法意义上的混淆主体。如果潜在消费者在购买特定商品时对品牌毫不关心,他们可能只是根据需要或冲动等因素而不是根据品牌来挑选是否购买特定商品,这些对品牌观念淡漠的顾客在认定混淆的可能性时不应作为混淆的主体计算在内。这是因为,即使这部分消费者后来发现其购买的商品不是自己所欲购买的商品或服务,但是由于对品牌的漠不关心,就更不会发生混淆误认了。“部分消费者在购买时可能不依赖商标,如果他们后来对其所购买的产品不满意,他们这时可能会注意到商标,并决定将来不再购买这种商品。”[2]“相关公众”的扩编将

---

〔1〕 参见魏森:《商标侵权认定标准研究》,中国社会科学出版社 2008 年版,第 63~64 页。

〔2〕 Mclean v. Flenming, 96 U. S. 245, 24 L Ed. 828 (1878), cited in McCarthy, p. 23-239. 转引自魏森:《商标侵权认定标准研究》,中国社会科学出版社 2008 年版,第 64 页。

此类主体囊括进来，并将该类主体购买或不再购买贴附某种商标的商品或服务的行为定性为商标侵权行为，并不符合此类主体进行商业交易的真实心理，是对商标权人的过度保护。

综上，“相关公众”主体范围的扩张应当保持一定的限度，不能盲目扩张，盲目扩张的后果会带来商标权人权利保护过分扩大的危害。

三、初始兴趣混淆行为独立规制的意义

一个行为究竟归入《商标法》还是留给《反不正当竞争法》调整，这不但涉及两部法律的合理分工，同时也影响到商标理论构成的纯正性。立法追求的目标是利益平衡，但利益平衡的达成并不局限于单部法律，法律与法律之间，部门法与部门法之间，同样要实现利益平衡，利益平衡的终极目标是建立层级有序、协调统一的法律秩序。对于初始兴趣混淆的法律规制，应如何在《反不正当竞争法》保护模式还是《商标法》保护模式中进行抉择，不仅要衡量初始兴趣混淆本身的法理基础与逻辑结构，也要对《商标法》与《反不正当竞争法》的功能分野、规制模式的差别予以充分考虑，方能得出妥当的结论。

（一）商标法与反不正当竞争法在功能上的分野

学界对商标法与反不正当竞争法关系的认识观点纷呈。王太平教授认为，《反不正当竞争法》的商业标识保护制度在商标保护中处于补充地位，对该制度的正确评价和具体构造不能脱离整体的商标保护法律制度。[1] 吴汉东教授则强调，《反不正当竞争法》对商业标识予以兜底保护，补充地发挥法律功能。[2] 孙颖教授认为，《反不正当竞争法》与《商标法》虽在保护对象上存在交叉，但在价值取向、作用机制、立法

〔1〕 参见王太平、袁振宗：《反不正当竞争法的商业标识保护制度之评析》，载《知识产权》2018 年第 5 期。

〔2〕 参见吴汉东：《论反不正当竞争中的知识产权问题》，载《现代法学》2013 年第 1 期。

技术等方面各具特色。[1] 上述观点给我们很大的启示，但对于《反不正当竞争法》为何能具备补充功能以及在何种条件限定下发挥补充功能，目前还缺少有说服力的分析论证。在司法实践中，国内法院长期认为《反不正当竞争法》与《商标法》是一般法与特别法的关系，《商标法》应优先适用。譬如，在"广州星河湾实业公司诉江苏炜赋集团公司案"中，最高人民法院认为《商标法》和《反不正当竞争法》系专门法与特别法的关系，在知识产权专门法保护的领域，《反不正当竞争法》不再给予重合保护。[2] 尽管如此，司法实务中还存在另一种趋势：当事人希望且需要通过《反不正当竞争法》保护其注册商标。

在我国，《商标法》与《反不正当竞争法》关系认识的困境源于两部法律共性与差异性的交织。在本书看来，两部法律的关系呈现出如下特点：首先，《商标法》脱胎于《反不正当竞争法》规范，二者存在共同的保护对象，这一共性认识意味着《商标法》与《反不正当竞争法》在立法目的上具有重叠。其次，《商标法》的"财产"属性意味着其法律规范制度倾向对权利的保护，而《反不正当竞争法》则侧重行为的不正当性，两法的功能和保护方式也有所不同。最后，《反不正当竞争法》被称为新类型的知识产权"孵化器"，可以将现有的知识产权扩展到新的保护领域。

以《反不正当竞争法》规范延伸性、独立地对注册商标提供有别于《商标法》框架下所给予的救济，有先例可循。在很多国家的立法体例上，以混淆可能性为基础的商标权救济规则都规定在《商标法》中，而驰名商标的反淡化保护则规定于《反不正当竞争法》中。例如，日本《反不正当竞争法》第2条第1款第1项对广为知晓的商标给予防止混淆的保

---

〔1〕 参见孙颖：《论反不正当竞争法对知识产权的保护》，载《政法论坛》2004年第6期。

〔2〕 参见广州星河湾实业公司诉江苏炜赋集团公司案，最高人民法院(2013)民提字第102号民事判决书。

护,第 2 项对著名商标规定了反淡化保护。[1] 日本《反不正当竞争法》对著名商标的反淡化保护实际相当于我国《商标法》对驰名商标的跨类保护。美国联邦层面的商标反淡化规定亦如此。在 1988 年《兰哈姆法》修订时,众议院以"反淡化可能影响宪法规定的言论自由"而在一案中删除了反淡化条款;1996 年修订《兰哈姆法》时虽在第 43 条中增加了反淡化规范,但却造成了司法实践中的不统一;为此,2006 年美国国会再次修订第 43 条,制定了《商标反淡化修正案》。[2] 从域外的立法实践来看,尽管存在注册商标这一竞合的保护对象,但并非理所应当地纳入商标法的专门保护。反淡化独立规定的理由在于,商标的反淡化保护的法理基础不同于商标侵权救济的法理基础,反淡化是为了规制不正当竞争,商标侵权行为的规制理由则是相关公众产生了混淆误认,商标权人的利益受到损害。《反不正当竞争法》规范独立规制商标淡化行为的内在机理,能够解释为何初始兴趣混淆行为也应独立于商标法。

从我国《反不正当竞争法》和《商标法》的立法目的出发,这两部法律均建构了多元化的保护目标,意在保护市场经济、保护经营者、保护消费者。《商标法》兼具私法和公法的品格,在以权利保护模式间接地维护消费者利益和保障市场经济发展的同时,消费者利益和市场竞争利益也限制了商标权人利益的不当扩张。在商标禁止权的场域下,消费者利益的保留是以防止消费者混淆为中心建构的商标侵权认定标准,以消费者福利损失的控制为认定侵权成立的衡量因素。

从公共利益平衡的角度分析,认定初始兴趣混淆行为构成商标混淆是不公平的。其一,行为人并未破坏商标来源识别和质量保证作用功能,将其纳入混淆标准有违商标制度的基本原理。其二,消费者具有

---

〔1〕 参见李明德、闫文军:《日本知识产权法》,法律出版社 2020 年版,第 834 页。
〔2〕 参见李明德:《美国知识产权法》,法律出版社 2014 年版,第 669 页。

判断力和自主决定权，能消除混淆并自主决定购买该产品或是重新检索，消费者信息福利的增长能够抵消检索成本的增加。其三，知识产权保护是例外而非原则，模仿和复制是市场竞争的常态，一味禁止所有的“搭便车”行为，会造成信息偏在，形成市场垄断。

以《反不正当竞争法》来规制初始兴趣混淆行为有其必要性。《反不正当竞争法》作为行为法，更强调对行为正当性的判断。“《反不正当竞争法》最初是为了保护诚实商人。当今时代消费者保护已被认为同等重要。有些国家特别强调一般公众的保护，特别是其竞争自由的利益。”[1]瑞士、西班牙等国家《反不正当竞争法》的立法目的在于为所有相关方的利益而确保公平和不被扭曲的竞争。[2]《反不正当竞争法》对某些混淆行为的规制，不在于它损害经营者或消费者的利益，而是因其行为本身的不正当性可能在整体上损害市场竞争秩序。以此来看，《反不正当竞争法》的起点和功能在于制止不正当行为，保护市场竞争秩序，经营者和消费者合法利益是其重要保护因素。初始兴趣混淆行为之所以受到否定评价，是因为经营者转移潜在消费者的兴趣、视线，搭他人商誉之便车的行为本身是不正当的，不但会造成消费者在检索时发生误认，分流商标权人的潜在用户，长此以往更会损害消费者获得真实交易信息的预期。从这一意义上，在我国，以《反不正当竞争法》规制初始兴趣混淆行为，更贴合初始兴趣混淆行为的规制机理。

（二）商标法与反不正当竞争法规制模式的区别

从我国《反不正当竞争法》和《商标法》的法律关系来看，《反不正当竞争法》和《商标法》可以为注册商标提供不同向度的保护。《商标法》侧重对权利的保护，是否适用《商标法》规制应考量商标功能是否受

---

〔1〕 See Protection against Unfair Competition: Analysis of the Present World Situation, *presented by the International Bureau of WIPO*, WIPO Publication No. 725, 1994, para. 33.

〔2〕 参见孔祥俊：《论反不正当竞争法的现代化》，载《比较法研究》2017年第3期。

到影响，是否造成消费者混淆。《反不正当竞争法》侧重对行为正当性的评价，是否适用《反不正当竞争法》规制应判定行为的正当性与否，依该行为获得的竞争优势是否有合法性支持，是否扰乱了经济秩序。

《商标法》侧重对权利的保护，通过保护商标权人的商业标志以及由此产生的财产性权利，以保护消费者免受混淆之虞。一种行为是否应属《商标法》的规制范畴，应考量商标的功能是否受到影响。商标对商品的来源和质量具有广泛的传达功能，消费者以此快速地获得信息，降低检索成本；商标权人以此确信其使用的商标能在市场中成为他们产品信息的传达器。就初始兴趣混淆而言，消费者应当是经济学意义上的理性人，这意味着消费者在购买产品时具备相当的谨慎度，从而降低了混淆发生的可能性。换言之，初始兴趣混淆并未破坏商标的来源识别功能。与此同时，在辨别商品的真实来源后，消费者对商誉和商品质量的认知也会随着对商标来源的认知发生转移，对商品品质等的期待将转移到实际购买的商标的商品上。故此，初始兴趣混淆客观上也不会阻碍商标质量保证功能的实现。不仅如此，在初始兴趣混淆中，消费者被推向了一个更为多元的市场，消费者遵从其内心真意进行选择。从消费者利益出发，初始兴趣混淆增加了消费者寻找到性价比更高的可替代性产品的可能性，不会损害消费者福利，相反，会促进其福利的提高。[1]

以商标侵权的混淆可能性理论规制初始兴趣混淆行为，将造成《商标法》规范设计与运行中的利益失衡。从商标侵权判断标准的嬗变来看，商标权保护的目的不再限于防止消费者混淆，而是拓展至防止他人对商标所代表的商誉的损害。混淆理论的扩张以及反淡化理论的适用

〔1〕 参见黄汇：《售前混淆之批判和售后混淆之证成——兼谈我国〈商标法〉的第三次修改》，载《电子知识产权》2008 年第 6 期。

均体现了这一点。商标独占论的观点也或多或少地遗漏了消费者及公共利益在商标法律制度中的地位。有学者认为,《商标法》的发展服务于商标权人的需要,而将消费者利益转交其他法律调整是极为危险的。[1] 商标权保护范围的渐次扩张,必然导致商标权人的市场支配力增强,因垄断寻租行为导致的效率损失就可能超过商标识别功能、质量保障功能带来的收益范畴。有学者指出,对商标权的过度保护将《商标法》原来以欺诈为基础建立起来的竞争平衡关系置于险境,因为以财产权为基础确立的商标法律制度呈现反竞争特性。[2] 若将初始兴趣混淆行为纳入《商标法》进行规制,将会牺牲消费者和竞争者利益,而赋予商标权人过于广泛的权利,违背商标保护的初衷。

《反不正当竞争法》则侧重不正当行为的规制,通过制止市场主体不正当竞争行为的方式,保障市场竞争的有序化,间接提供了对商业标识的保护。它通过自愿原则、平等原则、公平原则、诚信原则、商业道德等抽象标准评价行为的正当性或公平性,以此保持法律的灵活度和价值的开放性。着重辨别行为主体的行为方式和行为结果,是否不合理地获得竞争优势,是否扰乱市场经济秩序,是《反不正当竞争法》规制的判定因素。例如,在"'720 浏览器'不正当竞争案"中,法院对行为不正当性的评估,从行为的技术场景、公认商业道德的适用以及消费者长远利益等多个角度展开。[3] 又如,在"爱奇艺账号"不正当竞争案中,二审法院对行为正当性的认定围绕行为人技术手段、主观过错、行为可责性和长远的市场活力等视角展开。[4]

在互联网时代,初始兴趣混淆的行为手段与网络技术密切相关,元

---

[1] 参见[澳]彼得·德霍斯:《知识财产法哲学》,周林译,商务印书馆 2008 年版,第 212~214 页。

[2] 参见杜颖:《商标法律制度的失衡及其理性回归》,载《中国法学》2015 年第 3 期。

[3] 参见"720 浏览器"不正当竞争案,广州知识产权法院(2018)粤 73 民终 1022 号民事判决书。该案例为 2021 年最高人民法院反垄断和反不正当竞争十大典型案例之五。

[4] 参见"爱奇艺账号"不正当竞争案,北京知识产权法院(2019)京 73 民终 3263 号民事判决书。

标签插入、弹出式广告、关键词检索等行为类型均依赖于网络技术。行为人运用新的技术类型向社会提供新的信息并不是为了促进行业发展,而是为了通过技术手段实现自己的商业目的,自然不符合技术中立的原则。换言之,在初始兴趣混淆中,行为人运用技术手段的目的在于借用商标权人的商誉,通过分流他人的潜在消费者来增加自己的交易机会。与此同时,初始兴趣混淆行为人对他人商标的混淆性使用,通常采取了一种虚假的、不诚信的方式。从人的认知心理上看,消费者在搜索交易机会时存在一定的设想,他预期自己所检索到的结果与他所使用的表述之间是相关的。但是,以元标签插入为例,为了达到使潜在消费者误认的效果,初始兴趣混淆的行为人在其网页中插入了他人的商标,竞争优势的获得与行为人不正当竞争行为密不可分。《反不正当竞争法》对竞争行为的规制建立在一种长远的视角上,从法律作用发挥的未来效果出发,判断某种行为是否会在长远的角度上不利于良性市场竞争秩序的构建与维护。如果任由初始兴趣混淆行为发生,市场上将充斥各种虚假信息,消费者的合理预期将被彻底破坏,他无法确信自己所检索到的商品是不是最初想要的商品,这种结果势必会对市场竞争秩序产生消极影响。

总而言之,应当理性地看待初始兴趣混淆行为,不能将《反不正当竞争法》上的混淆行为与《商标法》上的混淆行为混为一谈。《反不正当竞争法》的功能和规制模式更符合初始兴趣混淆行为的理念基石,应独立于商标侵权判定的混淆标准之外。

第三章　初始兴趣混淆行为规制的合理性

不论各国采取何种模式规制初始兴趣混淆行为，立法者都要处理好商标权人、同业竞争者和以相关公众形象出现的消费者这三类主体间的关系，努力达到利益平衡。初始兴趣混淆行为的规制有助于防止商标权人客户流失，降低消费者的搜索成本和维护公平、高效的市场竞争秩序，这既是行为规制的正当性所在，也是实现商标权人、同业竞争者和消费者利益平衡的必然要求。

第一节　防止商标权人客户流失

初始兴趣混淆行为的本质，是行为人未经商标权人许可，通过不正当地盗用商标权人商誉以吸引商标权人潜在消费者的注意，最终实现分流商标权人潜在客户的行为。归根到底，市场竞争就是要获得并维系数量更多的客户群体。初始兴趣混淆行为的可归责性，恰恰在于该种行为盗用了特定商标的商誉，不正当地分流了本可能属于商标权人的客户群体，属于典型的“食人”而肥。因此，防止商标权人客户流失，就成为规制初始兴趣混淆行为的首要理由。

一、对商誉的盗用

根据我国《商标法》第1条的规定，该法的立法目的主要包括：第一，“加强商标管理”；第二，“保护商标专用权”；第三，“保障消费者的利益”。[1] 尽管学界对《商标法》的立法目的存在分歧认识，[2]但维护商标权人和消费者的利益则是各方共识。初始兴趣混淆行为就是以未经许可使用他人商标的方式，盗用商标权人的商誉。通过维护商标之上附着的商誉，初始兴趣混淆理论的引入可以有效维护商标权人的利益，促进《商标法》立法目的的实现。

从积极的、对外拓展的视角看，商标权人利益的维护就是确保特定商标之上的商誉不受损害。发展至今，《商标法》已经成为公认的私法，商标的财产属性日益增强，商标之上承载的商誉构成了商标权的主要内容。商誉是商标权人通过自己的经营所获得的无形资产。通过商誉，商标权人可以获得消费者对自己生产或销售的特定商品或服务的信任，消费者反复、经常购买特定商标所指向的商品或服务，成为商标权人稳定的客户群体，进而使其占有相对持续稳定的市场份额。市场经济的本质是信任经济，商标是建立信任的工具，而商誉是信任建立的结果，是商标权人利益的抽象凝结。商誉的获得，是因为在既往的交易活动中，贴附特定商标的商品或者服务满足了消费者的现实需求，消费

〔1〕 尽管该条中还出现了“生产、经营者”，但结合“生产、经营者保证商品和服务质量”的义务设置，此处的“生产、经营者”是且只能是商标权人。因此，“保障消费者和生产、经营者的利益”就可以转化为“保障消费者的利益”。

〔2〕 对于“加强商标管理”，有学者认为该条是计划经济的残留。

者经由商标,产生了对该商品或者服务的提供者的信任,形成未来还将购买该种商品或服务的心理需求。不仅如此,消费者经过有意识地反复购买,还会产生对该商标所标识的其他商品或者服务的信任,不同类别商品或服务的交易也在商誉的作用下得以促成。所以,商誉保护的实质,是确保相对持续稳定的市场份额所形成的合理预期,不被他人以非法手段破坏。

商誉依托于特定的、被长期使用的商标,不存在抽象的、脱离特定商标而独立存在的商誉,商标是商誉的物质载体。封建社会行会组织所使用的标识,起质量证明作用,表明贴附该标识的商品具备行业组织所认可的质量标准。此时,标识无法与特定商品建立一一对应的关系,消费者不能借助标识来区分不同的商品生产者,反复购买的行为是随机发生的,自然也就无所谓商誉。商标则与行会组织所使用的标识不同,它由特定主体独占使用于特定的商品或服务之上,通过长期的使用行为,消费者会将该商标与特定的商品或服务联系在一起,建立一一对应的关系。因此,从形式上看,商誉物化为具体的符号组合,而其实质,则是一定符号组合与某种商品或服务间的一一对应关系,这种对应关系源于商标的使用。一个标识如果没有在商业活动中被使用,即便该标识获得注册,也无法形成商誉,不是真正意义上的商标,受到的保护是非常有限且不稳定的。根据我国《商标法》第 64 条第 1 款和第 49 条第 2 款的规定,被控侵权人以商标权人未使用注册商标为由提出抗辩,在商标权人不能举证证明此前 3 年实际使用同时也不能证明存在其他损失的,不承担损害赔偿责任。如果连续 3 年停止使用的注册商标会被依申请撤销注册,在侵权之诉中常常起到釜底抽薪的作用。

如果仅从个别交易的情况来看,初始兴趣混淆行为可能不会对商标权人的商誉造成较大的不利影响,但从长远发展来看,初始兴趣混淆行为将对商标权人的商誉造成损害。如前所述,初始兴趣混淆与售中混淆的本质区别在于,混淆的结果不同,售中混淆发生时消费者基于错误认识而购买了实施混淆行为人的商品或服务,而初始兴趣混淆发生时消费者最终并没有基于错误认识完成交易。如果只以个别交易作为分析对象,毫无疑问,初始兴趣混淆没有影响到商标权人的商誉,同业竞争者没有破坏消费者对他人商标的信任,不存在成立侵权行为的可能性。但是,当我们将目光转向长期的交易过程,初始兴趣混淆的规范评价将大不相同。现代社会的商标不仅仅是一个简单的符号,还是一个不出声的宣传员。在商业活动的初始阶段,以他人商标来吸引消费者,进而向其兜售贴附自己商标的商品或服务,实现商标权人潜在消费者的分流、转移,这就是初始兴趣混淆的商业逻辑。虽然消费者只是对行为人的商品或服务产生了最初的兴趣,但是购买时并没有发生混淆,或者辨别清楚之后决定不购买,这都不能排除部分被吸引的消费者可能将交易转向不正当盗用他人商标商誉的行为人,导致商标权人交易的机会成本增加。[1]

初始兴趣混淆行为的规制将填补传统的混淆理论在商誉保护上的不足,我们以一个前网络时代的例子作为说明。想象一下,在高楼集中的楼宇经济区域,一个刚刚开业的不知名餐厅,在某一栋高楼的顶楼,因不知名又缺乏广告经费,就在楼下竖立了一个醒目的广告牌——“乡村基快餐顶楼营业”。于是,真正想去吃乡村基的人们,就会跟随指示牌上楼,而到了顶楼才发现根本没有乡村基餐饮店,有的只是另一家不知名的小店,明确识别出来此店并非自己最初想要找寻的乡村基,但是也可以吃快餐,考虑到自己毕竟是花了很多时间和精力才找到这个餐饮店,一些怀着此种心态的消费者就会留在这家店用餐。虽然这些消费者并没有产生实质的混淆,也没有产生关联关系混淆,但是,正是这

---

〔1〕 参见刘敏:《论“初始兴趣混淆”原则在中国司法中的适用》,载《法律适用》2014 年第 4 期。

种“搭便车”行为，证明了顶楼快餐店确实不当利用了乡村基商誉的事实。不但如此，那些本来要在乡村基就餐的消费者，最终选择在这家顶楼餐厅吃饭，乡村基的交易机会被剥夺，导致市场份额逐步减少。面对这种行为，以传统售中混淆理论为根基的《商标法》无能为力：由于消费者在与此楼顶餐饮店达成用餐协议之时就已经消除了混淆，然而消费者在交易时是否发生了实际混淆或是否产生了混淆的可能性正是售中混淆理论判定侵权的逻辑前提，因此售中混淆理论在此种情况下难以有用武之地。初始兴趣混淆理论则可以弥补售中混淆理论在侵权规制上的不足，它将侵权行为的判定时间提前到售前，将混淆的范围扩大到曾经产生过混淆认识但后来消除。

进入网络时代后，消费者的消费心理、习惯发生了根本性的变化，初始兴趣混淆会实质性剥夺商标权人的交易机会，商誉会不可避免地受到损害。随着互联网时代的到来，互联网经济发展迅猛，已经成为人民生活中不可或缺的重要组成部分。在互联网平台购物中，如果商品的宣传推广力度大，点击率高，则消费者可能购买某一产品的概率也会随之增加。为顺应这一变化，一些经营者通过设置网络平台关键词、弹出式广告等方式，将他人商标的文字部分或者域名直接插入自己网页的元标签中，或者通过竞价排名等方式将自己经营的可能导致初始兴趣混淆的产品置顶到某网购平台推广界面最前端等，让消费者在搜索或者选择某个产品时点击自己的主页，促成潜在的交易。基于主页上明确的信息提示，消费者进入其主页之后就消除了混淆，但是，消费者仍然可能停留在误入的页面上，抱着“既然来了，就买点东西”的心态，或者出于其他原因的考虑，消费者可能会选择购买该经营者的商品或服务。与此同时，现代网络消费者的消费习惯也与传统消费者有很大不同，他们更倾向于通过点击“销量”等排名来确定自己是否购买特定种类的产品。对于前期缺乏宣传、处于起步阶段的企业来讲，如果能够在自己的网站主页域名中，通过使用与知名商标相同或近似的商标文字部分作为域名或域名的一部分，引导消费者进入自己的购物网站链接，将会给自己带来潜在的经济收益。虽然消费者进入其主页后就会发现该经营者不是某知名商标的商标权人，但他还是可能基于各种因素考虑而在该主页上完成购买行为。仅仅通过吸引来的商标权人潜在消费者的购买量，对于一个刚刚起步的新公司来说也是一笔可观的收入。

显然，初始兴趣混淆情形下消费者在购买时并没有产生混淆认识，而是按照自己的真实意愿进行交易，基于此售中混淆理论的侵权行为并未发生。而行为人通过“销售转移”策略的实施，从而获得了本属于商标权人的潜在消费者，商标权人的潜在市场份额减少，商誉也会受到损害。

从发展趋势来看，消费者的注意力成为市场竞争关注的焦点，初始兴趣混淆有可能成为重要的竞争手段，初始兴趣混淆行为的规制对于商标权人商誉的维护至关重要。信息社会，既是信息极大丰富的时代，也是信息超载的时代，海量信息完全超出了人类信息处理能力的生理极限，在这种大背景下，吸引消费者有限的注意力自然变成经营者逐利目标实现过程中的关键词。商标的注册条件中有显著性的要求，从商业运营的角度看，显著性的作用就是为了吸引消费者有限的注意力。凝结在商标之上的商誉，一定程度上可以被看作消费者注意力的集合，消费者过往对贴附该商标的商品或服务以购买方式实现的认可，以及未来还将购买该商品或服务的预期，共同构成了商誉的全部内容。表面上看，初始兴趣混淆并没有让消费者在交易发生时陷入错误认识，但从该行为的实质目的来看，经营者就是为了通过使用他人的商标，利用他人的商誉，争夺潜在的客户。

商标作为一种商业标志，其功能在于将不同的经营者所提供的商品或者服务区别开来。[1] 然而,商标的基本功能包括哪些,一直未有定论,是区别、宣传、表彰还是质量保证?[2]本书认为,商标最主要的功能是识别功能和广告功能。从消极的、排除他人侵害的角度看,商标权人利益的维护就是保障商标基本功能的正常实现。由于对初始兴趣混淆行为的规制不能套用售中混淆理论,无法用《商标法》进行规制,虽然没有妨碍商标识别功能的发挥,但是该行为又确实让商标权人的商誉受到了影响,故而有必要对该行为进行规制,以有效保护商标权人的商誉,弥补《商标法》的制度漏洞,实现实质公平。因此,为更好地保护商标权人的商誉,有必要引入初始兴趣混淆制度,弥补以售中混淆理论为根基的《商标法》在规制层面的不足。

二、商标权人客户的流失

无论是在前互联网时代还是在互联网时代,初始兴趣混淆行为的发生都会对商标权人潜在客户造成一定影响,由于互联网时代的特殊性,这种客户的流失可能会更为明显。在前互联网时代,初始兴趣混淆行为大多存在于挂羊头卖狗肉的形式之中。例如,杂货铺门口摆了一个内有A品牌榨菜的招牌,路过的行人为了买A品牌榨菜就进入店内,而进入店内后发现没有A品牌榨菜,只有B品牌榨菜。出于B品牌榨菜也可以下饭又不愿意再去找A品牌榨菜,就购买了B品牌榨菜。品尝了之后,发现B品牌榨菜口味也不错,今后再购买榨菜时,可能就会延续对B品牌榨菜的购买。这样一来,B品牌榨菜就利用了A品牌榨菜商标的商誉,吸引了A品牌榨菜的潜在消费者,造成了A品牌榨菜的客户流失。如果杂货铺门口摆放的是B品牌榨菜的广告,消费者看到

[1] 参见张玉敏、张今等:《知识产权法》,中国人民大学出版社2009年版,第336页。
[2] 参见李雨峰主编:《侵害商标权判定标准研究》,知识产权出版社2016年版,第225页。

B 品牌的广告后，进行消费，并认为 B 品牌榨菜实际上比 A 品牌的榨菜更好，那么 B 品牌的行为就是正常的市场竞争行为，通过自己的努力和付出赢得了消费者的信赖，并且也增加了自己潜在的客户。在互联网时代，这样的初始兴趣混淆行为就更多了，特别是在关键词服务领域，即把他人的注册商标当成推销自己商品或服务的关键词的行为，是典型的初始兴趣混淆行为。行为人盗用他人商标的商誉，通过关键词服务把那些原本关注商标权人产品的客户带到行为人的销售页面中，吸引了商标权人的潜在客户，为自己的网站增加浏览量，即使商标权人潜在客户清楚地知道自己所浏览的网站或者销售页面不是商标权人的内容，但是由于其浏览网站，就有可能对网站销售的商品或服务产生初始兴趣。〔1〕这种行为不正当地获取了商标权人凝聚在其商标上的商誉，违背了市场公平竞争原则，必须予以制止。否则，将导致不劳而获的投机心理。〔2〕

从消费者行为学的角度来看，当消费者受到周遭环境的刺激时，会潜意识地进行选择，而具有识别功能的商标则会影响他们的选择。一般来说，对比是最能引起消费者注意的一种属性。广告制作者通常使用极端引人注意的设备来达到最大的对比，从而渗透进消费者感知的画面。如聪明的生产者或者经营者会精心设计自己产品的包装使之与众不同，吸引消费者最初的注意。〔3〕信息并不仅仅是封存于长时存储中被动等待唤起，相反，这些信息常常被不断组合和再组合，从而与众多已整合信息连接起来。事实上，很多研究人脑如何处理信息的专家将长时存储视为一个由很多信息节点（或是概念）和节点之间的信息链

〔1〕参见邓宏光：《商标混淆理论之新发展：初始兴趣混淆》，载《知识产权》2007 年第 3 期。

〔2〕参见李雨峰、芮松艳：《初始混淆理论在商标权纠纷中的应用》，载《人民司法》2011 年第 14 期。

〔3〕参见［美］利昂·G. 希夫曼等：《消费者行为学》，江林等译，中国人民大学出版社 2011 年版，第 148 ~ 149 页。

接构成的网络。当消费者个体获得某事物的更多信息时,便扩大了头脑中的相应记忆网络,甚至也扩大了搜寻额外增加信息的范围。通过某商品的广告代言人这一信息链接,可以使消费者记忆中的商品和商品名称信息被有效激活。产品信息的存储通常以品牌为基础,而消费者理解新信息的方式也与已有的信息组织方式相一致。消费者每年面对成千上万的新产品,是否会搜寻某些新产品的决定性因素,是这些新产品是否和他们头脑中已存储的产品信息相似。因此,消费者更倾向于记住那些有着熟悉品牌的新产品,并且花更多的时间获取关于以前熟悉品牌的信息。[1] 当某个商标的记忆网络被激活时,整个信息联结的框架便呈现于消费者的脑海中。换言之,外部品牌信息可以在短时间内将消费者的某个记忆节点激活,由此产生的信息会在消费者的认知网络中扩散开来,从而在消费者的大脑中呈现出某一品牌所代表的全部意义,这便是商标的识别功能发挥作用的生理过程。

在初始兴趣混淆的情形下,信息超载将使消费者陷入选择困难,商标的识别功能无法正常实现。在面临过多的待接收信息,也就是信息超载时,[2]对于消费者而言,从数量众多的分类广告中记住一个新品牌的产品信息是相当困难的。当消费者被要求在短时间内记住大量的信息时,会出现认知疲劳,这种信息超载的后果是让消费者的大脑陷入混乱状态,导致更少的购买决策,[3]识别功能无法正常实现。当初始兴趣混淆行为发生时,消费者即陷入了信息超载困境。虽然行为人通过使用与商标权人相同或近似的商标没有对消费者造成购买中的混淆,但是却会延迟甚至阻止该特定商标内涵在消费者头脑中被迅速激活。与

〔1〕 参见[美]利昂·G.希夫曼等:《消费者行为学》,江林等译,中国人民大学出版社2011年版,第186页。

〔2〕 这种状态又被称为信息超载(information overload)。

〔3〕 参见[美]利昂·G.希夫曼等:《消费者行为学》,江林等译,中国人民大学出版社2011年版,第186页。

此同时，信息超载导致消费者迟迟难以下达购买决定，使得商标的特有意义既难以被清晰地表达，又难以被准确地认知。在21世纪这个注意力经济时代，初始兴趣混淆造成商标之上的信息超载，延迟或阻止了潜在的交易行为，这一结果阻碍了商标识别功能的正常实现，商标权人的客户流失风险大大增加。

对于商标权人而言，放任初始兴趣混淆将会减弱其商标的显著性，特定标识与某种商品或服务间的一一对应关系被模糊、淡化，商标识别功能的实现受阻，自身的利益遭受实质性损害。从商标权人的角度来看，商标的识别功能主要在于让消费者更加便捷地对不同生产者的商品或服务进行辨别。相应地，如果对消费者购买前发生的混淆误认不加以规制，由消费者行为学理论可推知，商标的意义在于消费者头脑中被迅速激活的时间将大大延迟。[1] 初始兴趣混淆虽然不会导致消费者的售中混淆，但是仍然损害了商标权人在消费者心中所建立的与商品之间的唯一对应关系，久而久之，商标的识别性将会受到影响。一旦行为人实施了初始兴趣混淆行为，商标权人将会陷入多种竞争商标的包围之中，这样一来，按照前文所述消费行为学的理论分析，原本有特定意义的商标难以在消费者头脑中被迅速激活，陷入信息超载窘境的消费者势必会出现认知疲劳，商标识别功能的发挥将大打折扣。

在一些学者看来，初始兴趣混淆行为所产生的危害非常轻微，法律不用对其规制，这种观点是不正确的。该观点将竞争者与消费者之间的持续交易行为割裂为单个的行为，忽略了初始兴趣混淆给商标权人带来的持久的、潜在的损害。尽管消费者在最后购买之时已然能够明确区分商品或服务的来源，但由于初始兴趣混淆的发生，出现了更多的选择，会导致商标权人商标识别功能发挥作用的效果受损，从而减弱了

〔1〕 参见徐聪颖：《论"初始兴趣混淆"的法律规制》，载《时代法学》2010年第3期。

商标权人已经在潜在消费者心中所建立的一对一关系。故而,虽然潜在消费者只是对行为人的产品产生了初始兴趣,并没有发生实际购买的行为,但初始兴趣混淆行为仍对商标权人潜在利益有所影响。

第二节 降低消费者的搜索成本

商标可以承载消费者需要的商品或服务信息,并将其浓缩在一个精简的图像或者声音中,让消费者不用每次购买商品或服务时都重新收集相关信息,消费者可以通过商标便捷地识别不同商标商品的品质区别。故此,商标有降低消费者搜寻时间、节约购买成本的作用。如果行为人未经许可使用他人商标的行为导致消费者真正购买之前发生了混淆但购买之时又消除了混淆的情况,这就无法用售中混淆理论来解决,此时,适用初始兴趣混淆理论对行为进行规制就有其必要性,特别是在信息爆炸的算法推送时代,海量信息充斥,时刻影响着消费者的购物选择。海量信息虽然给消费者增加了选择的范围,但与此同时消费者的搜索成本也大幅度提高。算法推送时代,更有必要规制初始兴趣混淆行为。

一、算法推送的信息爆炸

算法推送在当下以及未来很长一段时间内都扮演着极其重要的角色。算法推送主要是指针对不同的使用者进行个性化的信息精准推送,即通过算法对用户行为及其关系进行综合分析,发掘用户的喜好,再通过信息整合的方式,将用户希望看到的信息发送给用户。[1] 算法

〔1〕 参见郝雨、李林霞:《算法推送:信息私人定制的"个性化"圈套》,载《新闻记者》2017 年第 2 期。

推送的核心是进行大数据收集，并精准地针对不同的用户来提供不同的内容，向用户精准推送其喜欢看到的内容，如抖音、快手、今日头条等App都涉及算法推送的内容。算法推送的大致流程是：通过收集和分析用户的行为数据，包括但不限于浏览记录、搜索记录、点赞、转发、评论等内容，再结合AI算法将一些用户可能感兴趣的内容推荐给特定用户，以提高用户黏度和获取更高的商业转化率。字节跳动的创始人张一鸣曾对算法推荐机制作出说明："当用户绑定微博登录后的5秒钟内，系统会为用户建立起一个DNA兴趣图谱。这个图谱类似于一个数学模型，主要根据用户SNS账号上的标签，以及用户的手机、位置、使用时间等数据提取而来。"[1]当下，字节跳动旗下的今日头条、抖音等产品都已经广泛地运用算法推送模式，而其竞争对手腾讯、快手、百度等也正在应用算法分发模式来实现定点推送。

从消费者感知的角度来说，算法推送符合消费者的认知习惯，方便消费者及时、高效获取自己感兴趣的信息。算法推送给消费者的，都是其感兴趣的信息内容，而且不需要任何多余的选择，只需要实时刷新，就会有源源不断的信息内容进入到消费者正在浏览的屏幕里，大大降低了消费者的信息获取成本。同时，算法推送的信息又是根据消费者兴趣进行精准的推荐，减少了消费者不关心的内容，提高了信息质量。在互联网时代，算法推送为消费者提供了一个高效便捷的信息获取方式。然而，信息爆炸的时代人们面对的选择越来越多，信息超载，也常常会使人无所适从。在这种情况下，个性化推荐便开始发挥技术优势。一方面，为了能够精准地为用户推荐信息，推荐引擎会通过搜集用户点赞、浏览时长等信息情况，建立单独的用户模型，以达到更好的推荐效果；另一方面，互联网平台通过收集大量的信息，再通过深度挖掘，智能

〔1〕张一鸣：《机器替代编辑？》，载《传媒评论》2014年第3期。

地分析出不同时间节点用户最关心的内容,再进行推送。[1]

在为消费者提供更多有效信息的同时,算法推送也可能被不当利用,成为部分市场主体实施初始兴趣混淆行为的工具。既然只是一个后台的算法,并且后台机器的记录一定比人还精准,那么算法推送就会不可避免地引出如下问题:如果消费者只是不小心点错,那么这种错误的选择也会被后台算法记录下来,然后根据消费者的错误信息进行推送,消费者将因自己的疏忽或专业知识欠缺而被迫接受根本不需要的海量信息。因此,在技术中立的幌子下,算法推送就成为一些人实施初始兴趣混淆行为以分流商标权人客户的重要手段。

算法推送最初的信息来源也是基于消费者的消费习惯。例如,在淘宝平台上搜索图书,淘宝就会根据算法推送推荐书架;在淘宝上搜索"添可"牌洗地机,会出现很多不同供货商提供的"添可"洗地机,但是同时也会出现其他品牌的洗地机或者非"添可"品牌的扫地机器人,并且会在推送该商品的图标的左下角标注一个很小的标识"广告",其价格明显低于该图片附近"添可"洗地机的单价,但只要消费者足够注意,不用点进图片链接即可发现该商品不是"添可"洗地机。而行为人通过购买包含他人商标的关键词等方式,就可以利用消费者对特定商标的检索行为,将消费者对"添可"洗地机的兴趣转移到自己的商品上来。此时,除非消费者有非常强烈的意愿要购买"添可"洗地机时才可能选择返回初始页面,否则就极有可能购买行为人的商品。

如果不对基于算法推送的初始兴趣混淆行为加以规制,消费者自身最终也将成为信息爆炸的牺牲品,无法享受算法推送带来的及时、高效获取信息的便利。消费者的消费行为不是一次性的,算法推送同样如此。如上,在消费者购买某种商品之后,淘宝又会推荐其他相似的但

[1] 参见张一鸣:《机器替代编辑?》,载《传媒评论》2014年第3期。

并非同一品牌的商品。我们假定消费者希望在淘宝上购买 A 商标的商品，在淘宝平台中输入 A 商标进行检索，淘宝会根据 A 商标的检索结果给消费者进行推送，展示检索结果，同时也会有贴附 B 商标的商品出现在检索结果中。由于算法推送，就会呈现一些与贴附 A 商标的商品相关的 B 品牌商品，但是消费者出于好奇的原因，点击了 B 商标的链接，进入贴附 B 商标的商品销售页面后，发现根本不是 A 品牌商品。但是消费者仍然对 B 品牌商品进行了浏览，可能还看了 B 品牌商品的其他相关商品。此时，隐藏在淘宝背后的算法就已经记录了消费者浏览 B 品牌商品的内容，并且还记录了消费者访问 B 品牌其他商品的内容。那么根据算法推算的原理，今后就会为消费者推送更多的 B 品牌的商品。如此一来，借助算法推送，B 品牌的经营者达到了初始兴趣混淆的目的，并通过算法的叠加而不断获得利益。因此，由于初始兴趣混淆的存在，算法推送还会为消费者提供源源不断的错误的商品信息，海量的信息增加了消费者的搜寻成本，最终让消费者购买时无所适从，无法做出有效的选择。

二、消费者搜索成本的降低

作为商品、服务与其生产、经营者的连接点，商标可以承载消费者所需要的商品或服务信息，并将其浓缩在一个精简的图像或者声音中，让消费者免去重复收集相关信息和斟酌判断购买决定之劳。因此，对于消费者而言，商标的出现可以减少其在商品检索上花费的时间，降低试错成本，避免混淆误认。各国的商标法之所以用混淆理论作为理论基础来建构整个规范体系，就是因为在出现实际混淆或混淆可能性的情况下，消费者已陷入错误认识，作出了不符合内心真实意愿的消费选择。从长期来看，个体基于错误认识而发生的购买行为是不可持续的。需要注意的是，各国商标法大都以售中混淆作为侵权判定的时间点，以实际混淆或混淆可能性的持续，作为结果上的要件，这种认定方式难以涵盖初始兴趣混淆行为。但是，如上文所述，初始兴趣混淆同样会增加消费者的搜寻成本、试错成本，使消费者陷入错误认识，损害到消费者的利益。因此，基于保护消费者利益的需要，立法与司法层面都应对初始兴趣混淆行为的规制予以回应。

（一）消费者的搜索成本

在对初始兴趣混淆行为规制所保护主体的侧重点问题上，也就是更侧重保护商标权人还是消费者利益的问题上，学界存在不同看法，而不同的主体站位，又会影响初始兴趣混淆法律规制的规范设计。有学者认为，初始兴趣混淆侧重于保护商标权人的利益，而不是消费者的利益，这从侧面反映了《商标法》保护的重心已经开始由消费者向商标权人发生转移。此种观点赖以成立的一个隐含前提条件是商标权人与消费者的利益可以而且应当分开，只有基于这种不同主体利益截然分离的理论预设，才能推导出商标保护中心发生偏移的结论。但关键的问题是，如果法律更加侧重保护商标权人的利益，那么消费者的利益又如何得到保障呢？李雨峰教授认为，在《商标法》上，消费者是保护的中心。[1] 邓宏光教授也认为，《商标法》关注的核心问题，不是商标权人是否受到损失，而是消费者的利益是否受到减损，而当商标权人的利益与消费者的利益发生冲突时，法律也应该优先保护消费者的利益。[2] 冯晓青教授则指出，各国《商标法》通常采用混淆可能性作为商标侵权的判定标准，实质上就是从保护消费者利益的视角来规定的。[3] 总之，学界尚无法达成一致意见。

---

〔1〕 参见李雨峰：《迷失的路——论搜索引擎服务商在商标法上的注意义务》，载《学术论坛》2009年第8期。

〔2〕 参见邓宏光：《论商标法的价值定位——兼论我国〈商标法〉第1条的修改》，载《法学论坛》2007年第6期。

〔3〕 参见冯晓青：《知识产权法利益平衡理论》，中国政法大学出版社2006年版，第354～355页。

从降低消费者搜索成本的角度来看，初始兴趣混淆行为的规制应当更侧重于对消费者利益的维护。就消费者搜索成本的控制而言，在日常生活中主要分为两种情形：第一种情形属于理想状态，消费者时间非常充足或者搜索成本较小，此时消费者基于理性的判断，理智地比较不同的商品后会作出合理选择；第二种情形则更为常见，消费者的需求与生产者、经营者供应信息存在比较突出的不对称现象，大部分消费者会把时间花在对比不同品牌商品的品质或者类似商品的品质及价格，通过货比三家的方式确保自己作出相对比较理智的选择，最终找到让其满意的商品。在解决信息不对称的问题上，初始兴趣混淆行为是一把双刃剑：一方面，初始兴趣混淆行为的实施会给消费者提供更多的信息，为消费者提供更多可以选择的商品或服务的内容；另一方面，选项的增多会增加消费者的选择成本，带来更多的信息不对称。毕竟，此前消费者计划购买的商品中只有 A、B 两种选择，而在初始兴趣混淆行为实施后，消费者面前又出现了 C、D 的选择。对于理性消费者而言，此前只需要比较 A、B 两种商品或服务，而现今需要比较 A、B、C、D 四种商品或服务，虽然消费者在正式购买中没有发生混淆，但无疑会额外增加他们的选择成本。

降低消费者的搜索成本与保障商标的识别功能是一体两面的关系。商标的价值，正如兰德斯与波斯纳所言，极大地减少了交流成本，节约了消费者的搜索成本，提高了市场效率。[1] 商标是简化认识过程的工具，识别能力正常发挥的同时，消费者的搜索成本也同步下降。因此，是否有利于减少消费者搜索成本也成为衡量商标制度合理与否的重要指标。初始兴趣混淆的法律规制可以降低消费者的搜寻成本。初

〔1〕 参见［美］威廉·M. 兰德斯、理查德·A. 波斯纳：《知识产权法的经济结构》，金海军译，北京大学出版社 2005 年版，第 215～217 页。

始兴趣混淆固然可以增加消费者选择商品或服务的机会，扩大其选择范围，但这种信息的增多，并不会必然带来有益的结果。相反，通过初始兴趣混淆增加的信息，大都不是消费者所需要的有效信息，“过多过滥的无用信息反而掩埋了真正有效的真实信息，直接增加了消费者的搜索成本”[1]。

有学者认为，就消费者的搜索成本而言，特别是在互联网环境领域，初始兴趣混淆其实际影响是比较小的。特别是当消费者在购买商品或服务之时，其花费的不仅仅是搜索该产品或服务的时间，还会考虑到购买之后存在的后续售后服务费用。如果搜寻成本的增加能够让消费者获取性价比非常高的商品或服务，仅从消费者权益来看，其自身利益并没有受损。因此初始兴趣混淆的产生，在一定程度上增加了消费者选择的权利，有益于消费者的利益。在互联网环境下，消费者的搜寻成本低到可以忽略不计，并且是在理性的判断下做出购买决定时，即便有初始兴趣混淆产生，从消费者的立场上看，可以将初始兴趣混淆行为视为为消费者提供了替代产品，确保消费者拥有更多元的选择，同时刺激同行业良性市场竞争，增加消费者的总体福利。[2]

然而，仅仅认为消费者的搜寻成本体现为费用成本，是比较片面的。除了费用成本，信息检索成本还包括选择过程中必然要付出的时间成本、精力成本，以及在选择完成后由选择逐渐衍生出来的售后维护成本等。例如，某消费者想要买一个挂烫机，在淘宝网站上输入某一特定商标的挂烫机信息后，会出来一系列挂烫机供其挑选。因页面显示的信息量相当有限，消费者的边际成本效用就会递增，他必须在短时间内完成所有信息的比对，最后选择一个自己满意度最高的挂烫机。在

[1] 邓宏光：《商标混淆理论之新发展：初始兴趣混淆》，载《知识产权》2007年第3期。

[2] 参见陈晓峰：《初始兴趣混淆分析在网络环境下的适用——从消费者权益保护的角度分析》，载《中华商标》2011年第8期。

这个选择的过程中,消费者如果有充足的时间,他会认为选择的过程是值得付出的搜索成本。如果搜索结果出来的是消费者意愿购买的某一特定品牌的挂烫机,点击进去却发现根本不是自己想要的产品,即刻退出后,再进下一个链接,发现仍然不是自己想要的品牌挂烫机,这种状况也是我们经常会碰到又不愿意发生的。此时,消费者就被众多的无效信息淹没了,真正想要看到的内容无法出现,消费者的搜索成本明显增加,利益受损。此外,如今比较火热的网络直播带货现象,就是通过主播帮助消费者选货,以量大作为谈判的筹码来压低价格,同时厂家直接销售给消费者,省去了中间差价,直播间的商品价格自然会便宜很多;同时通过主播的前期比较,降低了消费者自身的搜索成本,消费者基于对主播的信任,最终达成交易。消费者都希望通过较低的搜索成本买到自己想要的产品,然而在消费者购买商品前的选择阶段,产生的混淆会增加其搜索成本,这并不是消费所希望看到的。而在发生了初始兴趣混淆的场合,产生的初始兴趣混淆行为同样会对消费者搜寻成本产生一定的影响。

(二)初始兴趣混淆行为规制的经济学分析

从经济学的视角对消费者的搜索成本进行分析,也可以得出初始兴趣混淆行为的发生会增加消费者的搜索成本并损害商标权人利益的结论,有必要对初始兴趣混淆行为进行规制以保护消费者利益。本书借用波斯纳与兰德斯在对商标现象进行法律经济分析时所使用的一个经典模式,对消费者的搜寻成本进行简要分析。波斯纳与兰德斯二人将一个商品完整的价格定义为 π,其中包含了两层含义:一层是消费者实际需要花费的价格,定义为 P(Price);另一层是消费者想要购买该商品所花费的搜寻成本,定义为 H。H 受到商标的强度 T 和其他因素 γ、W 的影响,这样就得到一个公式:

$$\pi = P + H(T, \gamma, W)$$ [1]

该公式的文字表达为：π(总价值) = P(销售价格) + H(搜寻成本)(T,γ,W)(商标的强度、其他因素)。H 部分取决于公司通过其商标 T 向买方提供的信息。商标权人对其商标投入的开发和宣传的资源越多，该商标的强度就越高，也就是说，随着 T 值的增大，H 值就会减小。而由 T 产生的信息又可以分为两类：T1 类信息是使消费者得以确认商品来源的基础信息，T2 类信息是关于产品本身的信息。这两类信息均可以降低消费者的搜寻成本。γ 表示其他因素，具体包括广告支出、企业可用于生产的信息技术、竞争者的数量以及消费者的时间成本等，竞争者越多，就意味着消费者的搜寻成本越高，即 H 值的变动，除了受 T 值影响，还会受到 γ 值的影响。W 是指企业可以将其用作商标的文字与其他符号的可能性指数，W 与提供给消费者产品相关特征的商标是互动的。大多数情况下，W 将会很大，从而不会明显地影响到消费者的搜寻成本。

具体到本书的框架下，γ(其他因素)还可以代表潜在购买人的初始兴趣混淆。站在消费者的立场上，如果消费者购买特定品牌商品的意愿非常强烈，一旦出现了初始兴趣混淆，消费者将不可避免地接触到更多竞争者的产品，γ 值上升；若消费者坚持购买特定商品，他将耗费更多时间去查找自己真正需要的特定品牌商品或服务，时间成本大大增加，H 值随之上升，并进而增加了消费的总 π 值，其结果是不利于消费者的。如果消费者购买特定品牌商品的意愿并不强烈，出现初始兴趣混淆后，他极有可能选择购买让其产生初始兴趣混淆的商品，而不是原计划购买的特定品牌商品。此时，消费者的搜寻成本 H 值因替代商品的

〔1〕 参见[美]威廉·M. 兰德斯、理查德·A. 波斯纳：《知识产权法的经济结构》，金海军译，北京大学出版社 2005 年版，第 225～226 页。

迅速购买而降低，消费的总 π 值亦随之降低，这种结果是有利于消费者的，而这也恰恰是一些学者主张放任初始兴趣混淆行为的理由。但当我们从商标权人的视角来看待这种行为的结果，将得出完全相反的价值判断：商标权人的利益受到实质性的损害，制造初始兴趣混淆的行为人的获利不具有正当性。当消费者基于初始兴趣混淆而完成购买行为时，同业竞争者自身并没有投入大量广告宣传去降低自身商品或服务的 H 值，相反，通过使用他人的商标，同业竞争者利用了商标权人为宣传自身商品或服务而推出的广告宣传，间接降低了搜寻成本的 H 值，这种行为属于典型的“搭便车”行为，没有任何正当性可言。由于同业竞争者并没有投入大量宣传成本去降低自身产品或服务的 H 值，因此和商标权人能够达到的价格 π 值相比，他的 π 值更低。对于那些在品牌选择上要求更少的消费者而言，他们更愿意选择购买更便宜 π 值的商品。在初始兴趣混淆发生时，商标权人投入到降低 H 值的广告宣传成本就成了同业竞争者的“嫁衣”。

此外，从效用的角度来看，消费者通过行为人初始兴趣混淆行为转向购买行为人的产品所获得的效用，不一定会高于其购买商标权人的商品。因为，消费者如果由于行为人的行为对非商标权人的商品产生了初始兴趣混淆，在准备购买中发现非商标权人的商品较商标权人商品的效用更低，那么就会返回，重新去寻找最初所欲购买的产品，此种情况下，消费者的搜寻成本增加；而一旦发现非商标权人的商品较商标权人的效用更高，消费者很可能就会选择行为人的产品，直接购买，不再去搜寻原商标权人的商品，此种情况下消费者的搜寻成本就会降低。由此可知，初始兴趣混淆行为在互联网时代有着非常不同的意义，发生初始兴趣混淆，不一定会造成商标权人的交易机会下降，反而给消费者提供了更多的选择，而这不应该是商标法规制的范畴。当然，就个案来说，发生初始兴趣混淆后，返回原网页继续进行检索，其提高的检索成本几乎可以忽略不计，但是如果每次计划购买的商品都会发生初始兴趣混淆的现象，并且每次检索结果均不尽如人意，对于消费者来说每次检索结果都充斥着大量的无用信息，消费者就需要花更多的时间和精力去甄别，这种结果无疑对消费者有着非常严重的影响。因此，虽然初始兴趣混淆行为可能会增加消费者的选择，但同时也增加了消费者的搜寻成本，即使购买了初始兴趣混淆行为人的商品或服务，这种结果也不会提高消费者的效用。即便是在互联网领域便捷的检索条件之下，如果立法层面不禁止初始兴趣混淆行为，我们也无法有效降低消费者的搜寻成本，提升消费者购买商品或服务的效用。所以，从整体趋势上看，为提高消费者福利，应采取积极措施防止初始兴趣混淆行为的发生。

第三节　维护公平高效的市场经济秩序

市场经济的灵魂是自由竞争，为了维护公平、高效的市场经济秩序，所有在市场中的主体都应该诚信经营，与此同时，破坏市场经济秩序的不正当竞争行为都应受到相应的规制。初始兴趣混淆行为之所以应被规制，一个重要原因就是这种行为从本质上来说是一种未经许可借助他人商标商誉分流商标权人客户的不正当竞争行为，不利于构建一个公平、高效的市场经济秩序。

一、公平竞争秩序的维护

竞争是市场经济的内在要求，公平、诚信、有序、高效的竞争秩序是市场经济发展的重要保障。竞争行为本身具有双面性：市场主体既可能秉持良善之心，努力提高产品质量和生产效率，改善服务水平，兼顾个人获利与社会受益,也可能利字当先,为了个人私利不择手段,奉行丛林法则,在实现个人利益的过程中损害到其他同业竞争者和消费者的利益。因此,有必要通过法律手段对竞争行为本身进行规制,维护可持续健康发展的市场秩序。维护市场秩序的法律,包括但不限于以《商标法》为代表的私权保护之法和以《反不正当竞争法》为代表的行为规制之法。市场秩序,由市场竞争的参与者,通过反复的市场交易行为形成。所以,在判断某种行为对市场秩序的影响时,应当将一类主体的反复行为作为分析的对象,而不是单个主体的单次行为。本书之所以要强调这一点,是因为一些学者在分析初始兴趣混淆现象的过程中,不自觉地以单个主体的单次行为作为研究对象,得出了该种行为不构成侵权的结论。如果只是单个主体的单次行为,那么这种行为根本没有必要探讨,也不会因此形成任何不当的市场秩序。但是,初始兴趣混淆行为则不一样,它是诸多市场主体都可能会选择的经营策略。如果任由这种行为发生,商标权人的潜在客户就会被分流,市场主体的注意力将会集中在元标签、关键词的选择上,不再关注商品和服务质量,更不会为提升商标的显著性付出努力。换言之,放任初始兴趣混淆行为的结果,是逆向淘汰,劣币驱逐良币,公平、诚信的市场秩序将被破坏殆尽。

商标是商品经济的产物,服务于基于陌生人信任的远期交易。在商品上贴附标记,自古皆然,但以贴附标记来区分同类商品的不同提供者,则是工业革命以来的事情。在工业革命以前,人类的活动范围大都比较狭小,生产水平低下,在特定区域范围内,同类商品的生产、销售者数量非常有限,即便没有商标,本地人也可以作出有效区分。在这一阶段,商品交易多为面对面交易,生产者与消费者能够直接沟通,消费者也大都清楚知晓生产者的个人信息、原材料、生产工艺等,消费者基于对生产者本人的信任而购买。从总体上来看,这一阶段的交易是以熟人之间的信任为基础而发生的,是面对面的当时交易。工业革命以来,人类的活动范围变大，生产水平提升，同类商品的生产者大幅度增加。在这种背景下，商品开始在更大范围内流通，基于熟人信任的面对面交易逐步让位于基于陌生人信任的远期交易，而陌生人之间建立信任的工具，正是商标。同类商品的生产者众多，为有效区分彼此，他们开始选择在自己所生产的商品上贴附用于识别的标识，商标由此而生。生产者利用商标表明自己的身份，消费者依靠商标来区分不同的生产者。凭借商标与其承载的商誉，与生产者不在同一地理区域的消费者完成交易，这种信任对于市场的扩大和健康发展非常重要。也就是说，假如攀附商标商誉的不正当竞争行为，没有得到较好的控制，将会导致商标识别商品或服务来源的功能减损，同时也会造成市场主体降低创造性和维持高价值商标的积极性。

对初始兴趣混淆行为的规制，可以维护商标权人、同业竞争者和消费者之间的利益平衡，防止商标权人潜在客户的流失，同时降低了消费者的信息检索成本，奠定了公平竞争秩序。商标具有符号所共有的存储并传递信息、表达言论的功能，这一功能决定了商标有可能成为一种公共符号资源，不但商标权人需要使用其商标表明产源和相关商品信息，其他厂商、消费者和普通公众有时也需要借助于他人的商标向外界传递有关的信息，便利自己参与市场竞争或者表达言论。[1] 从表达自由的角度来看，其他生产经营者还可以通过描述性合理使用和指示性合理使用的方式使用他人的商标，只要他们在使用的过程中不发生消费者混淆的情况即可免除侵权责任的承担。这些使用商标的行为为消费者提供了更多的选择，激励同业竞争者，从根本上有利于市场自由竞争。反观初始兴趣混淆行为，这种行为不是为了描述性使用他人的商

〔1〕 参见姚鹤徽：《论商标保护、自由竞争与表达自由》，载《邵阳学院学报（社会科学版）》2015 年第 3 期。

标或者指示相关的内容，而是故意通过盗用他人商标的商誉来获取不正当利益，这种扰乱市场自由竞争秩序的行为不应得到鼓励，立法与司法层面应予以规制。

任由初始兴趣混淆行为的发生，还可能会阻碍商标权人品牌延伸，进而扰乱了公平竞争的市场秩序。随着商品种类不断增多，相类似的商品或服务也层出不穷，市场主体的商品或服务很容易被竞争对手复制或模仿，而商标就是品牌忠实消费者最后能抓住的识别工具，商标识别与广告功能的维护显得尤其重要。有研究表明，在新上市并成功抢占市场份额的商品中，有2/3的商品系原有品牌的延伸，而不是一个全新品牌。[1] 在我国，诸如华为、小米、美的等品牌，近年来均通过品牌延伸战略不断成功推出了许多新产品。如"小米"手机向"小米"智能家居的转向，就是通过利用"小米"手机潜在的商誉及其商标的显著性与识别性，进入了家居领域。再如，"美的"空调延伸到"美的"微波炉等，构成了一个庞大的"美的"商标产品体系。因此，用商标带动新商品，再进入市场竞争领域，已经成为一个常见的品牌营销战略。而初始兴趣混淆行为正是与品牌延伸相对立的行为，可以认为初始兴趣混淆行为是商标权人以外的主体在对品牌进行延伸开发利用。商标权人借助自己的商誉进行品牌延伸，是基于多年来生产经营、广告投放累积而来的商誉，而初始兴趣混淆行为的实施者，盗用的是他人多年积累的商誉，推广自己的商品，分流了商标权人的客户，损害了商标权人的合法利益，破坏了公平的市场竞争秩序，必须受到规制。

二、高效竞争秩序的维护

对初始兴趣混淆行为的法律规制，可以稳定市场秩序，激励市场主

---

〔1〕 参见周志民编著：《品牌管理》，南开大学出版社2008年版，第217～218页。

体诚信经营。现代社会是一个信息爆炸的社会，现代经济则发展成为注意力经济。通过使用他人的商标，同业竞争者故意使消费者产生初始兴趣混淆。虽然初始兴趣混淆不会必然导致后续交易的发生，但部分消费者会因为重新搜索的时间成本等问题，在对品牌忠诚度不足够高的情况下，作出购买相应商品的决定。同业竞争者没有计划留住所有被引流的消费者，在互联网时代，只要有很小比例的消费者最终选择购买商品，同业竞争者就可以获得巨额收益。毕竟，实施初始兴趣混淆行为的成本很低，只需要在元标签、关键词等设置他人商标的文字部分，就可以借助搜索引擎达到引流的目的，低成本高回报。但是，对于商标权人而言，如果单凭自己的力量来发现和禁止此类行为，几乎是不可能的。因此，有必要通过立法的方式实现对初始兴趣混淆的有效规制，打击实施初始兴趣混淆的“搭便车”者，鼓励商标权人持续、稳定提升商品质量。

需要注意的是，初始兴趣混淆行为的规制将保护的时间延伸到交易发生之前，部分商标的文字部分又存在指示性使用的可能性，无形中扩大了商标权的保护范围，因此，有必要对初始兴趣混淆的规范本身作出相应的限制。在现行《商标法》的框架下，商标的侵权判定以售中混淆为限，初始兴趣混淆行为不属于商标侵权行为。在立法者选择对初始兴趣混淆行为作出规制后，商标权人就可以制止他人未经许可的商标使用行为，哪怕该种使用行为最终没有引起消费者的混淆，这就在一定程度上扩大了商标权的保护范围。指示性使用是社会公众的行为自由，规定在我国《商标法》第 59 条第 1 款当中。[1] 如果商标权人的商标包含该条款所列举的信息内容，那么，同业竞争者在其元标签、关键词

〔1〕《商标法》第 59 条第 1 款规定：注册商标中含有的本商品的通用名称、图形、型号，或者直接表示商品的质量、主要原料、功能、用途、重量、数量及其他特点，或者含有的地名，注册商标专用权人无权禁止他人正当使用。

等中使用该商标文字部分的行为，并不构成真正意义上的初始兴趣混淆，我们根本无法确定消费者是因为混淆误认还是因为真实了解才进入相应店铺或主页。所以，有必要在规制初始兴趣混淆行为的同时，在法律规范中罗列各种例外情形，保障同业竞争者的行为自由。

对初始兴趣混淆行为的规制有助于形成高效、便捷的市场交易秩序。对于消费者而言，通过商标的识别功能来寻找满意的商品或者服务，这种途径的效率，远比随机尝试要高得多。而在发生初始兴趣混淆的情况下，商标指向的并不是消费者的目标商品或服务，消费者无法确知究竟哪个商标所指向的商品才是自己真正想要购买的，只能被迫耗费大量时间去做进一步的了解，而这种支出对于整个社会而言并不会带来任何意义上的好处。初始兴趣混淆导致商标的最主要功能——识别功能的发挥受到干扰和妨碍，交易效率将大大降低。通过规制初始兴趣混淆行为，消费者可以排除干扰，借助搜索引擎等迅速找到自己的目标商品，简化了决策流程，提升了经济效率。

随着科技的不断进步和工业制造水平的不断提升，商品的种类也不断地增多，消费者的选择自然就越来越丰富。然而，新时代的消费者和此前的消费者有着完全不同的体验与认知。在19世纪之前，交通不便，贮藏手段也非常有限，通常某一区域的消费者就只能买到自己生活区域范围内的商品，很难买到其他地方转运过来的商品，这种商品结构意味着消费者对自己所要购买的商品熟悉程度较高。而处于我们这个时代的消费者，可以轻轻松松进行跨国购物，通过互联网与其他国家、地区进行连接，这样一来，消费者对其所要购买的商品的熟悉程度就大大降低了。对于消费者而言，是否购买产品关键看其商标，如果在之前的交易活动中有了良好的体验，那么在后续购买的过程中，消费者就会对该商标产生依赖心理，信任该商标所指向的商品或服务。在这一过程中，商标也就演变为市场竞争的重要武器。与此同时，对新的品牌而言,为了使自己的新品牌成为消费者便于识别、有一定显著性的商业标识,需要大量的广告投入。越来越多的人意识到商标的经济价值,在短期效应的刺激下,未经许可使用他人商标引诱消费者关注自己销售的商品或服务就成为一些经营者的选择。初始兴趣混淆行为利用了消费者体验和认知转变的时代变化,利用他人商标转移了消费者的注意力,进而实现争夺市场的目的。规制初始兴趣混淆行为,是构建与完善公平、高效市场竞争秩序的理性选择。

第四章　初始兴趣混淆行为规制的模式

法律问题到最后都绕不开利益平衡的问题，在知识产权领域这一点尤为突出。初始兴趣混淆制度的研究亦不例外，法律规制的本质也是在平衡商标权人、竞争者、相关公众之间的利益。迄今为止，我国尚未在立法层面明确初始兴趣混淆的定性。在初始兴趣混淆行为法律规制的路径构想上，主要有三种思路：其一，以《民法典》“侵权责任”编的相关条文进行灵活处理；其二，在《商标法》中引入初始兴趣混淆，以专门法的方式予以规制；其三，以《反不正当竞争法》作为调整依据。显然，三种模式的优选涉及《商标法》与《反不正当竞争法》、《反不正当竞争法》与《民法典》“侵权责任”编的逻辑关系。本章则对初始兴趣混淆行为规制模式的选择进行梳理，明确真正适合的规制模式。

第一节　侵权法规制模式

毫无疑问，初始兴趣混淆行为可视为一种侵权行为，作为上位法的《民法典》，当然对该种行为具有适用力，初始兴趣混淆行为的规制也可以适用《民法典》"侵权责任"编。虽然《民法典》"侵权责任"编并没有明确规定初始兴趣混淆行为属于侵权行为，但我们可以通过解释适用相关条文的方式，对初始兴趣混淆行为进行一定程度的规制。

一、法律基础

《民法典》"总则"编第7条"诚实信用原则"条款是初始兴趣混淆行为规制的指导性原则。诚实信用原则又被称为民法领域中的帝王原则，对各种民事活动都有很强的指导意义。按照官方释义，"诚信原则要求所有民事主体在从事任何民事活动时，包括行使民事权利、履行民事义务、承担民事责任时，都应该秉持诚实、善意，信守自己的承诺"[1]。初始兴趣混淆行为违背了诚实信用原则对市场主体的要求。民事主体在与他人开展民事活动时应当以诚实信用作为自己行为的标准，应如实告知交易相对方自己的相关信息，不弄虚作假。初始兴趣混淆则是要借助他人商标的商誉，吸引商标权人潜在消费者到自己的店铺或主页，尽管消费者在进入店铺或主页后会发现区别，不至于因陷入混淆认识而完成交易，但购买行为的诱因，是同业竞争者用他人商标作了引人误导的宣传，这种不正当借用他人商标商誉的引流行为本身是不诚信的。因此，法院在个案裁判中，可以同业竞争者违背诚实信用原则为

〔1〕 黄薇主编：《中华人民共和国民法典释义(上)》，法律出版社2020年版，第23页。

由,对初始兴趣混淆予以否定的规范评价。

除《民法典》"总则"编第7条之外,第126条也为商标权人赖以主张的合法利益奠定了正当性基础和法律依据。考虑到立法者理性的有限,法典必须保留开放性条款,以便应对未来可能出现的新情况,立法者以第126条对民事权益作了兜底性规定:"民事主体享有法律规定的其他民事权利和利益"。[1] 作为兜底性规定,本条可以充当立法中未明确列举但又有保护必要性的合法利益的依据。商标权人的权利边界,止于核准注册的商标和核定使用的商品、服务,且以混淆可能性作为边界划定的辅助依据。由于我国《商标法》采用售中混淆理论,因此初始兴趣混淆未包含在《商标法》的保护范围中。然而,初始兴趣混淆行为是行为人不正当地盗用商标权人的商誉,很有可能让商标权人潜在消费者减少,从而导致商标权人的潜在利益有所减损。商标权人之所以可以在此种情形下进行维权,是因为商标权人针对其潜在的消费群体享有《民法典》"总则"编第126条意义上的民事利益。所谓民事利益是指未被法律明文规定或未被司法实践认定为一种权利,但也受到私法保护的利益。[2] 立法者对权利和利益提供了不同程度的保护,以便更好地协调行为自由与权益保护的关系。具体到初始兴趣混淆问题上,商标权人必须举证证明同业竞争者是以故意的主观内容实施了相应的混淆行为,这一点完全不同于商标侵权,对于后者,商标权人只需要证明侵权人未经许可实施了相应行为即可,无须就过错进行举证。

另在《民法典》"侵权责任"编中的相关规定可以为初始兴趣混淆行为提供请求权基础。尽管未能穷尽列举各种侵权行为,但"侵权责任"编仍为各种侵权行为的矫正提供了总体方案与具体的规制依据,自然

〔1〕 参见黄薇主编:《中华人民共和国民法典释义(上)》,法律出版社2020年版,第248页。
〔2〕 参见程啸:《侵权责任法教程》,中国人民大学出版社2020年版,第47页。

也就可以成为初始兴趣混淆行为的救济路径。具体而言,《民法典》第1165条过错责任的规定给出了侵权行为的一般条款,第1167条列举了所能适用的各种民事责任方式,第1194条至第1197条还就网络侵权行为的制止作出了特别规定,都可以适用于初始兴趣混淆行为规制。

二、规制理由

尽管《民法典》"侵权责任"编有众多的条文可以用于开放性解释,充当规制初始兴趣混淆行为的法律依据,但这种模式仍然存在一些不足,并且可能影响维权的效率与司法裁判的权威性。

第一,《民法典》"侵权责任"编未能对"利益"作出界定,也未能对"权利"和"利益"进行区分保护,这种规范设计可能使个案裁判的差异较大。在《民法典》的制定过程中,一些民法学者建言应借鉴《德国民法典》的规定,在"侵权责任"编部分体现权利和利益的区分保护。其实,早在原《侵权责任法》的制定过程中,就已经有学者提出相应建议了。但是,从原《侵权责任法》到《民法典》,区分保护始终没有被明确认可。在立法者看来,权利和利益的界限较为模糊,二者本身还会相互转换,故而统一规定,在保护程度和侵权构成要件上没有作区分。[1] 既然没有必要作区分保护,立法者也就没有在条文中对"利益"作出界定。实际上,"权利"和"利益"是有相对清晰的界限的,[2]二者的转换通常也要履行严格的程序,从外部观察就可以得知。[3] 相反,对"权利"和"利益"不作区分,在司法实践中进行统一标准的无差别保护,则可能引发

〔1〕 参见黄薇主编:《中华人民共和国民法典释义(下)》,法律出版社2020年版,第2232~2233页。

〔2〕 参见于飞:《侵权法中权利与利益的区分方法》,载《法学研究》2011年第4期。于飞指出,德国民法学中对权益区分提出了"归属效能""排除效能""社会典型公开性"三个教义学标准。

〔3〕 同一项技术发明,既可能作为商业秘密使用,属于《民法典》意义上的"利益",也可能去申请专利,属于《民法典》意义上的"权利",从"利益"到"权利",需要履行专利申请、审查、公告等程序,并非处于保密状态,完全可以推定理性人应当知晓这种转换。

争议。例如，在对所谓“祭奠权”“亲吻权”等“新兴权利”的保护中，法院的个案裁判差异较大，引发了学界对“新兴权利”本身的质疑和反思。对于侵害他人“权利”，特别是绝对权的行为，要求行为人承担损害赔偿责任时，并不需要证明对方的主观过错是故意还是过失，甚至在没有任何过错的情况下，造成损害的一方仍然要承担赔偿责任。而对于侵害他人“利益”的行为，要求行为人承担损害赔偿责任时，必须证明对方的主观过错。这一点，是立法者无法解决的现实困惑。具体到初始兴趣混淆行为的规制问题上，商标权人必须证明对方故意实施初始兴趣混淆行为才可能获得有效的救济，这一点在各国立法中已经成为通行规定。但是，由于我国《民法典》“侵权责任”编对“权利”和“利益”进行统一保护，对于初始兴趣混淆行为的损害赔偿是否要证明行为人的过错，我们无法从条文中得出明确的答案。此外，由于立法者未能明确界定“利益”，对于初始兴趣混淆所涉及的利益是否属于《民法典》上的“利益”，也需要法官在个案中认定，可能影响初始兴趣混淆行为规制的法律效果。

第二，《民法典》“侵权责任”编第 1167 条规定了危及他人人身、财产安全责任承担的方式，该条列举的何种责任方式可以适用于初始兴趣混淆行为的规制，责任承担时是否也无须证明行为人的过错，很难得出确切的答案。《民法典》第 179 条第 1 款中列举了 11 种民事责任方式，从条文中使用的“主要有”表述来看，该条中的列举并非穷尽式列举。从《民法典》第 1167 条表述来看，要求侵权人承担停止侵害等侵权责任时无须证明侵权人的过错。该条源自原《侵权责任法》第 21 条，《民法典》制定时未作任何修改，直接移用。可见，立法者对该条持肯定态度。但是，该条本来是针对各种绝对权的保护，为恢复绝对权的对世状态，推定行为人主观上有过错，因此不再规定应就主观过错提供证明。由于我国立法并未区分“权利”和“利益”，对于“危及他人财产”

"利益"安全的,被侵权人也有权按照该条寻求救济。如此一来,针对初始兴趣混淆行为来看,倘若商标权人按照该条的字面意思,在追究行为人停止侵害、消除危险责任时无须证明行为人的过错,则将获得极大的诉讼优势,但这种推论与司法实践中要求商标权人证明行为人主观过错的共识是不符的。如果要求证明行为人主观过错,又与该条相悖,同样难以处理。

第三,《民法典》"侵权责任"编第1197条"红旗规则"的具体内容偏少,网络服务提供者是否需要就网络用户在元标签、关键词中使用他人商标承担责任,尚缺少进一步的规定。初始兴趣混淆在互联网时代引发各国关注,其中一个重要原因就是搜索引擎的应用。搜索引擎公司属于网络服务提供者,在提供网络搜索服务的过程中,对网络用户在元标签、关键词使用上,是有认知可能的。因此,提供搜索服务的网络服务提供者,就可能依据《民法典》第1197条承担相应的责任。如果搜索服务提供者没有对搜索结果进行任何的技术调整,根据《民法典》第1194条至第1196条所确立的"通知——删除——反通知——恢复"规则,只要履行了法定手续,就不需要对搜索结果中可能出现的侵权结果承担任何责任,这是技术中立原则的具体体现。但是,如果搜索服务提供者对搜索结果本身有明确的预见,或者通过竞价排名等方式对搜索结果进行了人为的调整,那么它可能需要承担连带责任,无法以技术中立原则所衍生的"红旗规则"来免去责任的追究。遗憾的是,《民法典》第1197条内容简单,何种情形构成"明知",何种情形构成"应当知道",都只能依赖法官在个案中解释。如此一来,依据《民法典》第1197条规制初始兴趣混淆行为的路径,就会赋予法官很大的自由裁量权。不仅如此,当法官将《民法典》第1197条作为法律依据进行裁判时,很可能会倾向于以一般民事侵权行为中的"明知"和"应当知道"作为参考。然而,初始兴趣混淆中的双方当事人,是存在竞争关系的市场主体,在注意力水平和专业知识储备上不同于普通民事主体。搜索服务提供者的角色也比较特殊,一方面它具备技术、资金、信息等方面的优势,另一方面它又面临海量的信息需要及时处理。所以,对于存在市场竞争关系同时又处于一个完整产业链中的三方主体,其利益冲突的解决需要引入在理念和规范设计上更为接近的《反不正当竞争法》。

第二节　商标法规制模式

如前文所述,初始兴趣混淆与传统混淆最大的差别是发生混淆的时间点不同:前者发生于购买前,购买行为发生时混淆认识已经被消除;后者发生于购买活动中,混淆认识持续到购买行为终结。初始兴趣混淆理论不完全等同于传统商标混淆理论,从《商标法》的立法目的及其所保护的客体来看,多数学者认为其基础理论建立在传统商标侵权理论基础之上,而仅仅从给商标权人造成的伤害来看,二者之间只有程度上的差别而无实质上的差别,并且都会给商标和商标权人带来伤害。因此支持初始兴趣混淆行为纳入《商标法》规制,有一定的合理性。

一、法律基础

《商标法》的立法目的及其价值定位是《商标法》的精神和灵魂,所有具体制度都是立法目的和价值定位的具化,与之相违背的规范设计理应被摒弃。我国《商标法》第1条规定的三个立法目的中,"加强商标管理"是计划经济的产物,虽《商标法》历经多次修改仍被保留,但该表述并不具备指导意义。因此,保护商标专用权和保障消费者利益就成为指导商标立法的根本准则。商标立法应当在保护商标权人利益和保障消费者利益二者之间寻求一个平衡点,既要促进商标权人商品或服务的发展进步,又要让消费者能够买到价廉物美的商品或服务。为确保这一目的实现,我国《商标法》正式明确了混淆可能性作为商标侵权的判断标准。[1]

回顾历史,“混淆”一词正式在我国《商标法》上出现是 2001 年。[2]但是,仔细分析不难发现,“混淆”的位置并不是在判断商标侵权的条文当中,而是出现在禁止使用复制、摹仿或翻译他人的驰名商标中关于禁止注册的规定中。这种安排意味着混淆理论还没有被普遍认可,而只是作为处理驰名商标特别保护的特设理论发挥作用。之所以在 2001 年《商标法》中难觅“混淆”的踪迹,究其根本,是因为在当时的立法理念中,商标保护等同于符号保护,选择性忽视了商标使用的价值,更偏重于行政机关注册的法律效力。2013 年《商标法》第三次修改的一大变化,就是引入混淆理论,将实际混淆或有混淆可能性作为判定商标侵权的构成要件。此时,商标保护不再是简单化的符号保护,商标在实际使用过程中留给消费者的印象至关重要。

2019 年《商标法》第 57 条规定有成为规制初始兴趣混淆行为之法律依据的可能。单从条文的具体表述来看,立法者并未将商标混淆局限在销售时,这也就为法官行使自由裁量权留下了足够多的解释空间。虽然《商标法》中没有明确规定初始兴趣混淆行为构成侵权,但在此情况下,把该条款解释为《商标法》中的侵权行为包含了初始兴趣混淆行为似乎具有一定的合理性。

---

〔1〕 参见张今:《商标法第三次修改的几个重大问题解读》,载《中华商标》2013 年第 11 期。

〔2〕 2001 年《商标法》第 13 条规定:“就相同或者类似商品申请注册的商标是复制、摹仿或者翻译他人未在中国注册的驰名商标,容易导致混淆的,不予注册并禁止使用。”

二、规制理由

支持初始兴趣混淆行为适用《商标法》规制的第一个理由，是这种行为不正当地利用了商标权人的商誉。"搭便车"理论认为《商标法》的立法目的在于保护商标权人的商誉。如兰德斯与波斯纳所言，对《商标法》最好的解释建立在法律总是试图促进经济效率这一基本假设之上。商标对效率的促进主要表现为降低消费者搜寻成本和激励企业提高商品质量这两个方面。[1] 对于商标权人来说，商誉是其在市场上生存和发展的基本要素。保护凝结在商标之上的商誉，才能创造出价值，促使商标权人积极维持和促进提高其产品品质和服务质量。从发生混淆的时间点来看，初始兴趣混淆与传统混淆的最大区别在于消费者产生混淆的时间不同。初始兴趣混淆发生在消费者购买之前的选择阶段，在实际购买时已经消除了混淆；传统混淆定义的时间点是消费者购买时发生的混淆。前述"戈特里安钢琴案"中，法院就指出可诉的售中混淆并不存在，初始兴趣混淆的问题在于后使用者的"搭便车"，而不是对消费者的损害。而在"布鲁克菲尔德案"中，法院也认为仅仅是初始的消费者混淆并没有改变搭别人商誉便车的事实。初始兴趣混淆是典型的"搭便车"行为，未经许可使用了他人的商标，销售的却是自己的商品或服务，减少了商标权人潜在的购买者的数量，属于商标侵权，应由《商标法》规制。

但是，初始兴趣混淆行为无法被归入《商标法》所列举的侵权行为。第一，竞争者并非在区别意义上利用商标。同业竞争者仅仅是利用他人的商标做宣传，以商标做销售诱饵，性质上接近于虚假指示广告，在

〔1〕 See William M. Landes & Richard A. Posner: *Trademark Law: An Economic Perspective*, *Journal of Law & Economics*, Vol. 30, No. 2, p. 265 - 309 (1987).

产生初始兴趣混淆的情况下,竞争者的目的是通过虚假广告引起潜在消费者的注意。相比商标侵权行为,将初始兴趣混淆行为定性为广告欺诈行为更为妥当。而对于商标权人来说,由于潜在消费者在最终作出购买决定时能够清晰地分辨出其所欲购买的商品或服务的真实来源,商标权人的商誉并没有因初始兴趣混淆而有所减损,自然不能归类为商标侵权行为。第二,竞争者并非以追求消费者的混淆误认为目的。在进入同业竞争者的购物场景后,他们会用明白无误的方式提醒消费者,自己所提供的商品和商标权人的商品之间存在区别。典型商标侵权行为的成立,只需要满足两个要件:行为人实施了使消费者产生混淆误认的行为,消费者产生实际混淆或有混淆的可能性。也就是说,在商标侵权行为的认定中,不需要考虑行为人使用商标的主观状态。但在初始兴趣混淆场合,判定其行为是否为初始兴趣混淆行为,需要看竞争者是否存在欺诈的故意。也就是说,行为的定性必须参照行为人利用商标的主观状态,这一点有明显不同。再者,行为人的故意内容并非是使消费者发生最终的混淆误认,而是试图借助商标权人的商标声誉来引诱消费者看到自己的产品。因此,尽管商誉对商标权的确立和保护意义重大,但我们不能就此认为商标是商誉的附庸。

支持初始兴趣混淆行为适用《商标法》规制的第二个理由,是这种行为增加了消费者的搜寻成本。[1] 节约消费者搜寻成本理论认为,对于消费者而言,商标保护能够确保商标功能的正常发挥,方便消费者认牌购物,降低消费者的搜寻成本。支持者认为,减少消费者搜索成本是商标最基本的功能之一,因此,尽管初始兴趣混淆只是消费者在购物之前发生的短暂的混淆形态,但也会增加消费者购物的搜寻成本,本质上依然是导致消费者混淆的行为。而如果将规制混淆的时间点从售中提

〔1〕 参见邓宏光:《商标混淆理论之新发展:初始兴趣混淆》,载《知识产权》2007 年第 3 期。

前至消费者购买决定作出之前,就可有效地避免消费者在购买前发生混淆,降低消费者的搜索成本。

但是,本书认为消费者搜寻成本的增加,并不会必然导致消费者利益受损。首先,判断一个行为是不是商标侵权行为,消费者购物时成本增加与否不应作为一个决定性的因素。相反,利用他人商标的行为如何定性,是由行为人的目的决定的。我们需要具体考察行为人的目的,是企图利用该商标来达到混淆消费者视听并作出错误决定,从而侵占商标权人的市场,还是仅仅将该商标作为一种广告工具,以欺诈的手段将消费者引入一个对行为人有利的场景,便利其销售自己的商品。很显然,行为人实施初始兴趣混淆行为的目的属于后者,经营者利用他人的商标声誉,将他人商标作为广告工具以引诱消费者,目的是促成自己商品的销售。在整个初始兴趣混淆引起的销售过程中,行为人都没有销售贴附他人商标商品的真实意愿,该混淆最终服务于销售自己商品的目的。其次,从消费者的角度看,该行为不但没有使消费者在实际购买时发生混淆,而且让消费者走向了一个更加多元化的商品市场,扩大了商品的选择范围,消费者可以选择性价比更高的可替代商品或服务。尤其需要注意的是,随着互联网的不断发展,网页搜索引擎精准度也在不断提高,检索更为便捷,网络用户随时可以通过点击返回按钮回到上一个页面,这从技术层面上大大降低了消费者的搜寻成本。从另一个方面来看,初始兴趣混淆不但没有明显增加搜寻成本,反而还为消费者提供了选购可替代商品的商业机会,促进了消费者福利的提高。最后,初始兴趣混淆发生时消费者是在一个完全自主的状态下进行选择,最后决定购买何种商品或服务取决于消费者自己的主观判断,而消费者自身的感受是判断其利益是否受损的主要标准。竞争者的商品被消费者选购的原因,是消费者对竞争者商品的喜爱,竞争者自己品牌的商誉促成了商品的销售。因此,对于互联网环境下发生的初始兴趣混淆纠纷,法院应多考虑竞争者利益与市场竞争机能所附着的公共利益,不应贸然将初始兴趣混淆行为归入商标混淆领域而定性为侵权,以免过度扩张商标权的保护范围。本书认为,应将初始兴趣混淆行为归类为广告欺诈行为,通过《反不正当竞争法》加以规制,[1]这样有利于《商标法》向纯洁化发展。[2]

支持初始兴趣混淆行为适用《商标法》规制的第三个理由,是初始兴趣混淆行为会造成消费者的认识混淆,减损商标权人商标的识别功能。初始兴趣混淆与传统的售中混淆不同之处在于,消费者只是对行为人的产品产生了初始的兴趣,但是并没有对产品产生来源识别的混淆,初始兴趣混淆行为仍然会对商标权人商标商誉产生减损的效果。对于这一点,前文已经通过消费者行为学的理论进行了分析论证。一个效果好的商标,可以通过带给消费者视觉上冲击力,将商标符号与产品信息有效地链接,增强消费者的记忆检索效果,留给消费者深刻的印象。在"注意力经济"时代,初始兴趣混淆行为将会对商标权人商标的显著性和知名度产生一定的负面影响。有鉴于此,初始兴趣混淆理当被纳入《商标法》的规制范围。此外,商标识别功能的发挥是连续性的,它不仅在购物时起作用,而且在购物之前和购物之后同样发挥作用。同时还应对商标识别功能在购物时点之外所受到的不利影响进行更加全面的考虑,统一纳入《商标法》中规制更为合理。

然而,本书认为,初始兴趣混淆必然会导致商标权人商标的识别功能减损的观点,实际上是对初始兴趣混淆行为定位认识不清晰的一种体现。初始兴趣混淆不是传统商标侵权上的混淆,更谈不上是传统意义上混淆的延伸。传统的商标侵权行为必须以消费者在购买商品时发

---

〔1〕 参见魏森:《商标侵权认定标准研究》,中国社会科学出版社2008年版,第74~75页。

〔2〕 参见黄汇:《售前混淆之批判和售后混淆之证成——兼谈我国〈商标法〉的第三次修改》,载《电子知识产权》2008年第6期。

生了实际的混淆或有混淆的可能性作为判断的依据，但在初始兴趣混淆中，消费者不但没有实际混淆，就连发生混淆的可能性都不存在。初始兴趣混淆的特点就在于，经营者是将与他人的商标，尤其是知名商标相同或近似的商标作为“幌子”，来引诱消费者进入其店铺或主页，以便了解和知悉自己商品的状态。而当消费者进入其店铺或主页之后，对商标权人的商品和竞争者的商品是有明确区分和认识的。也就是说，在发生初始兴趣混淆的场合，消费者并没有对商标权人的商品和竞争者的商品发生混淆误认，因而商标权人商标的识别功能也没有受到减损。换句话说，行为人是借用他人商标的影响力和识别性，诱导商标权人的潜在消费者关注行为人自己的产品或服务，在这个过程中，商标权人商标的识别功能充分发挥了其作用，潜在消费者正是由于识别功能的发挥才看到了行为人的商品，所以商标权人商标的识别功能并没有发生减损。此外，消费者如果认为产品并非其所欲购买，他们完全可以离开该购买场景，重新去搜寻商标权人的产品。也就是说，在进入竞争者的购物环境时，消费者是在一个完全知情的状态下来选购商品的，究竟是否购买竞争者的商品完全基于自己的理性判断，购买决定不受商标识别功能的必然影响。

《商标法》上预留的空间并不能成为初始兴趣混淆行为应受《商标法》规制的理由。事实上，《商标法》中所规定的“混淆”，仅限于消费者对“产品来源”的误认，即通过使用相同或相似商标，使消费者陷入错误认识，误以为是商标权人的商品或服务而购买，且发生混淆的时间是在消费者购买商品或服务的过程中，并不是该时间节点之前。从《商标法》第57条第2项的文字表述来看，混淆要件还仅仅局限于“同一种商品上使用与其注册商标近似的商标，或者在类似商品上使用与其注册商标相同或者近似的商标”。也就是说，如果商标不存在相同或近似的情况，就不会再考虑后一“容易导致混淆的”要件。这就把初始兴趣混淆涉及的一部分利益冲突情形排除在外。[1] 因此,仅仅看到《商标法》引入了"混淆"要件,就认为混淆可能性会发生向前、向后的扩张,进而得出初始兴趣混淆和售后混淆当然归属于《商标法》规制的结论,无疑是片面的。

总而言之,上述支持以《商标法》规制初始兴趣混淆行为的各项理由,都经不起仔细推敲。初始兴趣混淆行为因发生在消费者实际购买之前,并且没有让消费者产生来源混淆,对商标的来源识别功能并没有减损,所以并不是《商标法》中的混淆,不能适用混淆可能性标准进行判定。

第三节 反不正当竞争法规制模式

在我国,《反不正当竞争法》脱胎于民法中的侵权法部分,是侵权法的特别法。因此,凡是《反不正当竞争法》明确规定的行为,都应当以《反不正当竞争法》为依据进行调整,侵权法无须介入;对于那些侵权法未作明确列举,而行为又具有不正当竞争性质的,应以《反不正当竞争法》实施救济。初始兴趣混淆即带有不正当竞争性质,由上文分析可知初始兴趣混淆行为在适用我国《民法典》"侵权责任"编时遭遇种种困难,同时也不能纳入《商标法》进行规制。《反不正当竞争法》作为对不正当竞争行为专门规制的法律,此种情况下,我们更有理由以《反不正当竞争法》规制初始兴趣混淆行为。

---

〔1〕 参见金玉利:《初始兴趣混淆理论在电商关键词搜索侵权判定中的运用——"Multi Time Machine, Inc. v. Amazon. com, Inc. ; Amazon Services, LLC"案评析》,载《郑州轻工业学院学报(社会科学版)》2015年第6期。

一、法律基础

从历史渊源来看，《反不正当竞争法》是民法的特别法，但它只保护未上升为权利的法益，[1]也就是《民法典》框架下的“利益”。19 世纪中叶的法国，为禁止不正当竞争行为，法院在司法中援用《法国民法典》第 1382 条以制止不正当竞争行为。该条条文规定“任何行为使他人受损害时，因自己的过失而致行为发生之人对该人负赔偿责任”。这一说法不仅开启了反不正当竞争制度的先河，而且形成了法国反不正当竞争法独特的历史传统，并进一步引发了全球性的反不正当竞争法律制度的确立。[2] 同样是大陆法系代表国家的德国，遵循了实质相同的逻辑，但在立法层面比法国走得更远。德国有成文的《反不正当竞争法》，其中的一般条款和德国《民法典》第 826 条有着非常明显的内在关联和法条继承关系。1896 年德国制定《不正当竞争防止法》时未出现一般条款，立法通过后，对于那些立法者未曾预见到的新型不正当竞争行为，法院只能向德国《民法典》第 826 条，也就是侵权行为法一般条款求助。长期求助的结果，是 1909 年修法后增加一般条款，并在其中使用了与德国《民法典》第 826 条相同的“善良风俗”的表述。德法两国关于不正当竞争行为的规定，都与各自的民法典有着极为密切的联系，是侵权行为法的特别法。

以《反不正当竞争法》规制商标的使用行为，可以溯源到 1900 年对《巴黎公约》的修订。该次修订增加了反不正当竞争的内容，第 10 条之 2 款规定：“不正当竞争是指在工商业活动中违反诚实惯例的任何竞争行为。”这一界定得到了各国的广泛认可，已经成为不正当竞争的通行

〔1〕 参见孙山：《法益保护说视角下知识产权法的概念还原与体系整合》，载《浙江学刊》2021 年第 4 期。
〔2〕 参见刘春田：《司法对〈反不正当竞争法〉的补充和整合》，载《法律适用》2005 年第 4 期。

定义。[1] 从我国《反不正当竞争法》第 2 条中规定的经营者应当遵循的原则和对不正当竞争行为的定义中都能看出,我国《反不正当竞争法》充分吸收了《巴黎公约》对反不正当竞争规定的精神。[2] 2019 年《商标法》第 58 条也明确提出,将他人的注册商标或未注册商标作为企业名称中的字号使用,误导公众构成不正当竞争行为的,应该适用《反不正当竞争法》。也就是说,《反不正当竞争法》只对各专门法未作规定但又符合各专门法立法精神的知识产权客体进行补充性保护,而不是但凡专门法未作规定的知识产权客体都要一概予以保护。

法官可以直接援引我国《反不正当竞争法》第 6 条第 4 项,规制初始兴趣混淆行为。该条规定:"经营者不得实施下列混淆行为,引人误认为是他人商品或者与他人存在特定联系:……(四)其他足以引人误认为是他人商品或者与他人存在特定联系的混淆行为。"顾名思义,初始兴趣混淆当然是混淆行为,而初始兴趣混淆之所以发生,是因为在初始阶段利用了他人的商标,使消费者产生了错误认识,误认为是自己所认可的商标权人,只不过在进入店铺或网站主页后,混淆认识消除。我国《商标法》以售中混淆作为侵权判定的标准,初始兴趣混淆很难在其中找到规制的依据。《反不正当竞争法》则有所不同,从条文中我们无法推断出是否仅限于售中混淆。所以,法官可以行使自由裁量权,将初始兴趣混淆行为归为"其他足以引人误认为是他人商品或者与他人存在特定联系的混淆行为"。

我国《反不正当竞争法》第 2 条第 1 款和第 2 款,也可以充当规制初始兴趣混淆行为的法律依据。如前所析,初始兴趣混淆扰乱了诚实信用的市场秩序,而诚信原则又是《反不正当竞争法》第 2 条所确立的

[1] 参见孔祥俊、武建英、刘泽宇编著:《反不正当竞争法实用问答》,知识产权出版社 2006 年版,第 13 页。

[2] Paris Convention for the Protection of Industrial Property(1979).

基本原则之一。因此,在缺少具体规定的情况下,法官可以依据该条作出裁判。

二、规制理由

需要特别澄清的是,如前文所述初始兴趣混淆行为并非都是商标侵权行为。[1] 商标是商誉重要载体的看法几乎没有争议,学界普遍认同"商标不过是影子,商誉才真正是实体","商誉涵盖了吸引消费者重复购买该商品的一切原因,因此,它才是需要法律保护的财产"。[2] 但是,由于商标初始兴趣混淆行为盗用了商标权人的商誉,而《商标法》所规制的损害行为应当是高度类型化、具有统一的侵权判断标准和识别体系的侵权行为,其中并没有明确规定初始兴趣混淆行为,从初始兴趣混淆行为的结果、手段和目的来看,初始兴趣混淆行为与商标侵权行为相去甚远,应归类为不正当竞争行为。

欧盟法院正在逐步接纳并认可初始兴趣混淆理论,但是相对于美国司法判例中的态度,欧盟法院的判决还趋于保守。一方面是因为欧盟属于一个联合体,各成员国均有自己的《商标法》,虽然在宗旨与体例上基本一致,但法律文化与社会因素仍导致对初始兴趣混淆理论的适用上存在偏差。另一方面,欧盟法院在对《欧洲共同体商标指令》第 5 条第 1 款以及《欧盟商标条例》(2017)第 10 条的引用仍局限于条文本身的含义而没有进行延伸。[3] 欧洲法院倾向于扩大原本传统混淆可能性的适用范围,以消费者实际购买时为衡量中心,通过法官解释的方式

---

〔1〕 参见黄汇:《售前混淆之批判和售后混淆之证成——兼谈我国〈商标法〉的第三次修改》,载《电子知识产权》2008 年第 6 期。

〔2〕 See J. Story, *Law of Partnership*, § 99 (1941). 转引自黄汇:《售前混淆之批判和售后混淆之证成——兼谈我国〈商标法〉的第三次修改》,载《电子知识产权》2008 年第 6 期。

〔3〕 See Directive 2008/95/ EC 'TMD 2008' Article 5; Regulation (EU) 2017/ 1001 'EUTMR' Article 10.

将商标识别来源的功能内核进一步扩大为防止来源商品信息的混淆。法院在判断某个行为是否属于初始兴趣混淆行为时,仍然要考虑消费者是否产生混淆,但并不局限消费者对商品来源产生混淆。但是随着时间的推移,欧盟法院对混淆可能性的适用尺度正在逐渐变得更加宽泛。欧盟法院对混淆可能性的要求不再限制于"指示商品来源",如果行为人的商标使用行为减损了"质量保证、信息传递、投资或营销"等商标的其他功能,也可以认定其行为已经构成混淆,一旦商标的功能受到行为人的干扰,即使该功能并非商标的核心功能,都可能导致侵权结果的发生。特别是2015年修订后的《欧盟商标条例》,[1]可以看出其增加了商标预备侵权行为的禁止,增加了商标商誉的保护,这些都似乎为初始兴趣混淆行为纳入欧盟《商标法》提供了《商标法》上的依据。立法者的思路与此前司法实践中法官的观点不完全一致,欧盟法院在一系列案件中确立了关键词广告类的初始兴趣混淆行为为"搭便车"的不正当竞争行为,但是立法者似乎更愿意通过扩大《欧盟商标条例》的保护范围,将侵犯商誉的行为纳入其中,即该行为可认定为商标侵权行为。本书认为欧盟在对商标侵权所做的一些调整并不值得借鉴。

与我国类似,欧盟的《商标法》与《反不正当竞争法》自成体系,存在独立的法律文本,那么是否意味着我国应当借鉴欧盟修法经验,扩大混淆可能性的范围,将商标所有的功能都纳入作为认定商标性使用的前提,并用《商标法》规制初始兴趣混淆行为?本书认为,此种路径并不可取。虽然拓宽《商标法》所保护的功能是欧盟法院的司法智慧,可以在一定程度上规制初始兴趣混淆,阻却不正当利用权利人商誉的"搭便车"行为,但其对混淆可能性的过度扩张实际上与传统《商标法》的价值

---

〔1〕 Regulation (EU) 2015/2424 Article 9a 新增了商标预备侵权行为的禁止,Regulation (EU) 2017/1001 Article 10 则保留了《欧盟商标条例》(2015)第9条第1款的修订,固化了商标预备侵权行为禁止在制度上的延续。

相悖,《商标法》成立的初衷在于保护商誉以及商誉上附着的利益,[1]而保护商誉就是防止消费者对商品来源产生混淆或者误认,如果将商标功能扩展到广告功能甚至是信息传递功能,实际上就认可《商标法》保护的价值内核已经发生了转变,这会对《商标法》体系造成根本性冲击。当混淆可能性超越指示商品来源这一价值基础之后,法律可能不受控制的被商标权人等主体所左右,"《商标法》已经变为了商标权人的同谋者(Accomplice),它使商业价值占据了我们文化的中心位置"[2]。因此,有学者指出,"商标权的扩张性架构排斥第三者使用他们自己的商标,即便该商标只与商标权人的商标有少许相似。它阻碍合法的竞争,阻止合法的使用商标进行的自由言论"[3]。由于欧盟立法与司法对初始兴趣混淆行为存在认识上的区别,故对欧盟经验的借鉴,应取其精华去其糟粕。有鉴于此,欧盟司法实践中欧盟法院的做法,即将初始兴趣混淆行为认定为不正当竞争的"搭便车"行为,值得借鉴;但是欧盟立法者将商誉纳入商标法管理的范畴,这是不合时宜的,并不利于初始兴趣混淆行为的保护,应摒弃。

不只是欧盟商标法与反不正当竞争法的关系处于剪不断理还乱的状态,其他国家也存在这种情况,而初始兴趣混淆行为规制中因涉及"混淆"和消费者利益的保护,规制模式的选择尤为复杂。本书认为,初始兴趣混淆行为应由《反不正当竞争法》规制的理由有如下三点。

第一,从行为结果来看,初始兴趣混淆并不会导致实际混淆或有混淆可能性,无法以《商标法》第57条所采纳的售中混淆理论完成侵权行为的定性,而是属于《反不正当竞争法》第6条第4项中的"混淆行为",

---

〔1〕 参见宋建宝:《论商标权的本质及其异化》,载《知识产权》2011年第1期。

〔2〕 See Katya Assaf, *The Dilution of Culture and the Law of Trademarks*, IDEA: The Intellectual Property Law Review, Vol. 49, No. 1, p. 3(2008).

〔3〕 See Ann Bartow, *Likelihood of Confusion*, San Diego Law Review, Vol. 41, No. 2, p. 721 - 724 (2004).

构成第2条中的“不正当竞争行为”。初始兴趣混淆行为没有让潜在消费者对商品或服务的来源产生最终的混淆,并不属于严格意义上的商标侵权行为。即便“初始兴趣混淆”真的会令商标权人潜在利益受到减损,我们也不能仅凭此将其当然认定为商标侵权行为。[1] 如果将所有利用了他人商誉的不正当竞争行为都纳入《商标法》中加以规范,那么《商标法》就成了《反不正当竞争法》的替代物了。[2]

第二,从行为手段来看,初始兴趣混淆行为不是《商标法》明确列举的侵权行为类型,而应归入《反不正当竞争法》。《商标法》第57条前6项对商标侵权行为作了列举,对号入座,初始兴趣混淆行为不属于其中任何一种。此外,《商标法》第57条第7项也出现了兜底规定,但兜底规定并不能涵盖初始兴趣混淆行为,该款项同样是以售中混淆作为逻辑基础的,初始兴趣混淆并不会给注册商标专用权造成损害,初始兴趣混淆行为是不当地盗用了商标权人商誉,给商标权人潜在利益带来损害。而商誉的保护不同于商标权的保护,后者的边界更为清晰,以商标和商品作为参照系,以售中混淆作为事实判断的标准。相比之下,商誉的边界更为模糊,由消费者的集体评价所组成,这种评价既可能发生于购买过程中,也可能发生于购买前和购买后,只要消费者作出了不利于商标权人的评价,商誉都可能受影响。评价不仅包括书面或口头的肯定或否定,还包括以行为方式作出的选择,购买与否同样构成评价的样态。正因为如此,初始兴趣混淆和售后混淆也属于损害商誉的行为。在商誉的保护问题上,《商标法》和《反不正当竞争法》同时发挥作用,但二者针对混淆行为存在差别:《商标法》通过制止各种售中混淆行为的方式,实现对商誉的保护;《反不正当竞争法》通过制止各种不正当的竞

---

〔1〕 参见徐聪颖:《论“初始兴趣混淆”的法律规制》,载《时代法学》2010年第3期。

〔2〕 参见黄汇:《售前混淆之批判和售后混淆之证成——兼谈我国〈商标法〉的第三次修改》,载《电子知识产权》2008年第6期。

争行为，实现对商誉的保护。

第三，从行为目的来看，同业竞争者实施初始兴趣混淆行为并不是为了侵害他人商标权，销售贴附他人商标的商品，而是为了销售贴附自己商标的商品，借助他人商标所承载的商誉达到不正当竞争的目的。我国《商标法》第56条对注册商标专用权的范围作了限定，第57条在引入混淆理论的基础上又对注册商标专用权的范围作了一定程度的扩张，商标近似和商品类似也可能构成侵权。尽管如此，商标侵权行为还有一个性质上的限定——在销售全过程中均使用了他人的商标或与他人商标近似的商标，消费者误以为是他人生产、经营的商品而购买。初始兴趣混淆则大相径庭，同业竞争者只在初始阶段使用了他人的商标，目的是通过混淆来吸引消费者，一旦消费者被吸引过来后，混淆就会消除，同业竞争者向消费者出售的是贴附自己商标的商品，消费者基于对同业竞争者商标和商品的清晰认识而购买，并不存在侵犯注册商标专用权的可能。实施初始兴趣混淆行为是为了利用商标权人商标之上凝结的商誉，获得一定的竞争优势，这种行为应当定性为不正当竞争行为，故应由《反不正当竞争法》进行规制。

第五章　初始兴趣混淆行为的判定

在法律的适用中，最终援用的法律条文都是明确、特定和具体的，但这只是一种表象和外观，在特定的具体法条的适用背后，还暗含着一种特定的法律关系，如果所选择的规范出问题，必然无法与其他规范相协调，从而产生适用上的故障和错误。[1] 初始兴趣混淆行为无论在《民法典》《商标法》还是在《反不正当竞争法》中均未设有明文规定。就其本质而言，初始兴趣混淆行为并不属于传统意义上的商标混淆行为，因此无法比照《商标法》中的相关规定实现行为的规制。所以，有必要先从学理研究的视角出发，构建关于初始兴趣混淆行为的判定标准及流程的具体规则。借助判定标准，我们可以从正面认定何种行为属于初始兴趣混淆行为，与此同时，还需要探讨初始兴趣混淆行为的例外情形，也就是从反面排除初始兴趣混淆的情形。本章先从正面就初始兴趣混淆行为的判定标准及流程展开论述，再从反面探讨初始兴趣混淆的例外情形。

---

〔1〕 参见孔祥俊：《论商标法的体系性适用——在〈商标法〉第8条基础上的展开》，载《知识产权》2015年第6期。

第一节 初始兴趣混淆行为的判定标准及流程

相较于传统的售中混淆,消费者在初始兴趣混淆中虽然最初注意力被转移,但后期选择购买商品时混淆已然消除,处于清醒谨慎的状态,消费者选择购买行为人商品的原因正是基于行为人商标识别功能而发挥作用,而原商标权人的商标识别功能也并未因行为人的引导性行为而受到损害。单从消费者利益角度而言,初始兴趣混淆行为并未对消费者的购买选择产生妨碍,反而增加了更多的购买选择。初始兴趣混淆行为的根本危害在于行为人利用商标权人商誉,对本属于商标权人的潜在客户进行分流,剥夺了商标权人的交易机会。由于初始兴趣混淆行为发生的时间节点在《商标法》所规制的售中混淆行为之前,并没有造成商标权人商标来源识别功能的减损,故而不是传统意义上的混淆,无法适用传统商标侵权混淆可能性理论进行判定。换言之,传统商标侵权混淆可能性均发生了商标权人商标识别来源功能的减损,而初始兴趣混淆行为并没有达到这一效果,因此在其判断标准上应有一套独立的标准及相关流程。

一、初始兴趣混淆行为的判定标准

目前,初始兴趣混淆行为的判定标准尚无定论,仍处于不断探究的状态。从初始兴趣混淆理论的发源地——美国法院的判例来看,判定标准也因案情不同而在不断变化。"Sleekcraft 案"中确定了八因素,[1]但是这八个因素在不同的案件中侧重并不一致。在"布鲁克菲尔德案"中,美

[1] See AMF, Inc. v. Sleekcraft Boats, 599 F. 2d 341, 204 U. S. P. Q. 808 (9th Cir. 1979).

国法院认为"Sleekcraft 八因素"中的其中三个因素在判断是否构成混淆时更为重要,后被称为"互联网三要素"。[1] 而在"网络自动化案"中,法官又否定了"互联网三要素",转而新确立了在关键词广告领域应适用的"四要素"。[2] 在近年来具有一定典型性的"MTM 手表案"中美国联邦第九巡回上诉法院选取了五个要素进行判断,包括商标的强度、产品的相似性、被告的意图、实际混淆的证据、消费者的注意程度。[3] 结合上述案例的裁判理由与互联网时代初始兴趣混淆行为的特点,本书认为,应从商标的强度、商品或服务的可替代性、商标权人潜在利益所受影响、消费者注意力水平、行为人的主观意图等几个要素进行分析,是否构成初始兴趣混淆行为。

(一)商标的强度

"商标的强度"越高,意味着它在公众心目中被记住并与商标权人相关联的可能性越大,对其受保护的范围也就越大。对于"商标的强度",在"网络自动化案"中有两个相关的衡量标准:一是概念强度(conceptual strength);二是商业的强度(commercial strength)。[4] 商标概念强度有时又称之为商标的识别性(distinctiveness),原则上概念强度很大程度上取决于与其所指向的商品或服务之间联系的明显程度。在词典上有固定含义的单词或者词组所构成的商标,以及暗示性商标,识别性较弱。商业强度建立在实际市场认可度(actual marketplace

---

[1] See Brookfield Commc'ns Inc. v. W. Coast Entm't Corp. ,174 F. 3d 1036 (9th Cir. 1999).

[2] See Network Automation, Inc. v. Advanced Sys. Concepts, Inc. ,638 F. 3d 1137(9th Cir. 2011).

[3] See Multi Time Mach. ,Inc. v. Amazon. com, Inc. ,792 F. 3d 1070 (9th Cir. 2015).

[4] See Network Automation, Inc. v. Advanced Sys. Concepts, Inc. ,638 F. 3d 1137(9th Cir. 2011),判决原文:"The stronger a mark—meaning the more likely it is to be remembered and associated in the public mind with the mark's owner—the greater the protection it is accorded by the trademark laws." *Brookfield*,174 *F. 3d at* 1058. Two relevant measurements are conceptual strength and commercial strength. Conceptual strength involves classification of a mark "along a spectrum of generally increasing inherent distinctiveness as generic, descriptive, suggestive, arbitrary, or fanciful". Commercial strength is based on "actual marketplace recognition", and thus "advertising expenditures can transform a suggestive mark into a strong mark"。

recognition)的基础之上,因此广告支出可以增加暗示性标志的商标强度。总的来讲,"商标的强度"越高,意味着该商标识别性越高,在消费者心目中的认知度就越高,越不容易发生混淆。

初始兴趣混淆的行为特征决定了行为人倾向于使用他人强度较高的商标,"商标的强度"在一定程度上决定了初始兴趣混淆行为发生的可能性。初始兴趣混淆行为的一个典型特征是盗用商标权人商标的商誉,通过未经许可使用他人商标的方式,让消费者对自己的商品或者服务产生初始兴趣。因此,"商标的强度"越高,越有可能被初始兴趣混淆行为人所利用;反之,如果某一商标的关键部分很少在市场中使用,那么此种商标就是一个商标强度较弱的商标,针对该商标的初始兴趣混淆行为很少会发生。例如在"MTM 手表案"中,[1]第九巡回上诉法院认为商标的强度包括商业强度和概念强度,前者即商标在市场中的辨识度,后者是商标的实际强度。商业强度与概念强度均可将商标显著性和商标相似性的要求涵盖在其中。

(二)商品或服务的可替代性

"商品或服务的可替代性"的考量要素,主要是指行为人与商标权人所经营的商品或服务相同或类似,商标权人的商品或者服务可以被行为人的商品或服务所替代。如果二者之间没有可替代性,那么消费者购买行为人的商品或服务与不正当竞争无关。"商品或服务的可替代性"来源于商品的竞争属性,亦有学者将其称为产品的相关性、相似性。[2] 比如,消费者计划购买一个 A 商标的水杯,A 商标水杯在市面上销量很好,商标的辨识度较高,经营 B 商标水杯的行为人看到

〔1〕 See Multi Time Mach. ,Inc. v. Amazon. com,926 F. Supp. 2d 1130 (C. D. Cal. 2013).

〔2〕 参见邓宏光:《商标混淆理论之新发展:初始兴趣混淆》,载《知识产权》2007 年第 3 期;于焕超:《互联网商标侵权认定中"初始兴趣混淆"理论的运用疑思——评"沃力森信息技术有限公司诉八百客(北京)软件技术有限公司等侵犯商标权案"》,载《电子知识产权》2016 年第 10 期。

A 商标水杯的商标具有较大价值,可以吸引消费者的注意力,故而选择在销售 B 商标水杯的自家门店外放了大型 A 商标,路过此地的消费者因为对 A 商标的关注而进入店内,但进入后发现所售商品为 B 商标系列,混淆消除。由于 A、B 商标均使用于水杯之上,是竞争商品,对于消费者而言都只有喝水的功用,在 B 商标水杯质量不太差的情况下,已经消除混淆的消费者完全可能选择购买 B 商标水杯。此时,B 商标水杯较之 A 商标水杯,具有可替代性。B 商标水杯借用 A 商标水杯的商誉吸引 A 商标水杯潜在消费者的行为就构成初始兴趣混淆行为。再如,行为人在自己经营的杂货铺门口摆放了一个广告牌,牌子上写"内有华为最新手机",行为人只是想借用华为商标的商誉,吸引消费者进入,但他并没有真正销售华为手机,只卖杂货。由于杂货与华为手机并不是具有竞争关系的产品,此种行为就不构成初始兴趣混淆。由这两个简单的例子可以说明,"商品或服务的可替代性"对于初始兴趣混淆的认定具有重要价值。

在一些案件中,法院使用"同业竞争关系"来指代"商品或服务的可替代性",这种做法源于"美孚石油公司案"〔1〕。该案中,美国联邦第二巡回上诉法院认为初始兴趣混淆的判定应考虑是否存在"同业竞争关系"。在"Checkpoint Sys. , Inc. v. Check Point Software Techs. Inc. "一案中("保点系统公司案"),〔2〕美国联邦第三巡回上诉法院认为初始兴趣混淆的成立需要综合是否有最初兴趣混淆的真实证据以及其他因素加以判断,并非被告只要使用相同近似商标就会构成初始兴趣混淆。如果原被告产品之间不具有关联性,而消费者具有的理性程度足以排除混淆时,即使有成立初始兴趣混淆的证据,最终也不会构成初始兴趣

---

〔1〕 See Mobil Oil Corp. v. Pegasus Petroleum Corp. ,818 F. 2d 254 (2d Cir. 1987).

〔2〕 See Checkpoint Sys. ,Inc. v. Check Point Software Techs. ,Inc. ,269 F. 3d 270 (3d Cir. 2001).

混淆。

在"Sunquest Info. Sys. , Inc. v. Park City Sol. , Inc. "（"太阳探索信息系统公司案"）案中，[1]法院明显扩张了竞争因素的范围。该案中，原、被告属于同行业竞争对手，二者经营的商品和服务相同，且被告的高管曾在原告公司工作过，这也是法院将其定性为竞争因素的关键考量。美国联邦第九巡回上诉法院在2002年审理"Interstellar Starship Serv. ,Ltd. v. Epix,Inc"（"星际飞船服务案"）一案时，[2]认为初始兴趣混淆行为仅限于双方当事人销售竞争产品时才能够发生，只有在原告、被告之间存在竞争关系的情形下，才能认定初始兴趣混淆。

1999年11月，美国国会颁布了ACPA，[3]用以解决域名抢注问题。与第九巡回上诉法院的要求不同，ACPA框架下的责任认定并不要求原告和被告的商品或服务存在竞争关系。[4] 本书认为，竞争关系不能等同于"商品或服务的可替代性"。初始兴趣混淆规制的根本原因在于行为人盗用商标权人的商誉，误导消费者进入其营销领域。而后续消费者是否在行为人处交易以及以何种认知状态交易，同样是判断初始兴趣混淆行为是否成立的重点。此时，如果消费者购买行为人的商品或者服务，则原因必定在于商品或服务存在相互替代性，那么交易行为的发生就会导致商标权人的顾客流失、销量下降，最终处于竞争劣势。因此，"商品或服务的可替代性"是初始兴趣混淆行为判定的关键因素。而如果仅仅使用宽泛的"竞争关系"因素，将会扩大初始兴趣混淆规制的保护范围，同时"竞争关系"的判断标准极难统一且因案而异，这将会

---

〔1〕 See Sunquest Info. Sys. ,Inc. v. Park City Sols. ,Inc. ,130 F. Supp. 2d 680 (W. D. Pa. 2000).

〔2〕 See Interstellar Starship Servs. ,Ltd. v. Epix,Inc. ,304 F. 3d 936(9th Cir. 2002).

〔3〕 The Anticybersquatting Consumer Protection Act, S Rep No 106 – 140, 106th Cong, 1st Ses 4 – 5 (1999).

〔4〕 See Daniel C. Glazer & Dev R. Dhamija, *Revisiting Initial Interest Confusion on the Internet*, The Trademark Reporter, Vol. 95, No. 5, p. 953 (2005).

导致初始兴趣混淆的判定愈加复杂化。

（三）商标权人潜在利益所受影响

需要注意的是，并不是所有的初始兴趣混淆行为都应受到规制。本书认为，只有不正当地利用商标权人的商誉，分流了商标权人的潜在客户，使商标权人的潜在利益受到实质性的影响，才会真正构成应被追究责任的初始兴趣混淆行为。被追究责任的初始兴趣混淆行为应符合如下要求：第一，行为造成的结果是将商标权人潜在的消费者引流，导致商标权人本欲购买的消费群体数量减少，商标权人潜在利益受到影响。第二，行为人的手段是不正当的，不是合理使用商标的行为。在互联网领域这一点尤为突出。例如，通过使用网站元标签或者网络超链接等方式，误导、分流商标权人的潜在客户到行为人自己的商品或服务的销售网站上，使得商标权人潜在的客户减少，就属于初始兴趣混淆行为。

初始兴趣混淆行为不会损害商标权人眼前的现实利益，但会对其潜在利益产生不利影响，这才是初始兴趣混淆行为规制的着眼点。实施初始兴趣混淆的行为人其出发点是分流商标权人的潜在客户，在这一点上，完全不同于传统的商标侵权人，后者的目标是让消费者始终处于混淆状态，以便自己销售贴附他人商标的假冒商品。在初始兴趣混淆发生时，消费者在购买时已经消除了混淆，消费者购买行为人的商品并不是基于对商标权人商标的信任，商标权人眼前的现实利益没有受到损害，如果沿用传统商标混淆理论，此种行为将不会被定性为商标侵权。只有转换视角，正视实施初始兴趣混淆的行为人的真正目的，将商标权人的潜在利益作为保护客体，我们才能对初始兴趣混淆行为的规制给出强有力的理由。相应地，“商标权人潜在利益所受影响”自然也应成为初始兴趣混淆行为判定的考量因素之一。

(四)消费者注意力水平

消费者对其所欲购买商品的关心程度会影响初始兴趣混淆行为成立的可能性。消费者是否会被行为人所诱导进而产生初始兴趣混淆,"消费者注意力水平"因素应纳入考量范围。相较于前三个因素,"消费者注意力水平"更容易作出准确地判断。"消费者注意力水平"主要体现在对商标权人所销售的商品或服务的价格、品质等的熟悉程度和是否具有专业知识两方面。

影响"消费者注意力水平"的首要因素是商品的价格要素。一般而言,商品的价格越高,消费者的谨慎程度就越高,其在购买过程中的注意力水平也就越高。例如,消费者在购买10元的钢笔与购买100万元的汽车时的注意力水平肯定是大不相同的,明显会对后者投入更多的关注度。在"戈特里安钢琴案"中,[1]美国法院就认为钢琴对于普通消费者来说是贵重物品,消费者在购买时更为谨慎,消费者的混淆源于消费者可能会误认为两家钢琴制造销售商有某种关联关系。

如果商品价格差距不大时,消费者的注意力水平还有必要纳入初始兴趣混淆行为认定的考量因素吗?本书认为是有必要的,在我国发生的初始兴趣混淆案件"泸州老窖公司诉和庆源酒水商行案"就彰显了这一点。[2] 该案中,行为人模仿商标权人商品的包装、装潢以及酒瓶形状制作并销售自己的商品,不同之处是行为人在其销售的白酒酒瓶外包装上印制有一个醒目的二维码,消费者扫描该二维码后就会跳转链接到该白酒的生产商、商标信息的网页,消费者可以清晰地辨识出行为人销售的白酒与商标权人无关。也就是说,只要消费者在购物过程中提高注意力水平,就不会在购买时发生混淆,商标权人商标的来源识别

[1] See Grotrian v. Steinway & Sons, 523 F. 2d 1331 (2d Cir. 1975).

[2] 泸州老窖公司诉和庆源酒水商行案,四川省泸州市中级人民法院(2020)川05知民初119号民事判决书。

功能也没有受到减损。故而,此处判断是否构成初始兴趣混淆的关键在于消费者是否付出了足够的注意,有没有去扫描二维码,发现行为人的商品并不是他计划购买的商标权人的商品。综上,即便商品价格差距不大时,消费者的注意力水平仍然有必要纳入初始兴趣混淆认定的考量因素中。

判断“消费者注意力水平”时还要考虑消费者是否具有该领域的专业知识,即消费者是专业的消费者还是普通大众。在评估给公众造成混淆的可能性时,一般认为当买方具有该领域的专业知识时,或者拥有较多的消费经验时,尽管消费者不会立马排除混淆,但是在最终购买时消除混淆的可能性肯定会高于普通大众。以大宗商品的交易为例:原油交易的采购员已经不属于普通消费者,而是具有专业知识的消费者,要让此类消费者发生初始兴趣混淆就更为不易,此类消费者的注意力水平远高于普通消费者。日用品的交易同样如此:对于医生而言,他们不太容易就两种类似的药品产生初始兴趣混淆,医学专业知识储备确保他们可以辨别两种不同的药品。

与一般领域相比,在互联网领域中“消费者注意力水平”的重要程度相对弱化。随着互联网的普及,理性、谨慎和有经验的互联网消费者已经习惯了在不同网页间进行反复试验的探索,他们从一个站点转到另一个站点,随时准备好在对站点内容不满意时点击后退按钮。他们并不期待单靠浏览域名或搜索引擎摘要内容就能找到自己心仪的商品。除了主动声明与商标权人有关联的特殊情况外,消费者在看到自己真正想要找到的网站之前,通常不会受困于一般性的网站诱导。在互联网中,商品的性质、消费者的类型和网页广告上下文中所展现的内容,可能与产生的混淆误认程度相关。因此一个高度谨慎的、老练的互联网消费者更有可能了解互联网搜索引擎的工作机制和赞助商链接的性质,而一个不那么谨慎的、不精明的消费者就有可能产生混淆。简言之，在互联网领域中，将“消费者注意力水平”作为初始兴趣混淆行为的判定要素，实有必要。

(五)行为人的主观意图

“行为人的主观意图”又被称为“行为人主观恶意”“行为人欺诈的故意”等。一些法院将“行为人的主观意图”作为判断初始兴趣混淆行为的必要考量因素。如在美国“星际飞船服务案”中，一审法院认为初始兴趣混淆仅限于被告主观上存有恶意的情形。[1] 主观欺诈故意的限制旨在实现限缩初始兴趣混淆适用范围的目的，如果将其他主观意图如过失等纳入初始兴趣混淆行为的考量因素之中，将会陡增其他企业和个人的搜寻成本。[2] 因此，在互联网领域行为人如将原告的商标作为元标签或者网站的域名使用，并销售与原告具有竞争关系的产品或服务，这种行为也应被认定为行为故意为之，且具有主观恶意。

通过考量“行为人的主观意图”这个因素，可以对初始兴趣混淆行为规制的范围进行合理的划分。从初始兴趣混淆行为的本质来看，其目的是防止行为人盗用商标权人商誉，利用“引诱和转移”的方式侵害商标权人潜在利益。然而对任何权利的保护都不是无限制的，所以就商标权人权利的保护也应有所限度，这样才不会阻碍自由竞争、社会进步。因此，对初始兴趣混淆行为的规制也有例外。虽然有部分法院已经承认行为人有主观上的故意是判断是否成立初始兴趣混淆的前提，但是也有法院认为，如果行为人有合理的理由，即使其利用了商标权人商标的商誉，也不应当认定为初始兴趣混淆行为。例如，美国联邦第九巡回上诉法院在“网络自动化案”中主张，[3]地方法院根本没有考

---

〔1〕 See Interstellar Starship Servs. v. Epix, Inc., 125 F. Supp. 2d 1269(D. Or. 2001).

〔2〕 参见于焕超：《互联网商标侵权认定中“初始兴趣混淆”理论的运用疑思——评“沃力森信息技术有限公司诉八百客(北京)软件技术有限公司等侵犯商标权案”》，载《电子知识产权》2016年第10期。

〔3〕 See Network Automation, Inc. v. Advanced Sys. Concepts, Inc., 638 F. 3d 1137(9th Cir. 2011).

虑被告是否给消费者提供了选择其他商品的信息，仅以被告选用“Active Batch”作为关键词广告即直接认定有欺骗消费者之意图的判断并不正确。虽然被告明知并选用与商标权人近似的商标，可以推论其有欺骗消费者的故意，然而，在被告只是将注册商标用于比较广告(Comparative Advertising)的情形下，原告的商业机会未被剥夺，潜在利益没有受到损害，此时就应将该种行为排除在可被归责的初始兴趣混淆行为范围之外。

(六)其他考量要素

相较于以上5个主要因素，其他一些因素也应被纳入考量范围，但这些因素因个案案情的差异而不同，具有一定的随机性。此类因素的典型，是互联网领域案件所特有的相关因素，包括广告的标签和外观以及显示结果页面屏幕上的周围环境等。在关键词广告中，混淆的可能性最终取决于消费者在屏幕上看到的内容和周围环境，需要根据上下文判断消费者是否会据此消除混淆。在网络购物时消费者通常都会看到横幅广告，而大多数情况下横幅广告都没有显著的标签或者只有比较模糊的标签，这就会引起消费者的初始兴趣混淆。而如果一个网站或者销售平台在其横幅广告中清晰地标明自己的标签，那么就会消除因横幅广告所导致的初始兴趣混淆的可能性。故此，网站的某种行为是否构成初始兴趣混淆行为，广告在用户屏幕上的外观及其周围环境同样值得关注。除以上5个主要的考量要素之外，其他考量要素也会对认定起到补充的作用，特别是在讨论互联网领域中的初始兴趣混淆案件时，容易遇到一些较新的情况，如果局限于以上5个要素不太容易分析研判。故而应坚持开放包容的心态，灵活运用相关要素，从而对初始兴趣混淆行为的判定得到更为切合实际的结论。

二、初始兴趣混淆行为的判定流程

通过前文分析可知,传统商标法上的混淆可能性标准不能对初始兴趣混淆行为进行直接判定,初始兴趣混淆行为的判定有自己的标准。本书认为,初始兴趣混淆与传统商标法上的混淆可能性的最大区别在于后者造成了商标来源识别功能的减损,而前者并未造成此种减损。因此,在初始兴趣混淆情形下,当消费者决定购买时,他已经消除了混淆,其是在理性基础上作出了自己的消费决策。初始兴趣混淆行为可以分为不同的类型,有些行为是可诉的,有些行为是不可诉的,但究竟应以什么样的判断流程将初始兴趣混淆行为判断标准更好地进行运用呢？图2便是本书以互联网领域为例所建构的初始兴趣混淆行为判定流程图。

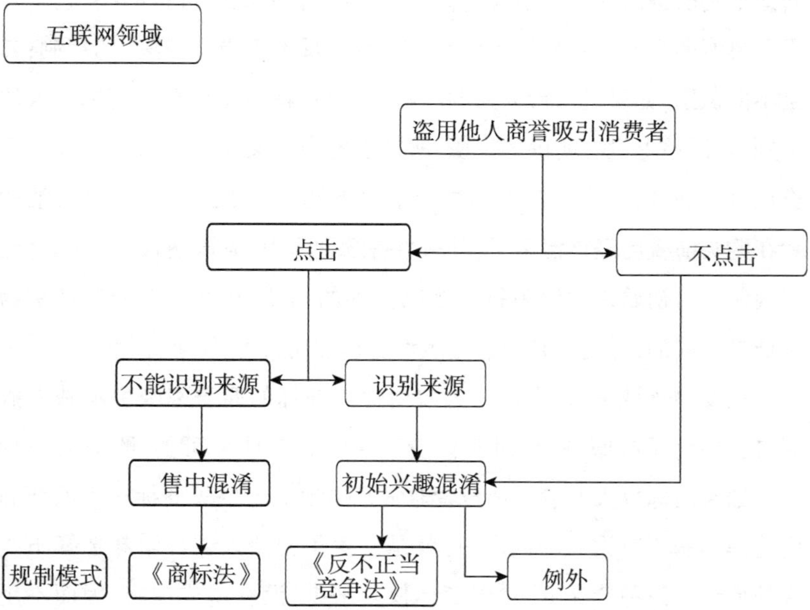

图2　初始兴趣混淆行为的判定流程

本书认为,要判定一个行为是否构成初始兴趣混淆行为,最为关键的一步就是判断行为人是否盗用了他人商誉吸引原商标权人潜在消费者转而关注自己销售的商品或服务。此处盗用他人商誉暗含了一个逻辑前提,即行为人必须是主观故意,如果没有主观故意而借用了他人商誉的行为,就不是初始兴趣混淆行为。

图2以互联网领域的初始兴趣混淆行为判定流程为例,进行说明。就互联网领域来看,行为人不正当地盗用了他人商标的商誉吸引消费者,可能是通过购买关键词搜索服务等,此时消费者面临的是两种选择,即点击或不点击。当消费者最终选择不点击,进而不购买时,此时行为人并没有通过不正当盗用他人商誉而获利,故而该行为即使产生了初始兴趣混淆也无规制的必要。反之,如果潜在消费者选择点击该链接,就又会出现两种情况,一是可以识别商品或服务的来源,能够清晰地辨别所进入的网站不是商标权人的网站,而此时进行购买,就是发生了典型的初始兴趣混淆,该行为应受到《反不正当竞争法》的规制;二是不能识别,如果进入行为人的网站后,消费者不能识别与商标权人的区别,且网站上没有明确的说明,所销售的内容又与商标权人的商品相类似,而此时的消费者在不知情的情况下选择了购买,该种情形,消费者在购买前就已经被混淆了,并一直持续到售中,应该纳入《商标法》进行规制。对初始兴趣混淆行为规制例外的判断,在互联网领域和实物领域是相同的,即均为是否为指示性合理使用行为,明确标示行为等。

从实物领域来看,当行为人盗用他人商标的商誉来吸引消费者购买自己的商品或服务时,对于消费者来说只有两种可能,购买或不购买。如果商标权人的潜在消费者非常坚决地一定要买商标权人的商品而选择不购买行为人的商品,也就是发生了初始兴趣混淆却选择不购买的情形。该种情况下,对于商标权人来讲,没有造成损害,因而不用对其进行规制。而在消费者选择购买行为人商品时,我们又需要根据消费者购买时是否明确知道商品或服务来源的主观状态进行分类讨论。如果消费者在购买时能清晰地识别商品或服务的来源,却仍然选择了购买,这就是典型的初始兴趣混淆,该种情形下原商标权人潜在的客户被分流,转而购买行为人的商品或服务。但是,由于该种情形并没有影响商标权人商标来源识别功能的正常发挥,故而不能推定适用传统意义上的混淆可能性进行判断,而根据我国《反不正当竞争法》第2条可知,该行为纳入《反不正当竞争法》规制是完全可行的。如果消费者在购买时仍不能识别行为人和商标权人商品或服务的不同,或者认为行为人的商品或服务仍与商标权人有关联,那么这就是典型的售前混淆持续到了售中。根据前文论述,售前混淆持续到售中,售前混淆就会被售中混淆所吸收,此种情形下直接适用《商标法》第57条所规定的混淆可能性条款即可解决。

根据上述流程图,判断行为人是否盗用他人商标的商誉来吸引商标权人潜在消费者是判定是否构成初始兴趣混淆行为的第一步,通过社会公众的基本常识即可得出结论。接下来,判断消费者购买与否也无争议。因此,关键的判断节点在于消费者能否识别行为人与商标权人的关系,能否在购买之时清晰辨识是否存在"挂羊头卖狗肉"的情况。[1] 所以,判断消费者是否在购买中发生了来源识别的混淆,就显得尤为重要。基于此,本书选择了几个重要的考量要素来判断是否构成初始兴趣混淆行为。但值得注意的是,并不是所有不正当盗用他人商标的商誉来吸引消费者的行为都一定是初始兴趣混淆行为,对该行为规制也有例外,下面将从指示性合理使用行为、明确标示行为分别阐述。

---

〔1〕 See Nissan Motor Co. v. Nissan Computer Corp., 378 F. 3d 1002 (9th Cir. 2004).

第二节　初始兴趣混淆行为规制的例外

从商标权人利益的保护和市场竞争秩序的平衡角度来看，初始兴趣混淆行为的认定应避免绝对化。如果竞争者对相同或近似标识的利用存在合理抗辩事由，那么法律应对权利人的利益予以必要限制，因此对于此种限制多数学者赞成采用合理使用制度来维持平衡。[1] 不止于此，鉴于初始兴趣混淆行为涉及网络传播的特点以及搜索引擎技术的工作原理，立法者与司法者更应保持正当使用行为人的利益和社会公众利益的平衡，因为在网络环境下行为人没有比将商标的文字部分用作关键词更为便捷的途径向公众传达客观信息了。[2] 因此，美国法院并未将所有未经授权在元标签中使用商标的行为视为侵权，尤其是一些网络初级用户，在有正当理由的情况下使用商标作为其元标签中的标志为其网站的合法内容编入索引的行为都不会被追究责任。初始兴趣混淆行为规制的例外情形，包括未经授权使用他人商标但属于指示性合理使用和明确标示行为。

一、指示性合理使用行为

指示性使用(nominative use)，指使用者在经营活动中善意合理地使用他人的商标，客观地说明自己商品用途、服务范围以及其他特性，与他人的商品或服务有关。商标指示性使用直接指向的是商标权人的商品或服务，但最终目的仍是说明使用人自己的商品或服务。[3] 指示

---

〔1〕 参见邓宏光：《商标法的理论基础——以商标显著性为中心》，法律出版社2008年版，第257～259页；徐聪颖：《论“初始兴趣混淆”的法律规制》，载《时代法学》2010年第3期。

〔2〕 参见黄武双、李进付：《从售中“混淆”到“初始利益混淆”——利益平衡视角下的网络搜索关键词商标侵权认定》，载《中华商标》2007年第10期。

〔3〕 参见李雨峰、刁青山：《商标指示性使用研究》，载《法律适用》2012年第11期。

性使用的行为之所以被确定为初始兴趣混淆行为的例外情形，主要在于这种行为促进了市场中的信息自由，维护了公平竞争。商标出现在市场中时，它肩负着权利人的商业期望，同时也是传达真实信息不可缺少的语词与图形。因此，商标的专属性与信息自由之间会不可避免地呈现一种紧张态势。在指示性使用中，"商标"并不具有《商标法》上的意义，没有发挥指示产品或服务来源的功能，使用"商标"的目的只是将关于产品或服务的真实信息传达给消费者，以最终完成经营销售。市场经济的本质在于自由竞争，只有在自由竞争之下的公平竞争才能实现资源的优化配置。如果商标权人的权利过度扩张，将使其他竞争者无法与商标权人展开公平、自由的竞争。此外，商标权人还可以凭借其商标专用权对相关市场的信息进行控制，过滤其他竞争对手商品或服务的相关信息，消费者将因商标权人的严格把关无法从其他经营者处获得相关信息，导致消费者仅能被动地获取商标权人所提供的商品或服务，消费者的交易自由被变相剥夺。

在初始兴趣混淆领域，较早地适用指示性合理使用对商标权进行限制的案件是美国的"花花公子案"。[1] 该案中，美国联邦第九巡回上诉法院认可被告对于原告商标"PLAYBOY"的使用是指示性合理使用，并沿用了"New Kids on the Block v. News Am. Pub. ,Inc." 案[2]（以下简称"新街边男孩案"）中关于合理使用的三要件进行论述，以此说明指示性合理使用规则用于网络领域的可行性。第九巡回上诉法院在"新街边男孩案"中首次提出了判断指示性合理使用的三步检验法，并被后来的一些判例所遵循。指示性合理使用的三步检验法的具体步骤如下：第一，若不使用商标权人的商标就无法以较低成本标明所涉的商品

〔1〕 See Playboy Enters. ,Inc. v. Welles,279 F. 3d 796 (9th Cir. 2002).

〔2〕 See New Kids on the Block v. News Am. Pub. ,Inc. ,971 F. 2d 302 (9th Cir. 1992).

或者服务;第二,存在只有使用该商标权人的商标才能合理辨认出产品或服务的需求;第三,使用者在使用他人商标时绝对不能以任何方式暗示存在商标所有人的赞助或该商标的使用已获授权。

在本书看来,上述三步检验法可以整合为指示性合理使用的二要件。第一,使用他人商标应受必要性的限制,只有在不使用他人商标就无法表明自己的商品或者服务内容的情况下,才能不经许可使用他人商标,以帮助消费者迅速了解行为人的商品或服务。作为一种识别标志,商标不仅表明商品或服务的来源,而且对其他信息也有很强的代表、指示作用,这种特性使商标成为社会交流不可缺少的词汇。例如,消费者与经营者在交流购买何种物品时,将不可避免地涉及特定的商标,否则他人就无法快速而准确地得知自己所购买商品或服务的特性。在市场交易中,特别是在维修行业和配件贸易中会不可避免地使用特定的商标,这种使用的目的是传递关于某种商品或服务的真实信息。例如,电脑厂家会在商品上粘贴"Intel Inside""Windows"等相关商标图样来说明其电脑所用的芯片和操作系统,这就是典型的指示性合理使用。因此,使用者的真实意图传达了关于商品或服务的真实信息,而非恶意盗用他人的商誉,而且该种使用降低了消费者的搜寻成本,这些理由对于商标的指示性合理使用的制度建构都有着重要意义。在初始兴趣混淆案例中分析指示性使用时,应当对使用者的意图进行考察,区分出哪些是必要性的使用,哪些是在盗用他人商誉。第二,行为人使用商标的数量和形式对判定行为人的意图有着至关重要的影响,行为人不得以任何方式暗示其与商标权人之间存在某种联系。为向消费者说明所提供的商品或服务的信息,即便在交易过程中使用了他人的商标,通常情形下也不构成商标侵权。此种情形下,特定商标的使用并不是为了发挥来源识别功能,也不会使消费者产生混淆,使用的行为是善意、必要且合理的。例如,在肯德基附近竖立一块招牌,写明"某某火锅店肯德基北门上行 50 米”,这样的使用就不会构成初始兴趣混淆。换言之,只要行为人没有盗用他人商标的商誉来吸引消费者,或者行为人借用他人商标有正当理由,就可以认定没有必要以法律方式规制该种初始兴趣混淆行为。

二、明确标示行为

随着互联网领域涉及初始兴趣混淆的案件频频发生,明确标示与弹出式广告的关系日趋紧密。弹出式广告是指当消费者输入商标作为搜索词时,可能会出现在随后的搜索结果页面上的广告(或称之为“横幅广告”)。通过向搜索引擎提供商支付费用,公司可以确保当消费者使用某些词作为关键词进行检索时,他们的广告会出现在搜索结果页面上。在“网景公司案”中,被告以数百个与性和成人娱乐相关的术语列表为关键词,面向成人用品公司开展弹出式广告业务,这些术语包括了原告的“PLAYBOY”和“PLAYMATE”商标。美国联邦第九巡回上诉法院认为,如果弹出式广告没有明确表明此类广告的来源与作为关键词使用的商标的权利人无关,那么这种做法就可能构成初始兴趣混淆。[1] 使用这些术语作为关键词进行检索的消费者将看到被告所提供的弹出式广告,这些弹出式广告并未明确表明此类广告的来源与原告 Playboy 公司无关,被告也没有要求投放此类广告的公司明确标示广告来源与 Playboy 公司无关,缺少有效明确标示的弹出式广告将导致初始兴趣混淆。不过,对该案的裁判理由也存在反对的声音。

如上所述,美国联邦第九巡回上诉法院在“网络自动化案”的判决

---

〔1〕 See Playboy Enterprises, Inc. v. Netscape Commc'ns Corp., 354 F.3d 1020 (9th Cir. 2004).

中建立了一个互联网领域判断初始兴趣混淆的四要素标准,[1]即商标的强度、实际混淆的证据、购买者的智慧程度以及网络界面整体展示的效果。其中最具特色的当属第四个要素。互联网上广告的标签和外观以及显示结果页面的屏幕上的周围环境要作为整体来考虑,在判定过程中只要网页中有明确标示的行为,就可以认定不构成初始兴趣混淆。

综上所述,只要行为人实施了明确标示的行为,即明确地标注或标识出自己所售商品或服务的来源或出处,不致让消费者产生来源混淆,那么此种初始兴趣混淆行为就不应被规制。

---

〔1〕 See Network Automation,Inc. v. Advanced Sys. Concepts,Inc. ,638 F. 3d 1137(9th Cir. 2011). 英文原文:Given the nature of the alleged infringement here,the most relevant factors to the analysis of the likelihood of confusion are: (1) the strength of the mark; (2) the evidence of actual confusion; (3) the type of goods and degree of care likely to be exercised by the purchaser; and (4) the labeling and appearance of the advertisements and the surrounding context on the screen displaying the results page。

第六章　我国商标初始兴趣混淆行为规制规则的构建

初始兴趣混淆行为盗用了商标权人的商誉来推销自己的商品或服务，给商标权人的商誉造成了负面影响，破坏了公平、高效的市场竞争秩序，故此应对初始兴趣混淆行为进行法律规制。初始兴趣混淆行为的规制，应当妥善处理《商标法》与《反不正当竞争法》的关系，明确二者各自的适用范围。在具体的规则设计上要实现各方主体的利益平衡，既要保护商标权人的合法利益，又要保障消费者获得必要的信息，同时还要为其他经营者留下正当竞争的空间。

第一节　我国商标初始兴趣混淆行为规制规则的现状

初始兴趣混淆行为规制规则的现状主要从立法现状和司法现状两个层面进行剖析。我国司法实践中已经发生了非常多的初始兴趣混淆行为的案例，但截至目前,我国法律尚未有规制初始兴趣混淆行为的具体法条规定。就目前来看,无论是我国《商标法》还是《反不正当竞争法》,均没有对这一新兴的初始兴趣混淆行为应如何进行规制设有明文规定,只能从临近法条或相关司法解释中窥探一二。这并不奇怪,因为法律规制的特点之一就是有滞后性。

一、立法现状

我国目前对商业性标识的保护分别规定在《商标法》与《反不正当竞争法》之中。《商标法》保护的商业性标识,主要是注册商标。从《商标法》的历次修法变化来看,该法从早期的彻底不保护未注册商标,逐渐转向对未注册商标提供一定程度的保护,这种变化的背后,是商标的“使用”受到重视,立法者对商标的价值来源有了更为清晰的认识。《反不正当竞争法》也可以用于保护商业性标识,既可以依据具体条文追究那些针对他人有一定影响的商品名称、包装、装潢、域名等商业性标识的不当使用行为,也可以在具体条文缺少规定时,引用第 2 条“一般条款”对新类型的商业性标识侵权行为寻求救济。

我国《商标法》对混淆可能性的判定经历是一个从无到有的过程,自 1982 年《商标法》实施以来,一直到 2013 年修订《商标法》之前,均没有直接规定混淆可能性标准,而是使用相同或近似标准。早在 2002 年,我国最高人民法院《关于审理商标民事纠纷案件适用法律若干问题的解释》第 9 条、第 10 条、第 11 条,就对 2001 年《商标法》第 52 条第 1 项进行了补充解释,不仅补充了认定商标相同或近似的判断原则,还点明了容易使相关公众混淆的情形。2013 年第三次修订的《商标法》第 57 条增加了判断商标侵权“容易导致混淆”的要求,此次修改标志着我国《商标法》正式确立了混淆可能性。2020 年,国家知识产权局印发的《商标侵权判断标准》第 21 条,进一步细化了判断是否容易导致混淆所应考虑的五大因素，再次申明了混淆可能性判断标准。但值得注意的是，无论是《商标法》第57条，还是《商标侵权判断标准》第21条，其适用范围均为消费者购买时产生的混淆，故而对发生在消费者购买之前的初始兴趣混淆没有约束力。正如前所述，现行《商标法》第57条并没有谈及初始兴趣混淆，因而这给予法官在审判时自由裁量的空间。长期以来，我国学术界与司法实践中对商标侵权认定已经形成了一套成熟的体系，在一般的商标侵权判断中，是否构成商标性的使用与是否存在混淆可能性通常是认定侵权的条件。根据《商标法》第48条规定可知，[1]商标的使用方式多样，既包括在商品包装和容器上的使用，也包括将商标用于广告宣传和展览，但只有对商标的使用是为了实现识别商品来源这一功能时，才能受到《商标法》的保护。换言之，如果对商标的使用，并没有影响到商标的来源识别功能，那就不能依据该法认定构成商标侵权行为。因此，现行《商标法》无法为初始兴趣混淆行为的规制提供法律依据。初始兴趣混淆行为的手段是盗用他人商标的商誉，目的是销售自己的商品或者服务，但在消费者作出购买决定时并不存在混淆误认，这一点与《商标法》所规制的各种商标侵权行为截然不同。虽然《商标法》的内核在于保护商誉以及商誉上附着的利益，但以“设权”为主要模式的《商标法》并未将商誉表述为一项“权利”，也没有将初始兴趣混淆行为列举为商标侵权行为之一，而判断初始兴趣混淆的核心一步，是判断该行为是否对商标权人的商誉有所减损。在《商标法》对侵犯商誉的行为有明确规定的情况下，贸然用《商标法》进行保护容易导致体制上的失和。

正如上文所提到的，美国对《兰哈姆法》第43条中“消费者”与“来

---

[1] 《商标法》第48条规定：“本法所称商标的使用，是指将商标用于商品、商品包装或者容器以及商品交易文书上，或者将商标用于广告宣传、展览以及其他商业活动中，用于识别商品来源的行为。”

源”的修改是初始兴趣混淆理论产生的契机。消费者并不会在购买时对商品的来源产生混淆。初始兴趣混淆行为在美国可以被认定为商标侵权,因为美国对商标性使用的标准要比我国宽泛得多。美国法院采用的是“合理使用”标准,[1]通过列举商标合理使用的条件和类型,反向推导可能侵权的商标性使用。而我国《商标法》是从商标的功能出发判断具体的行为是否构成“使用”,而且目前仅依据“识别商品来源”这一功能,并未明确涉及广告投资、质量保证等其他功能,因此我国《商标法》上“使用”的范围较为狭窄,在面对初始兴趣混淆行为时较为容易陷入力有不逮的境地。

从《反不正当竞争法》的具体规定来看,我们很难找到规制初始兴趣混淆行为的明确法律依据。但是《反不正当竞争法》第6条第4项所规定的内容却与初始兴趣混淆行为非常契合,该条款规定经营者不得实施足以引人误认是他人商品或者与他人存在特定联系的混淆行为。虽然商标并没有在该条中被明确列举出来,但这为初始兴趣混淆行为提供了法条依据,我们仍然可以依据该条的兜底条款,对使用他人商标、足以引人误解的行为予以禁止。但是,该条适用的前提是“混淆”,而该条中的“混淆”,究竟是与《商标法》同义,还是可以拓展至初始兴趣混淆,目前没有明确的答案。从《辞海》《现代汉语词典》中对混淆的定义来看,[2]混淆是动词,有混杂之意,界限模糊,多用于抽象事物,也可用作使混淆,使界限模糊。因此从最初的词源上辨析,初始兴趣混淆也

〔1〕 美国联邦第九巡回上诉法院创造了判定合理使用抗辩理由合法性的三个因素:第一,如果不使用该商标就无法清晰标明所涉及的商品或者服务;第二,使用该商标标明产品或者服务时,使用的程度属于合情合理而且十分必要;第三,使用者在使用商标时绝对不能以任何方式暗示商标所有人的赞助和批准使用该商标。在合理使用的情形下,商标应用于某种情景时并不被认定为商标性使用,而在如上抗辩事由之外的使用则应认定为商标性使用。

〔2〕 参见夏征农、陈至立主编:《辞海》,上海辞书出版社2009年版,第985页;混杂:界限划分不清。如混淆是非;混淆视听;干宝《晋纪总论》:“内外混淆,庶官失才”。参见中国社会科学院语言研究所词典编辑室编:《现代汉语词典》,商务印书馆2016年版,第589页。

是让消费者产生了混淆,出现了对不同商标的界限模糊,故而有词源上的混淆之意。基于此,该行为让消费者在正式购买之前产生的混淆,导致消费者误以为是他人商品或者与他人商品有关联关系,即使在购买时此种混淆已消除,但是这样不正当借用他人商标商誉的行为,就应当是《反不正当竞争法》中所规定的混淆行为。但为了更好地对初始兴趣混淆行为进行规制,本书认为现有《反不正当竞争法》中规定的内容还不够明确。因为《反不正当竞争法》第6条所规定的不正当竞争行为是限定在"与他人有一定影响的"标识或企业名称等,这就把该条款的范围限定在对未注册驰名商标的保护上。但是,初始兴趣混淆行为不仅仅只针对未注册驰名商标。随着我国社会经济的不断发展,注册商标的数量越来越多,现行的《反不正当竞争法》第6条不能针对注册商标发生的初始兴趣混淆行为进行规制。因此,通过比较,本书认为虽然初始兴趣混淆行为规制纳入《反不正当竞争法》中更为合适,但该法还需进一步完善,才能囊括对所有的初始兴趣混淆行为的规制。

二、司法现状

虽然初始兴趣混淆行为的规制规则尚有待完善,但是司法实践中相关案例却已经出现不少,学界对此多有关注,但至今尚无定论。如此一来,在欠缺统一的法律适用指导标准和占据通说地位的学理支撑的情况下,法院对此类案件的判决结果稳定性和可预见性有限,也影响着相关产业的商业实践。

从裁判结果来看,法院审理时的法律依据不一致,既有适用《商标法》调整的,也有适用《反不正当竞争法》规制的。司法实践中已经出现了一些较为典型的判例,如"大众搬场场诉百度案"[1]"沃力森诉八百

---

〔1〕 参见大众搬场诉百度案,上海市高级人民法院(2008)沪高民三(知)终字第116号民事裁定书。

客案"[1]等。法律实现程度的主要评判依据是"行动中的法",实际案件的判决结果无疑是"行动中的法"的绝佳体现。因此,本书认为有必要对我国已有的初始兴趣混淆案例进行统计分析,以探寻初始兴趣混淆行为法律规制的实际情况。笔者通过中国裁判文书网、北大法宝的司法案例数据库进行检索,在高级检索中"法律依据"栏输入"《中华人民共和国商标法》第五十七条",选择裁判日期为"2014 年 5 月 1 日至今",共得出相关判决文书 6 万余篇。之所以选择这个时间节点进行检索,是因为我国 2013 年修订的《商标法》引入了判断商标侵权的混淆标准,其实施日期是 2014 年 5 月 1 日。而现行《商标法》对 2013 年《商标法》第 57 条并没有改动,故选择该时间节点检索较为合理。通过进一步使用关键词进行限制,检索"关键词",得到 1989 篇文书;检索"二维码"得到 2643 篇;检索"域名"得到 3126 篇;检索"弹出"得到 577 篇;检索"初始混淆"得到 7 篇;检索"售前混淆"得到 12 篇;检索"初始兴趣混淆"得到 1 篇;检索"初始利益混淆"得到 0 篇。通过检索"《中华人民共和国反不正当竞争法》第二条"共得出 1216 篇,在结果中分别依次检索"初始兴趣混淆""初始利益混淆""售前混淆"均为 0 篇;在结果中检索"初始混淆"呈现 4 篇;检索"混淆"有 969 篇;通过设置法条依据检索"《中华人民共和国反不正当竞争法》第六条"设置时间为 2018 年 1 月 1 日至今,无相关判决;再检索"《中华人民共和国反不正当竞争法》第五条",得到 1707 篇文书。由此可见,1993 年的《反不正当竞争法》相较于后面修订的《反不正当竞争法》对我国司法实践影响更为深远。去除未公开的文书,再通过阅读筛选出与初始兴趣混淆相关案例 100 余篇,后文将对相关案例进行分类辨析,以期通过对部分有价值的案件进行探查,开展我国初始兴趣混淆行为规制的司法实践探讨。

---

〔1〕 参见沃力森诉八百客案,北京市第一中级人民法院(2010)一中民终字第 2779 号民事判决书。

通过上面的分析结果可以看出，当前我国相关领域司法实践还没有形成统一的参考标准，所以有必要从理论上、制度上进行改良。随着互联网的发展，我国司法实践中与初始兴趣混淆相关的案例正在逐渐增多，但是真正将“初始兴趣混淆”的文字写入了判决书的案例只检索到3个，[1]其中只有重庆市渝中区人民法院在2020年的渝燕文化与汇通达网络公司案的判决书中，对初始兴趣混淆行为的概念进行了描述。[2] 该法院认为初始兴趣混淆行为是“侵权人利用权利人的商标来引起消费者的注意，让消费者以为所进入之链接或所要购买的商品系来自权利人，但最后购买时并未发生误认”。对初始兴趣混淆行为的认定，该法院主张从以下三个因素入手：原告商标的强度、被告使用商标的意图和二者的销售渠道。就原告商标的强度而言，法院认为原告商标强度明显不够强，在互联网上仅有极少量的适用，也没有投入较多的广告经费，并没有在消费者中产生太多影响，显著性和知名度较低。被告在主观上没有恶意使用原告商标的意图，特别是被告后来变更了标识，与原告的商标完全不同，也可以印证被告的意图。就销售渠道而言，原告的销售渠道以及经营范围主要集中在会展，而被告则致力于打造农村商业数字化服务平台，二者几乎没有交集。因此，法院没有支持原告的诉讼请求，原告所主张的初始兴趣混淆不成立。该案的意义在于，其是我国司法实践中由法官在判决书的审判意见中阐明了初始兴趣混淆的定义。虽然仅仅是判决书末尾处多了几个字，但无疑是我国司法实践中的一大进步。但遗憾的是，由于法院认为被告行为并不构成初始兴趣混淆，故而对该行为应归属《商标法》还是《反不正当竞争

---

〔1〕 参见米其林公司诉睿之星公司案，江西省高级人民法院(2017)赣民终268号民事判决书；艾尔玛公司诉郭某和淘宝案，浙江省杭州市中级人民法院(2019)浙01民终3236号民事判决书；重庆渝燕公司诉汇通达网络公司案，重庆市渝中区人民法院(2020)渝0103民初12251号民事判决书。

〔2〕 参见重庆渝燕公司诉汇通达网络公司案，重庆市渝中区人民法院(2020)渝0103民初12251号民事判决书。

法》进行规制，也就无更进一步的探讨。

(一)与关键词相关的互联网平台领域初始兴趣混淆行为规制现状

与美国、欧盟类似，我国初始兴趣混淆领域的典型案例在关键词相关的互联网平台领域比较集中。该类案件特征是行为人选择了商标权人商标中的关键词作为检索关键词，通过向平台购买或者直接使用该关键词，消费者在选择商标权人商标中的关键词后进行检索，会链接到行为人所销售商品或服务的网络页面上。此类针对行为人有利用他人商标商誉的故意，未经商标权人同意而选择购买其商标中的关键词作为搜索引擎的关键词的行为应构成商标侵权还是不正当竞争，在我国司法实践中尚无定论。由于前述立法现状中存在的一些问题，类案不同判的情况也时有发生。

较早且有名的和关键词与互联网平台领域相关的初始兴趣混淆案件，要数“大众搬场诉百度案”。[1] 大众交通公司在上海地区具有较高的知名度，其商标曾被上海市工商局认定为上海著名商标，在汽车出租等39种服务类别上被广泛使用。大众交通公司授权大众搬场公司使用其“大众”商标。然而大众搬场公司发现，在百度中输入关键词“上海大众搬场物流有限公司”，所得到的检索结果中虽然显示了自己的网站，但是同时还展示了其他众多相关网站的链接，这些网站链接包含了大众搬场的关键词，但点击链接后展示的网页和大众搬场公司没有联系。误入网站的消费者在检索结果出现后的第一时间确实会产生混淆，虽然大部分人能够分辨出商标混淆的情况，但是仍有部分消费者可能考虑到价格等方面的因素，在明知的情况下，选择其他商家提供的服务。此后，大众交通公司与大众搬场公司将百度公司诉上法庭。

---

〔1〕 参见大众搬场诉百度案，上海市第二中级人民法院(2007)沪二中民五(知)初字第147号民事判决书；大众搬场诉百度案，上海市高级人民法院(2008)沪高民三(知)终字第116号民事裁定书。

本案中,法院认为第三方网站未经原告大众交通公司许可,在其经营搬场业务的网站网页显著位置突出使用了“上海大众搬场物流有限公司”等字样作为其企业字号,使相关公众产生了误认,侵犯了原告的注册商标专用权;同时,该行为引人误认为其是原告大众搬场公司的网站,构成擅自使用他人企业名称的不正当竞争行为;此外第三方网站还用了“大众搬场”等字样,构成对原告的虚假宣传的不正当竞争行为。由此可以看出,就未经原告许可使用“大众搬场”等企业字号的行为,构成商标侵权和不正当竞争。就本案被告百度公司实施的行为而言,法院认为其行为构成帮助第三方网站实施商标侵权行为,同时也帮助了第三方网站实施了不正当竞争行为,与第三方网站构成共同侵权。在判断是否构成商标侵权方面,法院认为百度公司知道存在另有多个第三方网站实施侵权的可能性,因此应进一步审核第三方网站的资质。然而通过被告的陈述可知,百度公司没有采取其他的审查措施,未尽合理的注意义务进而导致了侵犯原告大众交通公司的注册商标的第三方网站在搜索结果中排名靠前或处于显著位置,让互联网用户误以为结果中的相关网站与原告有关联关系,从而会对原告的商誉造成影响。因此,法院据此认定被告百度公司没有尽到合理的注意义务,主观上有过错,客观上也构成了帮助第三方网站实施商标侵权行为。在判定被告行为是否构成不正当竞争方面,法院指出百度公司在对关键词的合法性审查方面负有不可推卸的责任,即百度公司作为提供检索服务的平台,应对关键词的合法性进行审查。但百度网站对于申请竞价排名服务的用户网站除进行涉黄涉反等最低限度的技术过滤和筛选以外,没有采取任何其他的审查措施,未尽合理的注意义务,进而导致假冒原告大众搬场公司名称的第三方网站在搜索结果中排名靠前或处于显著位置,客观上帮助了假冒网站实施不正当竞争行为,并对原告大众搬场公司的商誉造成了一定影响。遗憾的是,在本案判决中,法院并未对当消费者在购买商品或服务前产生的混淆是否构成商标侵权进行分析，而是简单地采用售中混淆理论作为本案判决依据；同时将同一个行为既适用《商标法》又适用《反不正当竞争法》进行规制，这对该行为的规制的一致性是不利的。“大众搬场诉百度案”的意义在于明确了我国司法实务界承认搜索引擎服务商在提供搜索服务时应当受到《商标法》和《反不正当竞争法》的规制，在关键词审查方面负有注意义务，明确了我国承认故意使用他人商标作为搜索关键词、以“搭便车”的方式侵犯商标权人商誉的行为，应该受到规制。虽然没有直接提及初始兴趣混淆理论，但该判决认可了初始兴趣混淆行为的不法性，是我国初始兴趣混淆理论在实务界中的发展，对后来的类似案件处理具有借鉴意义。

同期，引起普遍关注的“台山港益电器诉广州第三电器厂案”，〔1〕历经广州市法院多轮审判，且不同法院在搜索服务提供者是否承担连带责任这一核心问题的认定上存在差异，值得深入分析。在本案中，原告港益公司经商标所有权人奥达公司授权，获得“绿岛风 Nedfon”商标的专有使用许可。被告谷翔公司是“www. google. cn”网站的经营方。被告购买了“绿岛风”作为关键词的竞价排名服务，即消费者使用“www. google. cn”网站输入“绿岛风”关键词进行检索时，在网页右上角的“赞助商链接”中，就会出现“绿岛风－第三电器厂”。

对于被告第三电器厂的行为是否构成商标侵权，一审法院认为，当潜在消费者在谷翔搜索引擎中输入“绿岛风”这一关键词后，其呈现的结果中会出现被告的链接，这样的显示结果将对原告商标权的出处产生来源混淆与误认，因而被告的行为系《商标法》上的商标使用。

〔1〕 参见台山港益电器诉广州第三电器厂案，广东省广州市白云区人民法院（2008）云法民三初字第3号民事判决书；台山港益电器诉广州第三电器厂案，广东省广州市中级人民法院（2008）穗中法民三终字第119号民事判决书。

法院因此判决被告构成商标侵权。二审法院对此予以支持。然而，在搜索服务提供者的责任承担问题上，一审、二审法院的观点截然相反。一审法院认为，由于谷翔公司没有对信息的控制力以及编辑力，对使用竞价排名者选择的词汇有无违法，也没有监控的相关义务，因此认定提供搜索引擎服务的谷翔公司不构成商标侵权。二审法院则指出被告谷翔公司有义务对关键词进行审查，原因在于谷翔公司的关键词搜索业务系商业广告，并且也收了被告第三电器厂的广告费用，为其提供了能够被潜在消费者找寻到的机会，增加了第三电器厂的交易机会。由于谷翔公司作为广告发布者，有能力履行法定审查义务，但是却没有履行，事实上为第三电器厂的侵权行为提供了便利条件。法院认为，面对第三电器厂在互联网领域发生的新侵权形式，法院可根据2001年《商标法》第52条第5项规定的“其他损害”予以制止，而该商标侵权结果的扩大是由于谷翔公司未尽到关键词审查的注意义务，因此谷翔公司的行为构成帮助侵权，应承担商标侵权连带责任。[1]“台山港益电器诉广州第三电器厂案”的意义在于，在关键词纠纷领域，一审、二审法院虽未使用初始兴趣混淆理论直接作出判决，但是实际上判决书中间接引用了商标初始兴趣混淆理论。特别是二审法院对搜索引擎服务商行为的改判，纠正了一审法院认定谷翔公司不构成商标侵权的错误结论，亦对今后我国搜索平台应尽何种义务具有一定指导意义。

在“大众搬场诉百度案”和“台山港益电器诉广州第三电器厂案”两个案件中，都是搜索引擎服务商通过销售商标权人注册商标作为关键词进行靶向宣传，当用户点击页面上的网站时，会出现进入与注册商

〔1〕 参见台山港益电器诉广州第三电器厂案，广东省广州市中级人民法院(2008)穗中法民三终字第119号民事判决书。

标无关的企业的网站的情形,而互联网用户就可能会到非商标权人的网站,并且在明知不是注册商标所标示的商品的情况下购买商品或服务。在如此相似的背景之下,两案件适用法律是不统一的。在"大众搬场诉百度案"中,法院认为作为搜索引擎的百度公司构成帮助第三方网站实施商标侵权行为,同时也帮助了第三方网站实施了不正当竞争行为,与第三方网站构成共同侵权,因而使用《商标法》和《反不正当竞争法》进行规制。在"台山港益电器诉广州第三电器厂案"中,一审法院认为搜索引擎公司既不构成商标侵权,也不构成不正当竞争;然而二审法院却认为其行为构成商标侵权的帮助侵权,只使用了《商标法》进行规制,而未采用《反不正当竞争法》。本书认为,这两个案件中所出现的行为均为初始兴趣混淆行为,应该使用统一的法律条款进行规制,但从目前的司法实践来看,法院对类案不同判的判决仍然存在,这不仅仅不利于解决初始兴趣混淆行为的规制问题,还会损害司法公信力。

但此两例案件后,时隔10年之久,就同样的问题,在司法实践中仍然存在类案不同判的情况。一个是2020年在湖南省长沙市岳麓区人民法院审理的"优积谷公司诉无忧创想公司案";[1]另一个是2021年在四川省成都市中级人民法院审理的"熊猫有空诉川麻婆餐饮案"。[2]两个案件的案情基本相同,均为商标权人向法院提起诉讼,被告均在未获得原告商标权人同意的情况下,在百度公司购买了原告商标中的关键词,互联网用户通过在百度搜索引擎上检索原告商标中的关键词,会出现被告的网页及相关广告,但点击进入后,互联网用户能够

〔1〕 参见优积谷公司诉无忧创想公司案,湖南省长沙市岳麓区人民法院(2020)湘0104民初6062号民事判决书。

〔2〕 参见熊猫有空诉川麻婆餐饮案,四川省成都市中级人民法院(2021)川01民终13334号民事判决书。

清晰地分辨出该网站不是原告的网站，即进入被告网站后此前的混淆就消除了。但是法院在选择法律适用上，却出现了完全不同的选择。前者，法院认为被告的行为是商标侵权行为，适用现行《商标法》第57条进行判决；而后者，法院则认为被告行为是不正当竞争行为，适用了现行《反不正当竞争法》第6条进行规制。在湖南省长沙市岳麓区人民法院的判决书中，虽然被告的抗辩中明确提出，被诉行为发生在互联网用户进入被告网站之前，且用户点击被诉内容后进入被告的网站没有原告任何商标相关的内容，消费者能很清晰地分辨出被告的网站不是原告的网站。也即，被告使用了初始兴趣混淆进行抗辩。但遗憾的是湖南省长沙市岳麓区人民法院并没有对此作出具体分析，而是较为笼统地以一句话带过，认为被告的行为导致了其网站在互联网用户面前呈现的链接信息包含了原告商标及网站的内容，容易导致相关公众产生混淆，进而判定被告的行为是商标侵权行为。四川省成都市中级人民法院则认为，被告的行为并不属于将商标使用在权利商标核定注册的服务类别上，也没有将商标用于商业活动中以识别服务的来源，因此不属于商标使用及商标侵权的范畴，不会导致商品或服务的来源混淆，也不会造成商标识别功能的减损。但如果被控侵权行为会引人误认被告与原告存在特定联系，根据现行《反不正当竞争法》第6条规定，应当认为该行为是不正当竞争行为。如此类似的案例，在时隔10多年的时间里，不同法院的判决意见仍未统一，可见此问题在我国尚未得到较好的解决，还需进一步完善。近年来，我国与关键词相关的互联网平台领域初始兴趣混淆行为规制模式的选择代表性文书，见表2。

表 2　与关键词相关的互联网平台领域初始兴趣混淆行为规制模式的选择

序号	审理法院及文书号	原告诉讼理由	法院对互联网平台行为的认定及理由	法院对初始兴趣混淆行为规制模式的选择
1	上海市第二中级人民法院(2007)沪二中民五(知)初字第147号	商标侵权和不正当竞争	有义务进行关键词审查,帮助侵权	《商标法》《反不正当竞争法》
2	上海市高级人民法院(2008)沪高民三(知)终字第116号	商标侵权和不正当竞争	有义务进行关键词审查,帮助侵权	《商标法》《反不正当竞争法》
3	广东省广州市白云区人民法院(2008)云法民三初字第3号	商标侵权	不侵权	《商标法》
4	广东省广州市中级人民法院(2008)穗中法民三终字第119号	商标侵权	有义务进行关键词审查,实施了帮助商标侵权行为	《商标法》
5	北京市第一中级人民法院(2010)一中民终字第2779号	商标侵权	有义务进行关键词审查,且尽到了注意义务,不侵权	《商标法》
6	天津市高级人民法院(2012)津高民三终字第3号	不正当竞争	未作判决	《反不正当竞争法》
7	湖南省长沙市岳麓区人民法院(2020)湘0104民初6062号	商标侵权	未作判决	《商标法》
8	四川省成都市中级人民法院(2021)川01民终13334号	商标侵权和不正当竞争	未作判决	《反不正当竞争法》

续表

序号	审理法院及文书号	原告诉讼理由	法院对互联网平台行为的认定及理由	法院对初始兴趣混淆行为规制模式的选择
9	江苏省南京江北新区人民法院(2021)苏0192民初1522号	商标侵权和不正当竞争	未作判决	《反不正当竞争法》
10	北京市丰台区人民法院(2021)京0106民初3637号	商标侵权	未作判决	《商标法》
11	广东省广州市白云区人民法院(2021)粤0111民初1747号	商标侵权	未作判决	《商标法》
12	重庆自由贸易试验区人民法院(2021)渝0192民初76号	商标侵权和不正当竞争	不侵权	《商标法》

(二)广告领域初始兴趣混淆行为规制现状

我国广告领域的初始兴趣混淆行为案例不多,大致可以分为两类,一类是弹出式广告领域的初始兴趣混淆,另一类是误导性广告领域的初始兴趣混淆。该领域内的案例与其他几个领域不同,法院对此类型的案例的判决意见相对统一,认为此类行为应纳入《反不正当竞争法》规制是主流意见。

例如,在2010年中国法院知识产权司法保护10大案件名单中,位列知识产权民事案件第五的干扰搜索引擎服务不正当竞争纠纷案,[1]即"百度公司诉奥商网络公司案",[2]就是我国较为有名的弹出式广告

〔1〕 最高人民法院办公厅《关于印发2010年中国法院知识产权司法保护10大案件和50件典型案例的通知》(法办〔2011〕85号)。

〔2〕 参见百度公司诉奥商网络公司案,山东省高级人民法院(2010)鲁民三终字第5-2号民事判决书。

领域的初始兴趣混淆案例。原告为百度公司，以不正当竞争为由将两被告诉至法院。该案中被告奥商公司与联通青岛公司合作，开展“网络直通车”广告业务，该业务所提供的服务主要是通过弹出广告实现的，例如广告主购买了“网络直通车”的关键词广告业务后，当互联网用户在原告百度公司的网站上检索已购买的关键词，就会先呈现广告主所购买的广告位，此时互联网用户可以选择点击该广告进入新的广告窗口，或者等待 5 秒后，原始检索结果就会出现。一审法院判定被告的行为违反了 2017 年《反不正当竞争法》第 2 条的规定，构成不正当竞争。其理由是，两被告实施了对网络用户在原告百度搜索引擎原始检索结果的干扰，让付费广告主的广告页面强行弹出在正常的检索结果之前，容易让网络用户将弹出的广告页面误认为是原告百度搜索引擎发布的，从而影响了搜索引擎服务提供者的服务质量，该行为违反了诚实信用原则以及商业道德，是不正当竞争的行为。对此，二审法院维持了原判。被告的行为系利用技术手段，在检索服务经营者的搜索结果中插入弹窗广告，并且其投放的广告与检索的关键词密切度极高，该行为会对两个方面产生影响，一是诸如本案原告互联网搜索引擎提供商；另一个则是使用该关键词进行检索的商标权人的潜在消费者。即使网络用户点击进入弹窗广告后，并没有发生实际混淆，但是此行为亦会对商标权人商标的商誉造成潜在影响。该案判决具有指导意义，该案的判决明确指出了该类行为应适用《反不正当竞争法》进行规制，对规范互联网领域广告竞争秩序具有很好的导向作用。这样的判决与前述美国“隐形眼镜案”的判决有异曲同工之妙。

在误导性广告领域，2018 年发生的知识产权侵权案例当中，由上海知识产权法院进行审理的“动视诉华夏案”在当时影响较大。[1] 2003

---

〔1〕 参见动视诉华夏案，上海知识产权法院(2018)沪 73 民终 222 号民事判决书。

年,动视公司经过不断地研发,成功发售一款名为“使命召唤”的网络游戏,并且以年度为单位,每一年都会新出一部,到2018年,该款游戏成功推出了16部,在网络上收获了一大批受众。与此同时,在华夏公司推出的新影片《狙击枪手》即将上映之际,将该电影的名称调整成了“使命召唤”。华夏公司在对该电影进行微博推广的过程中,更是加入了很多游戏方面的素材,并且没有对这些游戏素材的来源作出显目标识。法院在对这一案件进行审理的过程中指出,案件中的电影名称设置很容易对受众产生误导,和“使命召唤”这款游戏的名称有着高度的相似性,相关公众很有可能因此对这二者产生混淆。华夏公司在这一案件中,采用了不正当的宣传方式,来争取游戏圈相关公众对该电影的支持,从而获得收益,从法律层面来看已经属于不正当竞争的范畴。根据网友们的反映也不难看出,许多网友一直以为这两者之间有一定的关联性,可见混淆现象的确存在。经过法院的审理,动视公司虽然对“使命召唤”的系列游戏产品注册了商标,但是这一商标只能够代表该企业在固定类别的领域当中享有电影制作以及发行的专有权利,不能够说明其对“使命召唤”这一名称享有法律层面上的专有权利,所以华夏公司的行为从《商标法》上来看不属于商标侵权的范畴。根据已经搜集到的相关证据,可以看出“使命召唤”这一游戏在市场上的受众群体十分庞大,而华夏公司以该系列游戏的名称作为片名,实是攀附了同名游戏在市场上的商誉,所以属于不正当竞争的范畴。法官在判决本案时,虽未明确提及初始兴趣混淆理论,但最后运用《反不正当竞争法》来解决问题,判决给以原告赔偿,实则已承认被告的行为能让消费者产生初始兴趣混淆,对该理论的应用与发展,有非常重大的借鉴意义。近年来,我国广告领域初始兴趣混淆行为规制模式的选择情况代表性文书见表3。

表 3　广告领域初始兴趣混淆行为规制模式的选择

序号	审理法院及文书号	原告诉讼理由	法院判决规制模式选择
1	山东省高级人民法院(2010)鲁民三终字第 5－2 号	不正当竞争	《反不正当竞争法》
2	陕西省西安市中级人民法院(2013)西民四初字第 00227 号	商标侵权及不正当竞争	《商标法》 《反不正当竞争法》
3	阳江市江城区人民法院(2017)粤 1702 民初 3235 号	商标侵权及不正当竞争	《商标法》 《反不正当竞争法》
4	上海知识产权法院(2018)沪 73 民终 222 号	商标侵权	《反不正当竞争法》
5	广东省深圳市中级人民法院(2017)粤 03 民初 662 号	商标侵权及不正当竞争	《商标法》 《反不正当竞争法》
6	广东省佛山市禅城区人民法院(2019)粤 0604 民初 9984 号	商标侵权及不正当竞争	《商标法》 《反不正当竞争法》
7	上海知识产权法院(2020)沪 73 民终 278 号	商标侵权	《商标法》

(三)域名领域初始兴趣混淆行为规制现状

在我国,域名案件审理的法律依据是《关于审理涉及计算机网络域名民事纠纷案件适用法律若干问题的解释》。最高人民法院 2001 年出台的《关于审理涉及计算机网络域名民事纠纷案件适用法律若干问题的解释》第 7 条中对域名纠纷构成侵权或者不正当竞争的法律适用问题作了明确规定。[1] 此后,该司法解释在 2020 年被最高人民法院《关于修改〈最高人民法院关于审理侵犯专利权纠纷案件应用法律若干问题的解释(二)〉等十八件知识产权类司法解释的决定》修改中,该条被直接删除。虽然该条被删除,但是原司法解释中第 4 条、第 5 条仍然被

〔1〕 2001 年最高人民法院《关于审理涉及计算机网络域名民事纠纷案件适用法律若干问题的解释》第 7 条规定:"人民法院在审理域名纠纷案件中,对符合本解释第四条规定的情形,依照有关法律规定构成侵权的,应当适用相应的法律规定;构成不正当竞争的,可以适用民法通则第四条、《反不正当竞争法》第二条第一款的规定。涉外域名纠纷案件,依照民法通则第八章的有关规定处理。"

原文保留，其中，第 4 条第 4 项明确行为人应该有主观恶意，第 5 条则列举了具有主观恶意的 5 种情形及例外规定。[1] 遗憾的是，新修订的司法解释第 4 条仍未能释明商标侵权与不正当竞争的区分标准，并未能解决我国域名领域的初始兴趣混淆案件中法律统一适用的问题。

相比于美国，我国域名领域发生的初始兴趣混淆类案件相对较少，2020 年广州知识产权法院二审审结的"欧派家居诉欧派智慧光案"是一个典型的域名领域的案例。[2] 该案判决书的标题虽然用的是"不正当竞争纠纷"，但其中涉及很多商标的内容，尤其是域名领域的初始兴趣混淆，值得具体分析。原告欧派家居公司成立于 1994 年 7 月，经营范围涉及厨房用具及配件、家具、家用电器、家居产品等。被告欧派智慧光公司成立于 2016 年 5 月，经营范围是光电一体化技术研发、厨房、卫生间用具、家用电器批发等内容，其"欧派智慧"的企业字号是对公司创始股东"台州欧派光电科技有限公司"字号的继承。原告欧派家居公司为了提升其"欧派"商标的知名度，投入了大量的广告费，使之成为在其经营领域范围内的知名品牌之一。原告欧派家居公司诉称，未经其同意，被告欧派智慧光公司在企业名称中使用了欧派家居公司的"欧派"字号、在展会派发的宣传册显示该公司域名"www. oppein. cc"，而"oppein"是欧派家居公司的注册商标，被告欧派智慧光公司故意混淆了公众的认知，其行为侵犯了原告的商标权，构成对欧派家居公司的不正当竞争。

法院认为，被告欧派智慧光公司的行为属于售前混淆类的不正当竞争，应当承担侵权责任。被告欧派智慧光公司明知原告的"oppein"在家居行业拥有较高的知名度，仍然选择将"www. oppein. cc"作为域名进行登记，违反了市场经营主体应当恪守的诚实信用原则，构成不正当竞

---

〔1〕 参见最高人民法院《关于审理涉及计算机网络域名民事纠纷案件适用法律若干问题的解释》的规定。

〔2〕 参见欧派家居诉欧派智慧光案，广州知识产权法院(2020)粤 73 民终 4649 号民事判决书。

争。不但如此,被告欧派智慧光公司还将该域名实际用于广告宣传,构成“售前混淆”,让原告欧派家居公司的潜在消费者在购买之前误认为原被告之间存在特定联系,进而无法起到识别商品来源的作用。被告明显有攀附原告商标知名度的故意,通过借用原告商标的知名度,进而增加了欧派智慧光公司的交易机会,因此属于针对原告的虚假宣传,进而构成不正当竞争。综上所述,本案被告不正当地使用了原告商标中的文字部分作为自己网站的域名,由于互联网领域的特殊性,如果直接通过原告商标中的文字部分进行检索,那么原告的部分潜在消费者将被分流到被告的网站,被告不正当地利用了原告商标的商誉,这种行为应该受到规制。本案裁判还有一点值得深思,虽然原告的诉求是商标侵权,但法院自始至终都是以不正当竞争行为进行规制。究其原因,可能是与最高人民法院《关于审理涉及计算机网络域名民事纠纷案件适用法律若干问题的解释》中法律适用条款的不明确有关。但是对该司法解释的法律适用,不同法院却有着不同的判决结果。

在“天福号公司诉格福特公司和八瑞祥公司案”中,被告的行为可以让原告的潜在消费者产生初始兴趣混淆,法院却选择了以《商标法》进行规制。[1] 原告北京天福号食品有限公司是“天福号”商标的注册人,该商标早在1993年就被认定为“中华老字号”,2000年天福号注册了“tianfuhao. com. cn”域名,其中完整包括了注册商标“天福号”的中文全拼,2011年“天福号”生熟肉食被认定为北京市著名商标。被告格福特公司注册了包含原告商标中文全拼的域名“tianfuhao. cc”,进入被告公司的网站后,在首页的上方显示有“天福号(中国)集团公司”字样且突出显示“天福号”三个字;点击导航栏中的“产品展示”后,在页面左侧

[1] 参见天福号公司诉格福特公司和八瑞祥公司案,北京市朝阳区人民法院(2018)京0105民初12897号民事判决书。

点击“精典礼盒”，页面展示的是“天福御礼礼盒”“天福佳礼礼盒”等各类礼盒名称。法院认定，被告的以上行为是将上述文字作为商标使用，并足以让消费者发生实际混淆，构成商标侵权。在法院作出商标侵权的判决之后，被告格福特公司修改了自己网站中所展示的内容，当原告再次登录被告域名网站时，该网站首页上方显示有“北京八瑞祥食品科技有限公司”字样，网站中展示了八瑞祥公司的各类商品，并未出现“天福号”或类似文字。也就是说，被告从第一次判决结果中汲取了“教训”，认为只要消费者没有发生售中混淆，法院就不能判定构成侵权，所以选择更换网站内容，但同时保留了使用原告商标字号的全拼的域名。由于保留了域名，初始阶段原告的潜在消费者仍然会对该域名发生混淆误认，进入到网站后则可以清晰辨别被告网站与原告没有关联，这样的行为仍是希望借助原告多年经营所得的商誉，吸引其潜在消费者关注自己的商品，本质上就是实施了初始兴趣混淆行为。北京市朝阳区人民法院认为，根据 2001 年最高人民法院《关于审理涉及计算机网络域名民事纠纷案件适用法律若干问题的解释》第 4 条的规定，本案中被告所注册的“tianfuhao. cc”域名系对原告商标的音译，足以造成相关公众的混淆误认，被告对该域名不享有任何权利，也没有注册、使用该域名的正当理由，且其行为有造成与原告提供的产品混淆的故意，因而法院认定被告的行为应依法被认定为侵权或不正当竞争；再根据 2002 年最高人民法院《关于审理商标民事纠纷案件适用法律若干问题的解释》第 1 条第 3 项的规定，将与他人注册商标相同或相近似的文字注册为域名，并通过该域名进行相关商品的电子商务销售，容易使相关公众产生误认的，属于《商标法》规定的给他人注册商标专用权造成其他损害的行为。因此，法院认定，被告的行为构成给他人注册商标权造成损害的行为，属于商标侵权行为，适用《商标法》规制。

虽然是两个相似的域名案件，但是法院在对初始兴趣混淆行为进行规制时的选择却大不相同。在“欧派家居诉欧派智慧光案”中,法院主张被告使用原告商标作为域名增加了被告的交易机会,因此构成了对原告的虚假宣传,进而构成不正当竞争;而在“天福号公司诉格福特公司和八瑞祥公司案”中,法院对照2001年最高人民法院《关于审理涉及计算机网络域名民事纠纷案件适用法律若干问题的解释》第4条的规定,认为被告的行为构成侵权或不正当竞争,再依据2002年最高人民法院《关于审理商标民事纠纷案件适用法律若干问题的解释》第1条第3项规定认定为商标侵权。

值得注意的是,并不是所有在网络上的域名误导都具有可诉性。如种植小米的农夫,用“xiaomi. com”作为域名销售自己种植的小米,那么对于所有计划购买小米牌手机或者电视的人并没有构成真正意义上的侵害,因为他们在进入“xiaomi. com”这个网站后就能发现二者完全不同,不会产生实际混淆,也不会对小米所销售的电子产品有任何不良影响。近年来,我国域名领域初始兴趣混淆行为规制模式的选择代表性文书,见表4。

表4　域名领域初始兴趣混淆行为规制模式的选择

序号	审理法院及文书号	原告诉讼理由	法院判决规制模式选择
1	广东省高级人民法院(2017)粤民终2008号	商标侵权及不正当竞争	《商标法》 《反不正当竞争法》
2	湖北省武汉市中级人民法院(2016)鄂01民初1746号	商标侵权及不正当竞争	《商标法》 《反不正当竞争法》
3	广州知识产权法院(2017)粤73民初2239号	商标侵权及不正当竞争	《商标法》 《反不正当竞争法》
4	北京市朝阳区人民法院(2018)京0105民初12897号	不正当竞争	《商标法》
5	北京市海淀区人民法院(2019)京0108民初12236号	商标侵权及不正当竞争	《商标法》 《反不正当竞争法》

续表

序号	审理法院及文书号	原告诉讼理由	法院判决规制模式选择
6	北京市丰台区人民法院(2019)京0106民初8038号	商标侵权及不正当竞争	《商标法》《反不正当竞争法》
7	广州知识产权法院(2020)粤73民终4649号	商标侵权及不正当竞争	《反不正当竞争法》
8	江西省南昌市中级人民法院(2020)赣01民初925号	侵害网络域名及不正当竞争	《反不正当竞争法》

(四)二维码领域初始兴趣混淆行为规制现状

二维码在方便人们生活的同时,也容易被不法商家利用,成为初始兴趣混淆的工具。二维码具有易读写、高容量与纠错能力强等特点,已经成为日常生活中一种不可或缺的载体。由于二维码相较于一维码能承载更多的信息,扫码能链接到图片、网页等内容,这就为商标权人通过二维码商标展示自己的产品提供了空间。值得一提的是,二维码领域初始兴趣混淆行为主要是在我国发展起来的,反而在初始兴趣混淆的发源地美国案例鲜有发生。究其原因,可归因于我国二维码的应用几乎无处不在。目前,我国二维码应用非常广泛,如支付码、交通码等。截至2020年12月,手机网络支付用户规模超8亿人次,其中不少都是二维码支付。[1]“码上生活”已逐渐成为一种新的生活方式。[2]试想,现在出门还需要带现金吗?带上手机扫二维码基本就能完成所有的支付需求。就目前我国司法实践来看,大部分发生在二维码领域的初始兴趣混淆行为,是行为人在与商标权人类似的商品或者商品装潢上标示出二维码,消费者通过扫码可以发现被告的商品的生产商等信息。

---

〔1〕参见《第47次中国互联网络发展状况统计报告》,载中国互联网络信息中心(CNNIC)2021年2月,http://www.cnnic.net.cn/hlwfzyj/hlwxzbg/hlwtjbg/202102/P020210203334633480104.pdf。

〔2〕参见储舒婷:《“码上生活”激发城市数字沟通力巨大潜能》,载《文汇报》2021年12月20日,第1版。

可以认为，一个理智的现代消费者，通过扫描二维码后所获得的信息即可消除最初的混淆。

在我国已经发生了许多的二维码侵权案，如“泸州老窖公司诉和庆源酒水商行案”“农夫山泉诉桐远果业合作社案”等。[1] 但是这些类似的案例，不同法院却给出了不同的判决结果，这也是初始兴趣混淆领域没有统一的法律适用所造成的。在泸州老窖公司诉和庆源酒水商行案中，在被告百年老窖的包装装潢均与原告相似，酒瓶为暗红色，除位置排列与原告有些微差异外，酒瓶正中间标注的文字、图案、商标与酒盒正面标注的信息均相同。但是被告包装盒上有一个二维码，扫码进入后，不是原告泸州老窖的内容，而是被告自己百年老窖的信息，清晰地标注了生产厂商，这样一来，潜在消费者在正式购买前，扫码进入后，就不会发生混淆误认了。原告主张被告侵犯了其注册商标。被告辩称，被诉“百年老窖”突出使用了“原酿”二字，与原告注册商标并不相同或近似。法院通过相同或近似标准进行辨析，认为被告与原告的商标均由帆船、水波、市井繁荣场面几要素组合构成，且其各要素的位置，组合方式相似，被告展示了原告两枚图形商标的主要部分，虽然其上加注了“原酿”字样，但仅系标注其产品属性，并未影响标识底部图案作为整体标识的显著性和识别性，在相同的白酒产品上使用相应标识，容易使相关公众产生误认，因此，法院认定被告与原告商标构成近似商标，擅自使用前述标识属商标侵权行为。未经原告许可，被告古商台酒业公司生产、销售了被诉“百年老窖”酒，被告和庆源酒水商行销售了被诉“百年老窖”酒，属侵权责任主体，应承担相应的侵权责任。[2] 最后法院依

〔1〕 参见泸州老窖公司诉和庆源酒水商行案，四川省泸州市中级人民法院(2020)川05知民初119号民事判决书；农夫山泉诉桐远果业合作社案，河南省郑州市中级人民法院(2017)豫01民初4153号民事判决书。

〔2〕 参见泸州老窖公司诉和庆源酒水商行案，四川省泸州市中级人民法院(2020)川05知民初119号民事判决书。

照《商标法》第57条,认定被告侵犯了原告的注册商标专用权。在“农夫山泉诉桐远果业合作社”案中,原告农夫山泉公司受让“17.5°橙+Sweet/Sour+上扬箭头”商标,享有注册商标专用权。原告经证据保全公证,显示其于河南万邦国际农产品物流城的“杨氏南北鲜果有限公司”购买的5箱标识有“桐远鲜橙”“17.5°”“江西省赣州市桐远果业合作社”的商品,系安远县桐远果业专业合作社(以下简称桐远果业合作社)生产。原告以被告的行为构成不正当竞争为由诉至法院。该案涉及二维码的一个细节是,经当庭扫描被告产品外包装箱上的二维码显示:江西省赣州市桐远果业合作社注册成立于2011年,连续三年荣获市级“全市优秀农业示范合作社”。也就是说,虽然被告与原告的包装、装潢近似,但是消费者如果扫描二维码,能够非常清晰地得知此为被告的产品而非原告的。遗憾的是,法院在审理过程中,并没有从初始兴趣混淆的角度对此项进行分析。法院认为,被告使用与原告商标近似的图案布局和颜色搭配,导致消费者容易对产品的来源产生混淆,构成对原告的不正当竞争,并认为通过二维码扫描的结果是被告的信息,能够证明被控侵权产品是由被告所生产。从判决中可以看出,法院对被告行为定性为不正当竞争行为,应由《反不正当竞争法》进行规制。

本书认为,以上两个案件均涉及初始兴趣混淆在二维码领域的运用。两案件事实均为被告制作或销售了与原告包装或装潢近似的商品,且扫描被告商品上的二维码,其中的信息又明确指明了该商品的生产厂商系被告,也就是说,即使消费者在购买之初误认为被告的商品就是原告的商品或者认为被告的商品与原告的商品有关联关系,但是只要一个理性的消费者扫描了二维码,就可以消除此前的混淆,能够清晰地分辨此为被告的商品。如此相似的案例,在第一个案件中法院适用《商标法》第57条进行判决,而在第二个案件中,法院则采用的是《反不正当竞争法》第2条进行判决。换句话说,同样的行为,在不同的判决中,既可能被认为是商标侵权行为,也可能被视为不正当竞争行为。

除此之外,也有法院认为二维码只是一种将黑白相间的图形有规律地分布在平面上用以记录数据信息的条码形式,人们需要通过扫描二维码才可以获得相关信息,因此二维码本身不具有商标的直观性特征,对二维码的使用也不符合人们通常的商标识别习惯,该二维码并不会影响被诉侵权标识的商标识别功能。该观点也体现在“仙桃市米业协会诉999 干货店案”的判决中。[1] 事实上,前述中国司法实务已出现的争议案例只是初始兴趣混淆行为的冰山一角,类似的初始兴趣混淆二维码领域案例不仅仅只有这几个,笔者无法穷尽列举,这种新兴的初始兴趣混淆行为,会给商标权人潜在利益造成损害。因此,要提高二维码商业应用下的商标权保护力度,需对商标的初始兴趣混淆进行深入研究,得出初始兴趣混淆行为规制的统一适用。通过不完全统计,我国二维码领域初始兴趣混淆行为规制模式的选择代表性文书,详见表5。

表5　二维码领域初始兴趣混淆行为规制模式的选择

序号	审理法院及文书号	原告诉讼理由	法院判决规制模式选择
1	湖南省高级人民法院(2019)湘民终83号	商标侵权	《商标法》
2	河南省郑州市中级人民法院(2017)豫01民初4153号	不正当竞争	《反不正当竞争法》
3	安徽省高级人民法院(2019)皖民终21号	商标侵权及不正当竞争	《商标法》 《反不正当竞争法》
4	四川省泸州市中级人民法院(2020)川05知民初119号	商标侵权	《商标法》
5	山东省临沂市中级人民法院(2020)鲁13民初619号	商标侵权	《商标法》

[1] 参见仙桃市米业协会诉999 干货店案,湖南省高级人民法院(2019)湘民终83号民事判决书。

续表

序号	审理法院及文书号	原告诉讼理由	法院判决规制模式选择
6	四川省绵阳市中级人民法院(2020)川07民初247号	商标侵权	《商标法》
7	陕西省西安市中级人民法院(2020)陕01知民初2205号	商标侵权	《商标法》
8	山东省日照市中级人民法院(2021)鲁11民初98号	商标侵权	《商标法》
9	陕西省西安市中级人民法院(2021)陕01知民初1190号	商标侵权	《商标法》
10	河南省驻马店市中级人民法院(2021)豫17知民初291号	商标侵权	《商标法》

第二节　我国商标初始兴趣混淆行为规制规则的不足

由上文分析可知，并非所有的初始兴趣混淆行为都是不法行为，也并非所有的初始兴趣混淆行为都不是商标侵权行为。因此本书认为，就初始兴趣混淆行为规制而言，应该适用《反不正当竞争法》进行规制，排除《商标法》的适用。然而，由于我国《商标法》《反不正当竞争法》及其司法解释尚无明确的针对初始兴趣混淆行为规制的条款，在司法实践中适用法律不统一的现象时有发生。我国商标初始兴趣混淆行为规制规则的不足，主要体现在《商标法》与《反不正当竞争法》界限不明，且本应对此行为进行规制的《反不正当竞争法》又缺乏明确、具体的规定。

一、《商标法》与《反不正当竞争法》界限不明

《商标法》对初始兴趣混淆行为的规制，实际上就是在商标权人、消

费者以及其他市场竞争参与者之间进行利益的协调与平衡。在初始兴趣混淆发生的情况中,如果严格保护商标权人的商标,禁止一切“搭便车”的行为,并不利于市场的自由竞争;而如果对初始兴趣混淆不闻不问,则“搭便车”者极有可能利用商标权人的商标,在消费者搜寻成本较高的状态下影响消费者的购物决策。可见,《商标法》既要保护商标权人的商誉,维持商标权的激励效果,又要维护一个公平、高效的竞争环境,将一部分“搭便车”行为排除在商标权的控制范围之外。本书认为,就两部法律的关系而言,交叉关系与互补关系并存,二者界限不明是常态。

商标的基本功能是为相关公众区分不同商品或服务提供保障,具有强烈的经营权利属性和社会属性;而《反不正当竞争法》则更着眼于维护公平的市场竞争秩序,立法宗旨在于打击市场竞争中的各种不正当竞争行为。虽然《反不正当竞争法》与各知识产权法存在一般法与特别法的关系,但是与其他知识产权法相比,《商标法》与《反不正当竞争法》的联系更为密切。《商标法》与《反不正当竞争法》的交叉关系与这两部法律自身立法目的息息相关,通过法条原文即可看出二者水乳交融,相辅相成。例如,《商标法》第 58 条规定,将他人注册商标、未注册的驰名商标作为企业名称中的字号使用,误导公众,构成不正当竞争行为的,依照《反不正当竞争法》处理;《反不正当竞争法》第 6 条中明确指出经营者不得实施的 4 种混淆行为就包括作为兜底条款的“其他足以引人误认为是他人商品或者与他人存在特定联系的混淆行为”。在适用具体条款规制混淆行为时,需要借助特别法与一般法的理论厘清商标侵权行为和狭义的不正当竞争行为的界限。在司法实践中,法院首先会判断被控侵权行为是否构成商标侵权行为,如果是,那么就不再考虑适用《反不正当竞争法》了。这种适用的先后顺序体现了特别法与一般法的法律适用的思维方式。由上文可知,一个行为同时违反了《商标法》和《反不正当竞争法》的相关规定，构成商标侵权和不正当竞争行为的，只能择其一适用法律进行规制。

需要注意，现行《商标法》框架从规则到理念都无法为规制初始兴趣混淆行为发挥作用。传统商标法是以保护商标权人的商誉为中心，但由于商标价值难以估测，立法者与司法机关向来对未经他人同意盗用商誉行为的认定采取较为保守的立场，亦即以他人是否因为误导消费者的决策而产生市场替代效果，作为判断混淆可能性的关键考量因素。和传统商标法的固有逻辑不同，初始兴趣混淆的范畴所强调的并不是消费者购买时决策的误导，而是在购买之前信息触碰的混淆以及商标权人竞争机会或竞争利益的丧失，并非直接涉及消费者对于商标权人商品或服务购买计划的影响。因此，如果将初始兴趣混淆纳入商标侵权的保护范围，就会对传统商标法保护体系的利益平衡产生冲击。同时，我国现行《商标法》也未将初始兴趣混淆行为列为商标侵权行为的一种类型，可见，我们无法在现行《商标法》框架下规制初始兴趣混淆行为。退一步讲，如果立法者在今后的修法活动中将初始兴趣混淆引入《商标法》，可以预判，这种做法也不会产生预期的效果，相反，还会引发更多的问题。原因在于，初始兴趣混淆与传统混淆理论的逻辑基础不一致，以《商标法》规制初始兴趣混淆行为无疑会扩大商标权人的权利，损害同业竞争者，同时也会影响消费者相应消费信息的自由获取，破坏既存的利益平衡状态，最终和《商标法》的立法目的背道而驰。

初始兴趣混淆行为是盗用他人商标实施的不正当竞争行为，但基于何种标准确定优先适用《反不正当竞争法》而不是《商标法》进行规制，目前没有统一观点。与此同时，初始兴趣混淆行为的规制始终绕不开《反不正当竞争法》与《商标法》关系的探讨。令人遗憾的是，学界大都认为《反不正当竞争法》是《商标法》的兜底保护法，但在何种情形下才能兜底，排除作为特别法的《商标法》的适用，缺少有说服力的理论。

不止初始兴趣混淆,这种尴尬状况也影响着一系列不法行为的有效规制。

二、《反不正当竞争法》立法缺失

长期以来,《反不正当竞争法》调整的范围都比较广泛,具有一定的模糊性,特别是伴随着互联网的发展,新型互联网侵权现象层出不穷,在缺少具体条文及时跟进的情况下,《反不正当竞争法》便有了更多的用武之地,调整范围更是不断扩大。目前,我国《反不正当竞争法》中并没有针对初始兴趣混淆行为的具体规定,如果选择将初始兴趣混淆行为归入其中,那么就只能适用《反不正当竞争法》的兜底条款,以该法第2条中对不正当竞争行为的定义来进行规制。虽然《反不正当竞争法》一般条款的司法适用属于常态,并且在司法实践中扮演着重要角色,但一般条款的适用,会给法官预留相当大的自由裁量空间,司法裁判的可预测性会受到一定影响。所以,在《反不正当竞争法》中明确增加专门用于规制初始兴趣混淆行为的条款,是最为可靠的选择。

(一)一般条款的普遍适用

并非所有的初始兴趣混淆行为都是不正当竞争行为,如前文提到的网站的明确标示行为就属于例外情形。当然,因为不构成不正当竞争行为的初始兴趣混淆行为占比很小,所以在初始兴趣混淆行为的规制中,一旦符合初步的不正当竞争判定要件,就可以推定该行为的不法性,行为人需要举证证明不构成不正当竞争行为的例外情形的存在。在未来修法以更好地对初始兴趣混淆行为进行规制时,立法者需要注意把握好行为规制与竞争自由的关系,通过规则的设计,为竞争自由保留必要的空间。

《反不正当竞争法》第一章"总则"中规定的内容与第二章"不正当竞争行为"既有一般规定又有特别规定,这样的立法方式导致法律适用较为复杂。例如,《反不正当竞争法》第2条所规定的不正当竞争行为就是一般规定,而第6条规定的具体的"引人误以为是他人商品或者与他人存在特定联系"的混淆行为,就是不正当竞争行为的特别规定。因此,如果要依据《反不正当竞争法》来规制初始兴趣混淆行为,那么法律适用的程序将是:优先适用《反不正当竞争法》第6条的内容,当不能将这些条款对号入座时,才可再根据行为人确实存在违反"自愿、平等、公平"等原则损害商标权人的合法权益的事实,依据《反不正当竞争法》第2条进行判决。

在《反不正当竞争法》与知识产权单行法的关系问题上,"一方面,侵犯知识产权的行为在许多情况下属于不正当竞争行为,与《反不正当竞争法》所调整的法律关系经常存在竞合,但各种专门知识产权法对知识产权已经提供了特别保护;另一方面,《反不正当竞争法》是规范市场竞争关系、保障市场交易公平的一项基本法律,它还可以在知识产权法提供的特别保护之外为知识产权提供附加或兜底的保护。因此,凡是知识产权法已经规范的侵权行为,应当直接适用知识产权法的规定,只有对那些缺乏特别法规范的不正当竞争行为,才需要依据《反不正当竞争法》作出裁决"[1]。根据上述观点,对于初始兴趣混淆行为这种在《商标法》中既未明确列举又不符合其立法精神的行为,在造成商标权人潜在利益损害的情况下,由《反不正当竞争法》进行规制更为合理。因此,2017年修订后,增加了不正当竞争行为的类型,以期法律适用更为精准。然而,我国现行《反不正当竞争法》第2条仍是对不正当竞争行为的一般性规定,司法机关依旧会将该条作为提供兜底保护的法律依据;第6条对经营者不得实施的混淆行为进行了具体列举,前三种特定的混淆行为中均未提及初始兴趣混淆行为,而第4项中的兜底规定

〔1〕 孔祥俊:《反不正当竞争法新原理－总论》,法律出版社2019年版,第50页。

的语义又过于含混。上述现状导致司法实践中法官在审判初始兴趣混淆案件时左右为难,即便希望适用《反不正当竞争法》来进行规制,但是却找不到恰当的、明确的依据,最后大都选择适用《反不正当竞争法》第2条的规定。

(二)专门条款的修订不足

由于一般条款的普遍适用,并不利于法律适用的统一,立法者已经对此问题进行了完善。在我国2017年修订后的《反不正当竞争法》中新增了第12条,为专门针对互联网领域的生产经营活动作出的规定。该条第2款第1项就明文规定,"未经其他经营者同意,在其合法提供的网络产品或者服务中,插入链接、强制进行目标跳转"的就认定为实施了不正当竞争行为。这正是上文所述的我国初始兴趣混淆行为规制的司法现状的一种,即弹出式广告领域的初始兴趣混淆典型案例"百度公司诉奥商网络公司案"[1]。案件事实及审理结果如前文所述,由于该案件发生在修法之前,审理法官认为此案是不正当竞争案,却只能选择适用《反不正当竞争法》第2条的一般性条款进行判决。如果该案发生在修法之后,此类案件就应该适用《反不正当竞争法》第12条第2款的规定。由此看来,《反不正当竞争法》也在与时俱进地进步,修订的过程中也会新增不正当竞争行为的类型,并且已经新增针对弹出式广告领域的初始兴趣混淆行为的规制。既有此先例,那么后续完善《反不正当竞争法》,增加其他不正当行为的类型,将初始兴趣混淆行为纳入其中,也有章可循。

虽然《反不正当竞争法》第12条新增了互联网领域不正当竞争行为的类型,第2款第4项是为互联网领域不正当竞争行为所撰写的兜底式条款,前面第1项至第3项则列举了非常有限的互联网领域的典型不

[1] 参见百度公司诉奥商网络公司案,山东省高级人民法院(2010)鲁民三终字第5-2号民事判决书。

正当竞争行为，但是由于互联网领域发展变化的日新月异以及商业模式的不断创新，会持续增加新的不正当竞争行为的类型，而已有的一些行为类型可能随着时间的推移又很少有人使用甚至不会再发生了。比如弹出式广告的侵权行为，参与立法者对该行为进行定性分析，认为如果互联网用户通过某一搜索引擎检索关键词，在搜索引擎结果出来之前，由于有其他经营者的技术行为，插入其他类似的竞争广告，且互联网用户点击了该广告就会进入广告页面，并不是搜索结果的界面，那么行为人的这种行为就构成不正当竞争。[1] 但是，随着时间的推移、弹窗拦截软件的普及以及互联网用户理性上网的能力和水平的提高，出现弹出式广告也不再进行点击，弹出式广告行为可能因为没有市场而逐渐退出历史舞台，而专门针对该行为进行规制的法条，也就没有了用武之地。因此，《反不正当竞争法》中第 12 条第 2 款中的第 1 项至第 3 项过于具化，使用的时间可能并不长久。互联网领域的不正当竞争行为难以稳定地对其进行类型化，这是由于互联网领域变化发展太快所导致的。该法第 12 条第 2 款中的最后一项是一个兜底性的概括条款，由于缺乏对互联网领域不正当竞争行为构成要件的具体规定，亦可以直接适用《反不正当竞争法》第 2 条规定的内容，那么其独立存在的意义就荡然无存。

综合以上，我国在《反不正当竞争法》中对新增的不正当竞争行为类型化上的有益探索，为规制初始兴趣混淆行为提供了帮助。《反不正当竞争法》第 12 条对新型互联网领域侵权行为进行类型化，但是“过细”和“过粗”的规定都不利于法律适用的稳定性。因此，有必要对新兴领域不正当竞争行为类型化的程度进行更好的把控。如果将初始兴趣混淆行为作为不正当竞争行为的一种类型，其中包含了弹出广告领域、

[1] 参见王瑞贺主编：《中华人民共和国反不正当竞争法释义》，法律出版社 2018 年版，第 45 页。

关键词与互联网平台、域名、二维码等，只要是不正当地盗用商标权人商誉实施的活动，再结合判断流程和判断标准，即可作出是否为不正当竞争行为的判断，与《反不正当竞争法》中关于互联网领域不法行为的规定非常契合。需注意的是，初始兴趣混淆行为不仅包含互联网领域不正当竞争行为，还可以包括非互联网领域的不正当竞争行为，因此就其范围而言，比仅仅是互联网领域的不正当竞争行为范围更广。但就目前来看，《反不正当竞争法》对初始兴趣混淆行为应由《反不正当竞争法》进行规制，还没有一个明确的态度，究竟应如何规制，规制到何种程度，都还没有明确的规定。而这正是我国《反不正当竞争法》下一次修改所需要完善的地方。

第三节　我国商标初始兴趣混淆行为规制规则的完善

针对实务中发生的初始兴趣混淆行为的规制，我国目前司法实践中尚未形成一个统一的规制规则。在具体的司法实践中，类似案情的案件有着分别适用不同法律进行规制的不太相同的判决结果。因此应综合考虑我国一贯将《商标法》与《反不正当竞争法》分开立法的国情实际，同时尝试将国外已有法律、法规、判例中的经验去粗取精地借鉴，循序渐进地对我国商标初始兴趣混淆行为规制规则进行完善，以期实现商标权人和消费者间的利益平衡，促进我国社会主义市场经济繁荣发展。

一、厘清《商标法》与《反不正当竞争法》的界限

大多数知识产权权利冲突，都是在后的“知识产权”侵犯了在先的民事权利，构成了特定的侵权行为或者不正当竞争。当然，不正当竞争

仍然属于广义的侵权行为的范畴。[1] 就商标专用权的权利冲突而言，构成违法的商标权权利冲突，要么归入侵犯特定民事权利的侵权行为，要么归入不正当竞争。在我国司法实践中，通常情况下，只要可以进入特定民事权利的侵权行为，应该尽量使用专门的知识产权法进行调整，例如因使用“字号”构成的商标侵权行为，就是由《商标法》予以规制，如果不能纳入专门法进行调整，才能再依据《反不正当竞争法》进行规制，认定该行为系不正当竞争行为。如将他人注册商标用作“字号”而构成不正当竞争的情形，但要尽量防止向不正当竞争的原则性规定“逃遁”。[2]

(一)《商标法》与《反不正当竞争法》的主要区别

虽然对商标侵权行为和不正当竞争行为的规制目的都在于避免市场秩序的混乱，保护市场公平竞争的营商环境，但二者还是存在一定区别，不能将《商标法》与《反不正当竞争法》中同时出现的“混淆”混为一谈。本书认为，竞争法上的混淆大致可以分为两类，一类是引起商品或者服务出处混淆的行为，属于商标侵权的范畴，除此之外的其他混淆行为均应归入不正当竞争的范畴，而初始兴趣混淆行为恰好属于后者。要厘清《商标法》与《反不正当竞争法》的界限，其本质问题是要厘清商标侵权行为与不正当竞争行为的区别。只有从这个落脚点出发，才能从实际效用上解决问题。在认定商标侵权行为与不正当竞争行为的构成要件上，本书认为大致有以下几个区别。

第一，判断基准不同。《商标法》所禁止的是对商标专用权的侵害，针对的是商标侵权行为，而《反不正当竞争法》遏制的则是不正当竞争行为。也就是说，二者所调整的行为类型不完全相同，前者更注重该行

---

〔1〕 参见孔祥俊:《商标与不正当竞争法:原理和判例》,法律出版社 2009 年版,第 548 页。
〔2〕 参见孔祥俊:《商标与不正当竞争法:原理和判例》,法律出版社 2009 年版,第 548 页。

为是否进入了商标权的排他范围，后者则更注重该行为的正当性，是否扰乱了市场经济秩序。如果某一行为应适用《商标法》进行规制，此时应从商标功能是否受到了影响进行审查。指示商品或服务来源是商标最核心的功能。[1] 正如张玉敏教授所言，法律所保护的是商业标志的识别性，而不是其创造性，作为知识产权保护对象的商业标志的本质属性是其识别性。[2] 就本质而言，商标不仅仅是一个符号，更是识别工具。消费者可以通过对不同的商标的识别，来区分不同商品或服务的提供者，购买自己信赖的商标所提供的商品或服务，并对该商标产生一系列具有社会意义的联想。上述过程，是以商标的识别功能为起点的。商标不但能让购买者把特定的商品或服务与其生产、经营者联系起来，更为重要的是，能够帮助潜在消费者对不同的商标权人所提供的商品或服务进行识别。我国《商标法》第 9 条也明文规定，申请注册的商标要便于识别。作为一种宣传与沟通媒介，商标在消费者和生产者之间搭建起了一座桥梁，使得消费者可以通过识别不同的商标，按照自己的需求购买商品或服务。因此判断某一行为是否构成商标侵权最为关键的是判断该行为有没有对相关消费者产生售中混淆，而判断售中混淆是否成立，除了观察该混淆行为是否发生在正式购买时，而且还需要判断该行为是否对商标识别来源功能造成了减损。对于知识产权单行法中没有列举的行为，《反不正当竞争法》也不能一概予以调整，而是要考察该种行为是否从根本上违反了“自愿、平等、公平、诚信”的原则，竞争行为与商业道德的符合程度才是其关注的重点。

第二，对侵权人主观状态的要求不同。《商标法》和《反不正当竞争法》对于侵权人的主观状态的要求不一致，构成商标侵权行为不需要证

[1] 参见李雨峰主编：《侵害商标权判定标准研究》，知识产权出版社 2016 年版，第 99 页。
[2] 参见张玉敏：《知识产权的概念和法律特征》，载《现代法学》2001 年第 5 期。

明行为人有主观故意,而只需要证明行为人客观上侵犯了商标专用权。我国《商标法》主要保护注册商标,商标一旦获准注册,就成为对世权、绝对权,推定所有人都应当知晓商标注册的事实,进而为所有人设定了合理的注意义务。在这种法律效果的推导下,任何人都不得以不知道商标注册为由,为自己未经许可在商标法意义上使用他人注册商标的行为开脱。《反不正当竞争法》则具有一般法的特色,其坚持以民法的基石之一——过错责任原则为基础,强调行为人的主观故意,而这种主观故意具体体现在利用商标权人商誉和竞争优势的故意,采取"搭便车"的意图。因此不正当竞争行为从本质上看是一种违反诚实信用原则的行为,是一种谋取不正当的竞争利益的行为。同时,《反不正当竞争法》更强调的是行为的正当性,需要对涉案行为的正当性进行考量,考量行为本身的手段是否正当;其所获得的竞争优势,是否具有合法性支持。就初始兴趣混淆行为来看,行为人需要有实施初始兴趣混淆行为的故意,即攀附他人商誉的意图和为营销自己的商品或服务的目的,符合不正当竞争行为的本质。

第三,保护程度不同。《商标法》只保护注册商标专用权,而《反不正当竞争法》关注的是对商标的不正当利用。在诉前财产保全上,《商标法》第 65 条规定了注册商标权人诉前财产保全的内容,而《反不正当竞争法》中却没有相关规定。在惩罚性赔偿方面,《反不正当竞争法》仅仅针对恶意侵犯商业秘密的不正当竞争行为规定了惩罚性赔偿,其余不正当竞争行为都无法适用,只能按照传统的权利人损失或侵权人获利的方法确定赔偿数额,坚持损害赔偿的填平原则。《商标法》第 63 条中,立法者规定了惩罚性赔偿,法官甚至可以通过自由裁量权判决高达 500 万元的惩罚性赔偿。显而易见,《商标法》对商标专用权的保护力度比《反不正当竞争法》要大得多、强得多。究其原因,本书认为主要是因为《商标法》所保护的是法律明文规定的商标权,法律对于"权利"的保护力度较之于"行为"更大,是可以理解的。而《反不正当竞争法》关注行为的规制,注重行为的正当性,包括行为手段的正当性以及获得竞争优势是否有合法性支持,但其最大的特点是保护对象的不固定性,即不同于商标侵权行为有法律明文规定哪些是商标侵权行为,相反,只要行为人在生产经营活动中,扰乱市场竞争秩序,不正当地损害其他经营者或者消费者的合法权益,均可视为不正当竞争行为。故而,不正当竞争行为范围较之商标侵权行为的范围更广。也正是因为不正当竞争行为的不确定性,《反不正当竞争法》的适用才有了更多的限制性规定。

(二)《商标法》与《反不正当竞争法》调整对象的切割

《反不正当竞争法》与知识产权法有着非常密切的关系。[1] 为了对某一行为适用确定的法律进行规制,可以通过修法来实现。而这在我国《商标法》与《反不正当竞争法》一体推进的过程中,已经有过一次鲜明的事例。要厘清《商标法》与《反不正当竞争法》的界限最为关键的一步,是通过立法者在法律条文上进行区分,从源头上做好区别。在 1993 年《反不正当竞争法》中第 5 条第 4 项将假冒他人注册商标的行为列为不正当竞争行为之一,而同年修订的《商标法》第 38 条也规定了"销售明知是假冒注册商标的商品的"构成侵犯注册商标专用权。由于我国 1993 年《商标法》对假冒注册商标的行为有更详细的规定,1993 年《反不正当竞争法》中关于假冒注册商标的规定意义不大。这就导致了司法实践中在处理假冒注册商标行为时,裁判者会直接适用《商标法》中的规定,而《反不正当竞争法》中的规定就形同虚设。立法者也认识到这个问题,因此,在 2017 年第一次修订《反不正当竞争法》时,将 1993 年《反不正当竞争法》中关于假冒注册商标的规定删除,并在 2019 年第二次修订《反不正当竞争法》时,沿用了第一次修订的内容,即继续确认

[1] 参见孔祥俊:《商标与不正当竞争法:原理和判例》,法律出版社 2009 年版,第 643 页。

这种状态的存在。立法者通过对《反不正当竞争法》的修订，实现了商标假冒行为应全部归属于《商标法》调整的彻底切割。

以上的立法调整对初始兴趣混淆行为规制规则的构建有着非常重要的借鉴意义。行为人基于主观故意不正当地攀附商标权人商标商誉的行为，将商标权人潜在消费者吸引或转移到自己所营销的商品或服务中来，并没有构成《商标法》第 57 条所规定的商标侵权行为类型，因此无法适用《商标法》对此类行为进行规制。实际上，初始兴趣混淆行为违背了"公平、诚信"的民法基本原则，践踏了商业道德，已构成经营者在生产经营活动中扰乱市场秩序的行为，应由《反不正当竞争法》予以调整。至此，初始兴趣混淆行为的规制模式的选择，已较为明显。故而，就初始兴趣混淆行为的规制调整来看，也可以借鉴商标假冒行为立法修改的底层逻辑，即通过修改《商标法》和《反不正当竞争法》的具体条款内容，对《商标法》与《反不正当竞争法》调整对象的切割，实现将初始兴趣混淆行为纳入《反不正当竞争法》进行规制的效果。但相对商标假冒行为规制的选择所需调整两部法律不同，对初始兴趣混淆行为实现统一规制只需调整一部法律。因我国《商标法》中并未对初始兴趣混淆设有明文规定，故而只需要在《反不正当竞争法》及其相关司法解释中加以说明即可实现。

二、《反不正当竞争法》的立法完善

本书认为，《反不正当竞争法》对初始兴趣混淆行为进行规制更为合理。但遗憾的是，我国 2019 年修订的《反不正当竞争法》在法律适用上还没有建立对初始兴趣混淆行为规制的相关具体内容，如要适用《反不正当竞争法》，则只能通过适用其第 2 条一般条款进行调整。一般条款是把"双刃剑"，它虽然能很好适应新情况和解决新问题，但又会给

《反不正当竞争法》的法律适用增加不确定性因素。[1] 在充分发挥《反不正当竞争法》的积极作用的同时又要对其适用范围和适用条件作出限制,这是摆在立法者面前的一个难题。破解之道则是尽可能对各种不正当竞争行为进行具体、细致的规定。因此,有必要在《反不正当竞争法》的框架之下,构建一套初始兴趣混淆行为的判断标准,以此规范市场竞争,推动市场经济健康、有序发展。对此,一方面,本书建议在现行的《反不正当竞争法》第 6 条中增加混淆行为的类型,将初始兴趣混淆行为纳入其中;另一方面,建议在《最高人民法院关于适用〈中华人民共和国反不正当竞争法〉若干问题的解释》(以下简称 2022 年《反不正当竞争司法解释》中增加初始兴趣混淆行为的考量因素,以实现从法律到司法解释层面对我国初始兴趣混淆行为规制规则的构建。

(一)《反不正当竞争法》的修法建议

就我国现行的《反不正当竞争法》条文来看,第 2 条是不正当竞争行为的定义性条款,具有高度的概括性和抽象性,适用于所有的不正当竞争行为;第 6 条则规定了具体的混淆行为。同为"混淆"行为,《反不正当竞争法》与《商标法》中的"混淆"在名称上一致,但在理念、逻辑上又有差别,两部法中规定的"混淆"行为在性质上是不同的。在认定一些不正当竞争行为的时候,要准确把握《反不正当竞争法》第 2 条规定的竞争原则和不正当竞争行为的含义。作为一般条款,第 2 条是高度抽象的规定,在复杂的市场交易环境中,如果稍有不慎,就可能把正常的竞争关系通过该条文的适用认定为不正当竞争关系,扭曲了竞争秩序。因此,对于法官而言,一般条款的适用难度较高,要求其对市场竞争具有准确的判断,并拥有较高的经济和法律专业水平。初始兴趣混淆行为属于《反不正当竞争法》上的混淆行为,如果笼统地适用《反不正

〔1〕 参见孔祥俊:《商标与不正当竞争法:原理和判例》,法律出版社 2009 年版,第 681 页。

当竞争法》第2条原则性地加以适用，则也可能会带来上述问题。因此，本书认为应该将初始兴趣混淆行为类型化，增加到《反不正当竞争法》第6条中，成为应被禁止的典型混淆行为之一。

基于上述分析，本书建议在第三次修订《反不正当竞争法》时，可对《反不正当竞争法》第6条作如下修改：增加第6条第4项“擅自利用商标权人商誉吸引商标权人潜在消费者，对商标权人潜在利益造成损害的”；将原第4项顺延为第5项。如此一来，修改的《反不正当竞争法》第6条就更新为如下内容：“经营者不得实施下列混淆行为，引人误认为是他人商品或者与他人存在特定联系：（一）擅自使用与他人有一定影响的商品名称、包装、装潢等相同或者近似的标识；（二）擅自使用他人有一定影响的企业名称（包括简称、字号等）、社会组织名称（包括简称等）、姓名（包括笔名、艺名、译名等）；（三）擅自使用他人有一定影响的域名主体部分、网站名称、网页等；（四）擅自利用商标权人商誉吸引商标权人潜在消费者，对商标权人潜在利益造成损害的；（五）其他足以引人误认为是他人商品或者与他人存在特定联系的混淆行为。”

（二）《反不正当竞争法》司法解释的修改建议

从功能视角看，在我国，法律和司法解释有一定的功能分野。就我国立法惯例来看，很少有成文法中针对某种行为专门规定具体的判定要素或者考量因素，通常情形下此类内容都放在司法解释或者相关政策之中。例如，国家知识产权局2020年印发的《商标侵权判断标准》，其中第21条就明确规定了商标执法相关部门判断是否容易导致混淆的考量要素。考虑到我国立法习惯，建议在2022年《不正当竞争司法解释》中增加初始兴趣混淆行为判定的标准，通过法律、司法解释的综合修订，以达到对初始兴趣混淆行为规制的确定性。

本书认为初始兴趣混淆行为的判定标准有：商标的强度、商品或服务的可替代性、商标权人潜在利益所受影响、消费者注意力水平、行为人的主观意图及其他考量要素。其中,其他考量要素包含了“广告的标签和外观”以及“显示结果页面的屏幕上的周围环境”,这些是专门为互联网上的初始兴趣混淆行为所提供的考量要素。需要注意,发生在互联网领域的初始兴趣混淆行为并不只适用第六个因素,而是,在互联网领域,适用了前五个要素之后还要结合第六个要素进行考量。法官在判案时可以灵活地适用前五个要素对初始兴趣混淆行为进行评判,初始兴趣混淆行为的成立不需要就五个因素全部对号入座。之所以认为“商品或服务的可替代性”而不是“商品或服务的竞争关系”作为考量要素,主要是因为可替代性指向更为明确和精准。如果某一商品或服务独一无二,其商品或服务就不具有可替代性,也就不容易发生初始兴趣混淆行为。

此处需要特别说明的是,因为初始兴趣混淆行为根本没有对商标的来源识别功能造成损害,故该行为不是《商标法》上的侵权行为,不能适用《商标法》上售中混淆理论进行判定。虽然初始兴趣混淆行为判定的考量要素与混淆可能性的考量要素存在部分重复,但这种重复是符合逻辑的。初始兴趣混淆行为虽然没有产生《商标法》上的售中混淆,进而推导出并没有侵犯商标权,但不可否认的是,实际上发生了短暂而轻微的混淆误认,只是该种短暂轻微的混淆误认发生在消费者正式购买之前,没有对商标权人的商标来源识别功能造成损害。单从字面来看,初始兴趣混淆和售中混淆肯定存在关联相似之处。就所提出的考量要素来看,其中的“消费者注意力水平”,与“相关公众的注意力和认知程度”差别不大。

在判断某一个行为是否构成初始兴趣混淆行为之前,我们还必须时刻提醒自己,初始兴趣混淆发生的时间是在消费者正式购买之前,故而认定初始兴趣混淆行为的时间节点,必须为售前,一定要与售中混淆这种无争议的归属于《商标法》的行为区分开来。本书提出的初始兴趣混淆行为的判定标准，与美国判例法所确认的商标混淆可能性的判定要素在适用方法上有所不同：美国判例法所确认的“宝丽莱要素”与“Sleekcraft 要素”，均为多因素衡量，多因素之间彼此独立；但本书提出的六因素之间不是相互独立的关系，而是具有一定因果关系的。

在初始兴趣混淆行为的判定流程上，首先，要区分清楚该行为是否为不正当的竞争行为，只有不正当的竞争行为才归属于《反不正当竞争法》规制的范围。其次，要判断该行为是否为不正当地利用了他人商标权的商誉，转而吸引商标权人潜在消费者的注意力移转到自己的商品或服务中。只有前两步判断成立，那么才能进行后续要素的判定。其中，最为关键的一步是判断行为人是否盗用他人商誉，吸引商标权人的潜在消费者转而关注自己销售的商品或服务，并且行为人实施该行为时主观状态是恶意的。如果没有盗用他人商誉的故意，则不应划入初始兴趣混淆行为。接下来，再对商标的强度、商品或服务的可替代性、商标权人潜在利益所受影响、消费者注意力水平、行为人的主观意图等因素进行综合考量。其中，“商标的强度”和“行为人主观意图”实际上已经包含在第一步的整体判断中，余下的较为重要的考量要素依次是“商品或服务的可替代性”、“商标权人潜在利益所受影响”和“消费者注意力水平”，同时还需要注意“行为人主观意图”和“商标权人潜在利益受到减损”之间具有因果关系。需要注意的是，并非所有的初始兴趣混淆行为都是不正当竞争行为，指示性合理使用行为和明确标示行为都属于例外情形，为消费者提供了更多的选择，是促进市场竞争的必需，不应被追究责任。

综上所述，建议在 2022 年《反不正当竞争司法解释》第 11 条后，新增 1 条：“经营者擅自利用商标权人商誉吸引商标权人潜在消费者对商标权人潜在利益造成损害的,应当综合考虑以下要素:(一)商标的强度;(二)商品或服务的可替代性;(三)商标权人潜在利益所受影响;(四)消费者注意力水平;(五)行为人的主观意图;(六)其他考量要素。”

结 语

目前,在我国,初始兴趣混淆行为的规制并没有一个明确的规制模式,对其独立规制的必要性,无论是司法实务界还是理论研究界均没有达成统一的意见;对其正当性的认识还不够深入;对该行为的规制模式及具体规则的设计也缺少细致入微的研究。特别是在我国司法实践中,与初始兴趣混淆相关的案例不断增多,类案不同判的情况时有发生,这些都给我国的法律适用带来了困难。

要解决上述问题,首先需要厘清初始兴趣混淆的概念,明确初始兴趣混淆独立于传统的商标混淆理论,进而推导出初始兴趣混淆行为有独立规制的必要性。此外,需要注意的是,传统的侵权理论致使《商标法》在法律构造上无法兼容初始兴趣混淆理论。经过若干年的发展,大多数学者认为混淆可能性是商标侵权判定的法律基础,美国《兰哈姆法》也将混淆可能性认定为普通法和制定法商标侵权判定的基石。[1] 在

〔1〕 See J. Thomas McCarthy, *McCarthy on Trademarks and Unfair Competition*, Fourth Edition, 2010, § 23:1.

网络环境下，有学者认为混淆可能性标准难以回应现实的司法需求，应当将“显著性受到损害之虞”作为侵害商标权的标准。[1] 但从目前《商标法》的立法体系来看，混淆可能性标准仍是商标侵权判定的基本准则，《商标法》第 57 条关于混淆可能性推定与判定的规则也证实了这一点。初始兴趣混淆是指消费者在选购商品或服务之前受到行为人的引诱，产生了认知上的混淆，在正式购买时已经消除了误解，可以准确区分商品或服务来源，消费者并不存在混淆可能性。在我国，《商标法》的立法目的可以理解为，是规制造成消费者混淆的“搭便车”行为，其他的“搭便车”行为作为一种危害公平竞争、扰乱市场秩序的行为通常落入《反不正当竞争法》的调整范围。如果强行将初始兴趣混淆行为纳入《商标法》的调整范围，势必要扩大混淆可能性的时间、主体范围和内容，不仅在立法体系上非常烦琐，还会造成《商标法》与《反不正当竞争法》调整范围上的重叠，浪费立法资源。对初始兴趣混淆行为的规制有利于防止商标权人客户流失，降低消费者搜寻成本，维护公平、高效的市场竞争秩序，存在明显的、毋庸置疑的合理性。在初始兴趣混淆行为规制模式的选择上，《商标法》在理论基础和制度架构上不适合保护商标权人潜在客户，亦即商业机会这一类法益，以维护市场秩序、保护公平竞争为价值遵循的《反不正当竞争法》进行规制更符合我国的法律制度安排。《反不正当竞争法》非以“设权”而是通过“阻却侵权行为”的方式保护法益，将商誉认定为“竞争法模式”下的权益既可以发挥竞争法维持市场秩序、制止非法行为的功能，又能够保证《商标法》内部的体系结构完整，更为合理。[2] 为此，本书提出在《反不正当竞争法》第 6 条规定中增加不正当竞争行为的类型，将初始兴趣混淆行为纳入其中，

[1] 参见李雨峰主编：《侵害商标权判定标准研究》，知识产权出版社 2016 年版，第 20 页。

[2] 参见王太平、袁振宗：《反不正当竞争法的商业标识保护制度之评析》，载《知识产权》2018 年第 5 期。

并在《反不正当竞争法》相关司法解释中增加初始兴趣混淆行为的判定标准,二者综合运用,规范初始兴趣混淆行为的规制规则,以实现该领域法律适用的统一。

虽然笔者对初始兴趣混淆行为规制的研究已经做了大量的努力,但是由于水平、精力有限,最终成果与设想还有一定差距,无论是在理论深度上还是在研究广度上都还有进一步提升的空间。虽然遗憾不少,但是希望本书可以充实和完善初始兴趣混淆行为规制规则的研究基础,促进科学、合理地制定和完善初始兴趣混淆行为规制规则。

主要参考文献

一、中文类参考文献

（一）著作类

1. ［美］威廉·M. 兰德斯、理查德·A. 波斯纳：《知识产权法的经济结构》，金海军译，北京大学出版社2016年版。

2. 张惠彬：《商标财产化研究》，知识产权出版社2017年版。

3. 孔祥俊：《商标与不正当竞争法：原理和判例》，法律出版社2009年版。

4. 郑成思：《关贸总协定与世界贸易组织中的知识产权——关贸总协定乌拉圭回合最后文件〈与贸易有关的知识产权协议〉详解》，北京出版社1994年版。

5. 孔祥俊、武建英、刘泽宇编著：《反不正当竞争法实用问答》，知识产权出版社2006年版。

6. 魏森：《商标侵权认定标准研究》，中国社会科学出版社2008年版。

7. 李明德：《美国知识产权法》，法律出版社2014年版。

8.［美］谢尔登·W.哈尔彭等:《美国知识产权法原理》,宋慧献译,商务印书馆2013年版。

9.《日本商标法》,李扬译,知识产权出版社2011年版。

10.王迁:《知识产权法教程》,中国人民大学出版社2007年版。

11.孔祥俊:《反不正当竞争法新原理－总论》,法律出版社2019年版。

12.李雨峰主编:《侵害商标权判定标准研究》,知识产权出版社2016年版。

13.张体锐:《商标法上混淆可能性研究》,知识产权出版社2014年版。

14.曾陈明汝:《商标法原理》,中国人民大学出版社2003年版。

15.黄晖:《商标法》,法律出版社2016年版。

16.雍琦:《法律逻辑学》,法律出版社2004年版。

17.中国人民大学知识产权教学与研究中心、中国人民大学知识产权学院《十二国商标法》翻译组译:《十二国商标法》,清华大学出版社2013年版。

18.黄晖:《驰名商标和著名商标的法律保护》,法律出版社2001年版。

19.李扬主编:《知识产权法政策学论丛(2009年卷)》,中国社会科学出版社2009年版。

20.李明德、闫文军:《日本知识产权法》,法律出版社2020年版。

21.［澳］彼得·德霍斯:《知识财产法哲学》,周林译,商务印书馆2008年版。

22.张玉敏、张今等:《知识产权法》,中国人民大学出版社2009年版。

23.［美］利昂·G.希夫曼等:《消费者行为学》,江林等译,中国人民大学出版社 2011 年版。

24. 冯晓青:《知识产权法利益平衡理论》,中国政法大学出版社 2006 年版。

25. [美]威廉·M. 兰德斯、理查德·A. 波斯纳:《知识产权法的经济结构》,金海军译,北京大学出版社 2005 年版。

26. 周志民编著:《品牌管理》,南开大学出版社 2008 年版。

27. 黄薇主编:《中华人民共和国民法典释义(上)》,法律出版社 2020 年版。

28. 黄薇主编:《中华人民共和国民法典释义(下)》,法律出版社 2020 年版。

29. 程啸:《侵权责任法教程》,中国人民大学出版社 2020 年版。

30. 邓宏光:《商标法的理论基础——以商标显著性为中心》,法律出版社 2008 年版。

31. 王瑞贺主编:《中华人民共和国反不正当竞争法释义》,法律出版社 2018 年版。

(二)论文类

32. 王太平:《商标侵权的判断标准:相似性与混淆可能性之关系》,载《法学研究》2014 年第 6 期。

33. 张今:《商标法第三次修改的几个重大问题解读》,载《中华商标》2013 年第 11 期。

34. 姚鹤徽:《论混淆可能性在商标混淆侵权判定中的地位——兼评我国新〈商标法〉第五十七条》,载《河南财经政法大学学报》2015 年第 6 期。

35. 邓宏光:《商标混淆理论之新发展:初始兴趣混淆》,载《知识产权》2007 年第 3 期。

36. 杜颖:《搜索引擎服务提供商关键词广告商标侵权责任之认

定》,载《法学》2015 年第 6 期。

37. 李雨峰:《迷失的路——论搜索引擎服务商在商标法上的注意义务》,载《学术论坛》2009 年第 8 期。

38. 黄武双、李进付:《从售中“混淆”到“初始利益混淆”——利益平衡视角下的网络搜索关键词商标侵权认定》,载《中华商标》2007 年第 10 期。

39. 黄汇:《售前混淆之批判和售后混淆之证成——兼谈我国〈商标法〉的第三次修改》,载《电子知识产权》2008 年第 6 期。

40. 邓宏光:《商标混淆理论的扩张》,载《电子知识产权》2007 年第 10 期。

41. 黄武双:《搜索引擎服务商商标侵权责任的法理基础——兼评“大众搬场”诉“百度网络”商标侵权案》,载《知识产权》2008 年第 5 期。

42. 徐聪颖:《论“初始兴趣混淆”的法律规制》,载《时代法学》2010 年第 3 期。

43. 姚鹤徽:《论商标法售前混淆规则的适用边界》,载《西南政法大学学报》2018 年第 2 期。

44. 刘敏:《论“初始兴趣混淆”原则在中国司法中的适用》,载《法律适用》2014 年第 4 期。

45. 邓宏光:《从公法到私法:我国〈商标法〉的应然转向——以我国〈商标法〉第三次修订为背景》,载《知识产权》2010 年第 3 期。

46. 彭学龙:《商标混淆类型分析与我国商标侵权制度的完善》,载《法学》2008 年第 5 期。

47. 邓宏光:《论商标侵权的判断标准——兼论〈中华人民共和国商标法〉第 52 条的修改》,载《法商研究》2010 年第 1 期。

48. 姚鹤徽:《论商标侵权判定的混淆标准——对我国〈商标法〉第 57 条第 2 项的解释》,载《法学家》2015 年第 6 期。

49. 张德芬:《商标使用界定标准的重构》,载《知识产权》2012 年第 3 期。

50. 张玉敏:《论使用在商标制度构建中的作用——写在商标法第三次修改之际》,载《知识产权》2011 年第 9 期。

51. 李雨峰:《重塑侵害商标权的认定标准》,载《现代法学》2010 年第 6 期。

52. 张爱国:《商标“反向混淆”理论初探——以案例为视角》,载《电子知识产权》2007 年第 8 期。

53. 张德芬、韩萌:《商标售前混淆理论的发展及其适用规则》,载《公民与法(法学)》2011 年第 4 期。

54. 孔祥俊:《论反不正当竞争法的现代化》,载《比较法研究》2017 年第 3 期。

55. 王太平、袁振宗:《反不正当竞争法的商业标识保护制度之评析》,载《知识产权》2018 年第 5 期。

56. 吴汉东:《论反不正当竞争中的知识产权问题》,载《现代法学》2013 年第 1 期。

57. 孙颖:《论反不正当竞争法对知识产权的保护》,载《政法论坛》2004 年第 6 期。

58. 杜颖:《商标法律制度的失衡及其理性回归》,载《中国法学》2015 年第 3 期。

59. 李雨峰、芮松艳:《初始混淆理论在商标权纠纷中的应用》,载《人民司法》2011 年第 14 期。

60. 邓宏光:《论商标法的价值定位——兼论我国〈商标法〉第 1 条的修改》,载《法学论坛》2007 年第 6 期。

61. 陈晓峰:《初始兴趣混淆分析在网络环境下的适用——从消费者权益保护的角度分析》,载《中华商标》2011 年第 8 期。

62. 姚鹤徽:《论商标保护、自由竞争与表达自由》,载《邵阳学院学报(社会科学版)》2015 年第 3 期。

63. 于飞:《侵权法中权利与利益的区分方法》,载《法学研究》2011 年第 4 期。

64. 孙山:《法益保护说视角下知识产权法的概念还原与体系整合》,载《浙江学刊》2021 年第 4 期。

65. 孔祥俊:《论商标法的体系性适用——在〈商标法〉第 8 条基础上的展开》,载《知识产权》2015 年第 6 期。

66. 于焕超:《互联网商标侵权认定中“初始兴趣混淆”理论的运用疑思——评“沃力森信息技术有限公司诉八百客(北京)软件技术有限公司等侵犯商标权案”》,载《电子知识产权》2016 年第 10 期。

67. 李雨峰、刁青山:《商标指示性使用研究》,载《法律适用》2012 年第 11 期。

68. 张玉敏:《知识产权的概念和法律特征》,载《现代法学》2001 年第 5 期。

(三)其他类

69.《第 52 次中国互联网络发展状况统计报告》,中国互联网络信息中心(CNNIC)2023 年 8 月。

70. 大众搬场诉百度案,上海市第二中级人民法院(2007)沪二中民五(知)初字第 147 号民事判决书。

71. 大众搬场诉百度案,上海市高级人民法院(2008)沪高民三(知)终字第 116 号民事裁定书。

72. 台山港益电器诉广州第三电器厂案,广东省广州市白云区人民法院(2008)云法民三初字第 3 号民事判决书。

73. 台山港益电器诉广州第三电器厂案,广东省广州市中级人民法院(2008)穗中法民三终字第 119 号民事判决书。

74. 动视诉华夏案，上海市浦东新区人民法院(2016)沪 0115 民初 29964 号民事判决书。

75. 动视诉华夏案，上海知识产权法院(2018)沪 73 民终 222 号民事判决书。

76. 农夫山泉诉桐远果业合作社案，河南省郑州市中级人民法院(2017)豫 01 民初 4153 号民事判决书。

77. 银座商城诉山东筑诚案，山东省高级人民法院(2019)鲁民终 2260 号民事判决书。

78. 路易威登诉鑫贵房地产公司案，上海市第二中级人民法院(2004)沪二中民五(知)初字第 242 号民事判决书。

79. 优积谷公司诉无忧创想公司案，湖南省长沙市岳麓区人民法院(2020)湘 0104 民初 6062 号民事判决书。

80. 熊猫有空诉川麻婆餐饮案，四川省成都市中级人民法院(2021)川 01 民终 13334 号民事判决书。

81. 纵横二千公司诉赵某案，浙江省高级人民法院(2008)浙民三终字第 108 号民事判决书。

82. 沃力森诉八百客案，北京市第一中级人民法院(2010)一中民终字第 2779 号民事判决书。

83. 闸北炒货食品厂诉上海好吃来炒货食品厂案，上海市闸北区人民法院(1990)闸法经字第 419 号民事判决书。

84. 四川省古蔺县郎酒厂诉四川省古蔺县曲酒厂案，四川省高级人民法院(1992)川法经一 01 号民事判决书。

85. 浙江蓝野酒业诉联华华商公司案，浙江省高级人民法院(2007)浙民三终字第 74 号民事判决书。

86. 泸州老窖公司诉和庆源酒水商行案，四川省泸州市中级人民法院(2020)川 05 知民初 119 号民事判决书。

87. 百度公司诉奥商网络公司案，山东省高级人民法院（2010）鲁民三终字第 5 – 2 号民事判决书。

88. 欧派家居诉欧派智慧光案，广州知识产权法院（2020）粤 73 民终 4649 号民事判决书。

89. 天福号公司诉格福特公司和八瑞祥公司案，北京市朝阳区人民法院（2018）京 0105 民初 12897 号民事判决书。

90. 天津中国青年旅行社诉天津国青国际旅行社案，天津市高级人民法院（2012）津高民三终字第 3 号民事判决书。

91. 路易威登马利蒂诉广州市路路威行皮具有限公司案，广东省深圳市中级人民法院（2017）粤 03 民初 662 号民事判决书。

二、外文类参考文献

（一）著作类

92. J. Thomas McCarthy, *McCarthy on Trademarks and Unfair Competition*, Fifth Edition, 2021.

（二）论文类

93. Zachary J. Zweihorn, *Searching for Confusion The Initial Interest Confusion Doctrine and Its Misapplication to Search Engine Sponsored Links*, Cornell Law Review, Vol. 91, No. 6 (2006).

94. Jason Allen Cody, *Initial Interest Confusion：What Ever Happened to Traditional Likelihood of Confusion Analysis?* Federal Circuit Bar Journal, Vol. 12, No. 4 (2002).

95. Paul F. Rush, *Clearing up the Confusion：Aiding Court Decisions Regarding Trademark Infringement and the Internet*, Stetson Law Review, Vol. 43, No. 3 (2014).

96. Stacey L. Dogan & Mark L. Lemley, *Grounding Trademark Law*

through Trademark Use, Iowa Law Review, Vol. 92, No. 5 (2007).

97. Tyson Smith, *Googling a Trademark: A Comparative Look at Keyword Use in Internet Advertising*, Texas International Law Journal, Vol. 46, Issue 1 (2010).

98. Alice Blythe, *Initial Interest Confusion: Attempting to Define Its Current Status within European Trade Mark Law*, European Intellectual Property Review, Vol. 38, No. 4 (2016).

99. Joshua Marshal, *Wrong-way-round and initial "disinterest" confusion*, European Intellectual Property Review, Vol. 40, No. 8 (2018).

100. Jennifer E. Rothman, *Initial Interest Confusion: Standing at The Crossroads of Trademark Law*, Cardozo Law Review, Vol. 27, No. 1 (2005).

101. Michael Grynberg, *The Road Not Taken: Initial Interest Confusion, Consumer Search Costs, and the Challenge of the Internet*, Seattle University Law Review, Vol. 28, No. 1 (2004).

102. Alexandra Allen-Franks, *Justifications for reconsidering initial interest confusion after Interflora*, Journal of Intellectual Property Law & Practice, Vol. 14, No. 5 (2019).

103. David M. Klein & Daniel C. Glazer, *Reconsidering Initial Interest Confusion on the Internet*, The Trademark Reporter, 93 (2003).

104. Richard Arnold, *References to the Court of Justice of the European Union: Experiences of a National Judge* 2004 – 2019, International Review of Intellectual Property and Competition Law, Vol. 51 (2020).

105. William M. Landes & Richard A. Posner, *Trademark Law: An Economic Perspective*, Journal of Law & Economics, Vol. 30, No. 2

(1987).

106. Katya Assaf, *The Dilution of Culture and the Law of Trademarks*, IDEA: The Intellectual Property Law Review, Vol. 49, No. 1 (2008).

107. Ann Bartow, *Likelihood of Confusion*, San Diego Law Review, Vol. 41, No. 2 (2004).

108. Daniel C. Glazer & Dev R. Dhamija, *Revisiting Initial Interest Confusion on the Internet*, The Trademark Reporter, Vol. 95, No. 5 (2005).

109. Graeme B. Dinwoodie & Mark D. Janis, *Confusion over Use: Contextualism in Trademark Law*, The Trademark Reporter, Vol. 98, No. 5 (2008).

110. Dinwoodie, Graeme B. & Mark D. Janis, *Lessons from the Trademark Use Debate*, Iowa Law Review, Vol. 92, No. 5 (2007).

(三)其他类

111. *World Intellectual Property Indicators* 2023, World Intellectual Property Organization, 2023.

112. *Protection against Unfair Competition: Analysis of the Present World Situation*, presented by the International Bureau of WIPO, WIPO Publication No. 725, Geneva 1994.

113. Grotrian v. Steinway & Sons, 365 F. Supp. 707 (S. D. N. Y. 1973).

114. Grotrian v. Steinway & Sons, 523 F. 2d 1331 (2d Cir. 1975).

115. Mobil Oil Corp. v. Pegasus Petroleum Corp., 818 F. 2d 254 (2d Cir. 1987).

116. Polaroid Corp. v. Polarad Elecs. Corp., 287 F. 2d 492 (2d Cir. 1961).

117. Brookfield Commc'ns Inc. v. W. Coast Entm't Corp. ,174 F. 3d 1036 (9th Cir. 1999).

118. Playboy Enters. v. Welles,279 F. 3d 796 (9th Cir. 2002).

119. People for Ethical Treatment of Animals v. Doughney,263 F. 3d 359 (4th Cir. 2001).

120. People for Ethical Treatment of Animals v. Doughney, 113 F. Supp. 2d 915 (E. D. Va. 2000).

121. Planned Parenthood Federation of America, Inc. v. Bucci, 152 F. 3d 920 (2d Cir. 1998).

122. Nissan Motor Co. v. Nissan Computer Corp. , 378 F. 3d 1002 (9th Cir. 2004).

123. 1 – 800 Contacts, Inc. v. WhenU. com, 309 F. Supp. 2d 467(S. D. N. Y. 2003).

124. 1 – 800 Contacts, Inc. v. WhenU. Com, Inc. ,414 F. 3d 400(2d Cir. 2005).

125. Rescuecom Corp. v. Google Inc. , 562 F. 3d 123 (2d Cir. 2009).

126. Multi Time Mach. ,Inc. v. Amazon. com,926 F. Supp. 2d 1130 (C. D. Cal. 2013).

127. Multi Time Mach. , Inc. v. Amazon. com, Inc. ,792 F. 3d 1070 (9th Cir. 2015).

128. Multi Time Mach. , Inc. v. Amazon. com, Inc. , 804 F. 3d 930 (9th Cir. 2015).

129. Network Automation, Inc. v. Advanced Sys. Concepts, Inc. ,638 F. 3d 1137 (9th Cir. 2011).

130. AMF, Inc. v. Sleekcraft Boats, 599 F. 2d 341, 204 U. S. P. Q.

808 (9th Cir. 1979).

131. Playboy Enterprises, Inc. v. Netscape Commc'ns Corp., 354 F. 3d 1020 (9th Cir. 2004).

132. Aliign Activation Wear, LLC v. Lululemon Athletica Canada Inc., No. 220CV03339SVWJEM, 2021 WL 3117239 (C. D. Cal. June 7, 2021).

133. Aliign Activation Wear, LLC v. Lululemon Athletica Canada, Inc., Rptr. 2022 WL 3210698 (9th Cir. 2022).

134. Interflora, Inc. v. Marks & Spencer [2011] C – 323/09.

135. Interflora, Inc. v. Marks & Spencer, [2013] EWHC 1291 (Ch).

136. Interflora, Inc. v. Marks & Spencer, [2014] EWCA Civ 1403.

137. Paris Convention for the Protection of Industrial Property, Stockholm Act (1967).

138. Paris Convention for the Protection of Industrial Property, (1979).